石濱純太郎
續・東洋學の話

高田時雄 編
◇映日叢書　第四種

臨川書店

目　次

一、歐米の東洋學
　　歐米に於ける支那研究に就て............................1
　　アメリカの東洋學界につき..............................33

二、新疆探險
　　コズロフ蒐集..41
　　西北科學考查團に關する文籍............................48
　　新疆の話..52
　　中亞探檢心醉の顚末....................................57
　　『西域文化研究』はしがき..............................60

三、學者を語る
　　靜安學社..81
　　（參考）ニコライ・ネフスキ　王靜安先生を訪ねて........81
　　楚紫氣先生の入門......................................83
　　シューツキー氏の歸國..................................84
　　故バルトリド先生......................................85
　　故ヴラディミルツォフ先生..............................89
　　僕の憂鬱..94
　　噫内藤湖南先生..95
　　故渡部薫太郎先生......................................97
　　オッセンドウスキー...................................100
　　チョーマ先生の話.....................................104
　　にぶき良心で...121
　　アメリカの一東洋學者.................................123
　　遠方の友――殘雪軒夜話...............................128

i

Erwin von Zach (1872-1942) 134

四、書評と紹介

釋經小記 139

「回鶻文女子賣渡文書」に就いて 141

于闐出土梵本法華經考を讀んで 143

カールグレン氏原支那語考 148

『訪餘錄』一册　島田翰著 162

Albert Grünwedel, *Alt-Kutscha* 164

王蘊山氏注音字母論 165

支那苦力の歌謠 168

沈兼士氏文字學研究法 171

Henri Cordier, *Histoire générale de la Chine* 175

『黎錦熙的國語講壇』 176

Ernst Leumann, *Buddhistische Literatur, nordarisch und deutsch* 177

『于闐國史』寺本婉雅著　附「書後」 179

ファイスト氏「トカラ人問題の現狀」 183

Casimir Schnyder, *Eduard Huber* 191

ペリオ氏吐谷渾蘇毗考 192

『國語月刊』 196

Mélanges Asiatiques, tirés du Bulletin de l'Académie des Sciences de Russie 196

Rocznik Orjentalistyczny. Tom I i II 198

『燉煌遺書』景印本第一集、活字本第一集 200

Novji Vostok (Nouvel Orient, Revue de l'Association russe pour les études orientales) 202

『哈爾濱法律大學特刊』 203

『法政學刊』第三期 204

  A Mongolian Grammar by A. Neville J. Whymant 205

  『阿城中華廟宇參觀記』巴拉諾夫 206

  『蒙古ノ手紙ノ書方』韓穆精阿編 208

  V. Ja. Vladimircov, *Čingis-Chan* 209

  J.J. Gapanovich, *Russia in North-Eastern Asia*. vol. I. 210

  『オルデンブルグ記念論文集』 210

  『中亞隨筆集』 E. Ardov (E.I. Apreleva) 214

  『曹語研究資料』N.A. Nevskij 216

  『ブリヤート・モンゴル史料集』 217

  ベイリー氏の近業 219

  『歐州殊に露西亞における東洋研究史』ウェ・バルトリド著 .. 222

  Friedrich Weller, *Der gedruckte mongolische Kenjur und die Leningrader Handschrift* 224

  『滿和辭典』羽田亨編 226

  ヘーニッシュ氏の『元朝祕史』 229

  スタイン卿『インドとイランの考古學的踏査』 231

  E.O. Lorimer, *Language Hunting in the Karakoram* 233

  『西藏文蒙古喇嘛教史』・『蒙古喇嘛教史』 236

  『音譯蒙文元朝祕史』白鳥庫吉譯 240

五、書誌及び文獻

  東洋學書考抄・同補遺 245

  露國の文獻目錄四種 256

  續露國の文獻目錄 260

  天理の滿文書籍について 264

六、雜錄

  貘の夢 267

  文界夜話 270

戰爭によって躍進したわが東洋學 273
　　支那研究の情態 276
　　哈佛亞細亞學誌の寄贈 283
七、アレクセーエフ宛書簡 287
編集後記 305

一、歐米の東洋學

歐米に於ける支那研究に就て

　幹事さんから「何か話をするやうに」と賴まれました。賴まれますと直ぐ呑み込む男でありますから實は何の氣もなしに「やらう」と言つてお引受け致したのでありますが、後で聞きますと、お聽きになる方は大阪の支那などに就て、能く識つて居られる方々でありましたので、大いに恐縮したのであります。

　何故かと言ひますと、私がやつて居ります事は、支那研究と言ひますけれども、大體まだ歷史にはいらないものは研究しないのであります。現在面白いものがありましても、歷史にならないと、吾々の研究範圍に入らないのであります。詰り歷史の材料となるものは、確實なものを選びますから、今直ぐ眼の前の事になりますと、確實な材料を自分の手許に寄せることは大變な事であります。殊に近頃などは確實な材料にする迄に大變な手間が掛りますから、あまりさう云ふものをほぢくり廻して居りますと、何だかスパイのやうに思はれてもいけないと思ひますので、歷史にならないものは決してやらないのです。さう云ふ昔の事の研究を現在支那の事情を研究して居られる方の前で申上げても果して參考になるかどうか、それで甚だ恐縮したのでありますが、恐縮しても、もう始まりません。ですから厚釜しく舊い話でも申上げたいと思ふのであります。幸ひ御通知になりました題は、先づ是なら歷史の部分も入つて居ると考へていゝのでありまして、それでやつてのけよう、と云ふ氣になりまして、此處に立つて居る次第であります。

　私自身は、何を專門にやつて居るかと申しますと、自分にも能く判りませんが、元々大阪の漢學者でありました藤澤南嶽先生の門に居りましたことがありますので、支那の研究から入つて居ることは間違ひありません。併し私自身だんだんいろいろなものが好きになりまして、殊に支那の周圍が好きになりましたので、こゝに「東洋學」と云ふ都合の好い言葉がありますから、私は東洋學をやつて居ると云ふことになります。ですが、專門は何かと言へ

ば、自分にも能く判りません。ぼんやりと、根が根でありますから、支那を中心として東洋學を研究して居ると云ふことになつて居るのであります。

　東洋學と申しましても、さう云ふ怪しげなものでありますし、殊に「歐米に於ける」と云ふやうな事は、私自身にはさう云ふはつきりしたものを持ち合せてゐませんのですが、唯だ甘肅省を中心とした歐洲人の探險と云ふものを、隨分注意して調べて居りましたから、餘計に歐米に於ける支那研究、と云ふことを專門のやうに思はれて居るのであります。割合に深く調べて居るやうに見えて居りますが、知識はさう深くはありません。それが現在支那を研究して居られる皆さんの前でお話すると云ふことは烏滸がましいのでありますが、後で又質問なり何なりして戴くことに致しまして、お役目だけ果したいと思ふのであります。參考書としては、石田幹之助先生の『歐人の支那研究』、パルトリドの『歐洲及びロシアにおける東洋研究史』、靑木富太郎さんの『東洋學の成立とその發展』などがよろしいでせう。

　それで歐米に於ける支那研究と云ふことになりますが、西洋人が支那の知識、支那をどう云ふ風にか知つて居ると云ふことは、割合に古いことは古いのであります。それは支那の絹と云ふもの、それがいつ頃から西洋迄知れて居るかと云ふことは歷史の上では判りません。判りませんけれども、恐らく古いものらしい。絹の國、或は絹の國の人であると云ふので、之を「セレス」（Seres）とか「セリカ」（Serica）とか早くから言はれて居ります。これはギリシャとか、ローマの文獻にも出て居ります。此の絹の知識、何處にさう云ふものが出來た所があるのか、支那の歷史を調べて見ますと、割合古いのでありますが、何處か、何時の頃か、そうハツキリ判りませんけれども、兎に角古くから絹と云ふものがあつて、それが西洋迄傳はつて居つたと思はれるのであります。さう云ふ古い事はあまり關係がありませんから、詳しく申上げようとは思ひませんが、併し貿易と云ふか、さう云ふものは支那では絹とか、茶とか云ふもので、それが支那の特産物として支那が西洋に知られた主要なものになつて居ります。それは何時頃か知りませんが、相當古くから茶

なども露西亞迄輸出されて居るので、ロシア語でチャイと云って居ります。さう云ふ絹、茶などを產出する國がある。それが後には支那の國であると云ふことが知られて居るのであります。

　支那の國に對する知識が西洋に本當に判ったのは、あまり古いことではないのであります。單に支那史ばかりでなく、凡てが一つの世界史になって來たのは成吉思汗時代からであります。それ以前にも印度と支那とは交通がありましたが、併しさう云ふ支那とか印度とかが總て一緒になって東洋と云ふものが全部西洋に知れるやうになったのは、成吉思汗の頃からであります、成吉思汗の後に歐洲人が之を世界史として調べなければならないやうになって來て居るのであります。だから西洋の支那知識と申しましても、絹にしても茶にしても、さう云ふ古い歷史はありましても、向ふとしては何處に絹があって、何處に茶があるか、ハツキリと能く判らなかったのでありまして、成吉思汗及び其の子孫が世界の大半を征服した時分から、成程支那と云ふ國があるのか、と云ふことが判って來たのであります。

　此の「支那」と云ふ言葉、是は今の支那人は、之を嫌って「中華」とか何とか申して居りますし、日本でも「中華」と言ふのがいゝのでないかと云ふことになって來て居りますが、支那と云ふ言葉は、日本で勝手に作ったものではありませんで、支那の本にも澤山出て居ります。唐の時代は東洋文化の中心となりましたが、唐の佛教の本の中にチャンと此の字が出て居ります。調べて見るといろいろな字で出て居りますが、大部分「シナ」「チナ」と云ふ音で出て居るのであります。例へば「震旦」(Cinistan) 或は至那（Cina）となって居る所もある。印度ではチナ（Cina）として知られて居ったらしい。是は印度では瀨戶物のことださうでありますが、私は印度のことは判りませんが、支那の陶器は有名でありますから、さう云ふ所から印度では支那を（Cina）として知られて居ったのかも知れません。或は今言ひましたやうに、震旦卽ち「チナの國」と云ふ名でも知られて居りました。印度で支那を一番初めに知ったのは、相當古いのであります。西曆紀元前三世紀頃チャン

ドラグプタと云ふ王様の頃に書かれたらしい書物の中に（Cina）と云ふ言葉が出て居りますから、相當古い。其の（Cina）と云ふ言葉は、先程申しましたやうに瀬戸物だと云ふ人もありますけれども「チン」と云ふ支那音の言葉を印度風に「チナ」（Cina）と附けたと云ふ說があります。之に依りますと、秦の始皇帝の時分に「チン」と云ふ名前が附けられて居って、それからチナ（Cina）と云ふことになったと云ふのでありますが、其のどちらに致しましても、兎に角瀬戸物でなくても、卽ち支那音から見ましても、多分秦の始皇帝より少し前だらうと思ひますが、其の時から詰り斯ふ云ふ言葉で知られて居る。それを譯して「支那」としたのですから、別に向ふも恥しく思ふこともなし、厭がる必要もないと思ひますけれども、どう云ふものか、之を支那人は嫌ふのであります。又（Sina）とか（Sinam）とか云ふ文字が聖書あたりに出て來るのでありまして、それと（Cina）と云ふ音と一緖にして考へると、西洋の支那知識も古いと云ふことになるのでありますが、聖書あたりに出るのは、いろいろの學說があってはっきりしないのであります。

ですから成吉思汗の時代になって初めて能く知られるやうになってきたので、實際の支那と云ふ國と支那と云ふ名前と、さう云ふものを一致するやうに、若くは一致させるやうになって來た。成吉思汗以後歷史が世界史として考へられ、何處の國でも世界の歷史の上に出て來、何處の國でも世界の何處かの影響を直ちに受けるやうに、ぽつぽつなって來るのであります。

そして成吉思汗の時分から宣敎師が澤山やって來ました。それ以前にも勿論來て居ります。唐時代にも來て居りますが、其の報告が殘って居りませんので、能く判りません。其の時の基督敎と云ふものは皆景敎と云ってネストリウスと云ふ人の建てた一派であります。西洋の本山から排斥されたものですから、東へ東へと宣傳して行って、それが唐の時代に入って居るのであります。其の宣敎師が澤山來て居る。西安に景敎流行中國碑と云ふのが殘ってゐて、名前も大分判って居るのでありますが、事蹟のはっきりしたものは少ないのであります。少ないのでありますが、兎に角さう云ふものが入って居

るのでありまして、其の證據になるものが外にもいろいろあります。

　だから成吉思汗時分には、其の起った蒙古地方には基督教と云ふものが弘まって居った。この時分既に西洋では東洋にヨハネ尊者王と云ふえらい人があって、東ローマ皇帝に宸翰を送ったと云ふ話が傳へられて評判でありました。それから又ヨハネ王の子か孫にダビデ王が出て來て大變な勢威であると云ふ噂も廣まりました。ダビデ王が成吉思汗だとか、ヨハネ王が成吉思汗の兄貴分のケレイト部の王罕だらうとか、西遼の耶律大石だらうとか、いろいろ云はれてゐます。この王罕の故城趾は我國の近頃の探險で調査されてゐます。王罕の部族には基督教景教が弘まってゐました。とにかく基督教の信者が東洋に傳ってゐると云ふ樣な報告はローマに達して居りました。唐の時のネストリウス派の方のは解らないのでありますが、元の時にはローマ法王廳から派遣された宣教師がぽつぽつやって來るので、それ等は皆こんな傳説を確めるのも一つの仕事だったんです。其の人達は、成吉思汗の時には來ませんでしたが、定宗の時には有名なるカルピニがやって來て居ます。此人は定宗に拜謁してローマ法王の親書を奉呈し、返事の國書を頂戴して歸國しました。一二四六年から翌年へかけての大旅行でありました。その國書がローマで近年發見されました。其後引續き宣教師が東洋へ出て參りました。その報告などには早くから出版されたものもあります。又未出版のものもあります。

　それ等に依りまして、多少支那と云ふものがはっきりして來た。詰り蒙古が出來て、それが支那を征服して王樣になったのだ、と云ふやうなことが判って來たのであります。それ迄は「支那」とか、其の他いろいろな名前がありますが、きう云ふ國があると云ふことが知られて居りましても、能く判らなかった。それが蒙古の征服した土地が支那だらう、と云ふ位の知識を西洋が持つやうになったのであります。是で支那と云ふ國と支那と云ふ名前が大分一致して來た譯であります。

　併し、宣教師達の報告と云ふものは、唯だ其の時の自分の外交交渉などを

書いたものであります。ところが、マルコポーロと云ふ商賣人、あれが東洋へ出て來まして、元の世祖忽必烈に會ひ、之に仕へたと云ふことになって居ります。又事實さうらしいのであります。それが暫く支那に滯在して居り、ペルシャを經て歸ったのであります。歸ってから一つの諸國物語りを拵へました。此のマルコポーロの事はよく知られてゐますが、實は研究は難しくて大變なのでありますが、兎に角誰かに話したのがもとであります。斯う斯う云ふ國があって、其の隣りに斯う云ふ國がある、俺は其處に行った――「旅行記」と云ふか、恐らく「世界見聞記錄」とか何とか云ふやうな本であるのでありますが、さう云ふものが出來上った。それに依ると長らく支那に居りましたから、支那と云ふ國は斯う云ふ國であると云ふことがはっきり書かれて居るのであります。勿論御承知の通り日本も其の時に初めて知られたと云ふことになって居ります。其の後に續いてマルコポーロの記錄を賴りにして、どんどん探險隊、商賣人、宣教師などが行って調べて居りますれば、もっと早く判ったのでありますが、マルコポーロの旅行記は刊行されましても、面白い話の爲に刊行されるのでありますけれども、學問的に參考としてどうの斯うのと云ふことには、なかなかならなかったのであります。ですから、支那と云ふ國に居った人が書いたのでありますけれども、事實かどうかと云ふことを、もう一度確めることはなかなか出來なかった。此の時面白いのは支那と云ふ國の名前は北支をカタイと書いてゐますが、中支南支の方をマンジと云ってゐます。それで又いろいろな想像が出て來るのであります。結局何と書いてあっても、支那へ行った人が書いたのでありますから、信じたら宜かったのでありますが、餘りにも變った土地の事ですから信じられなかったのであります。此の時分から支那は西洋では（Cathay）と云ふ名前で知られて居ります。蒙古では支那の事を契丹から出た（Kitat）と、斯う云ふ風に言って居ります。カタイもキタットも契丹から出た言葉でせうが、かうなると何處がホントのカタイか、餘計に西洋人の知識は混亂して來る。大きな支那で、いろいろの言葉で書いてあるから、どれがどれだか判り難いと云ふこ

とになったのであります。

　ところが、幸か不幸か知りませんが、其の元の國も忽必烈以後は騷動が起きまして、始終混亂が起り中央アジア地方も獨立する國が絶えないので、だんだん西洋との交通が絶えて來るやうになりました。交通が絶えてくる時分にあちらの方ではだんだん航海時代になって、海を渡って支那へ達すると云ふ方法を探るやうになって來たのであります。其の上マルコポーロの旅行記を見ますと、東洋へ行けば大變金が多い、商品が多い、儲かる、日本の如きは金で出來て居る、と云ふやうなことが書いてありますから、其處へ早く辿り着けば非常な儲けが出來ると云ふので、皆東洋を探し出した。コロンブスは印度へ行くと言ったが、あれは日本へ行って金を採出すのが目的だったのだ、とさへ言ふ人もあります。コロンブスが書き入れをしたマルコポーロ旅行記が殘ってゐるさうであります。

　兎に角さう云ふ風にして、南方の航海で印度迄大分判るやうになって來ましたが、印度からどうかして支那つまりカセイに行きたい、南の方の印度へ上陸したが、印度から支那へ行く方法はないだらうかと云ふので、之を研究し始めたのであります。是も大抵宣教師が研究に從事して居ります。宣教師の方は此の頃はローマ・カトリックでありまして、殊にジェズイットが盛んになり、其の方の人が、自分の宗旨を支那で宣傳しよう、何處から行ったら早いかと云ふことばかり考へたのであります。印度から上った連中が一番困りますのは、カブールの方からカラコルム山地の方へ大抵出て行くのでありますが、此の西藏の西邊りは非常に高い所であります。高い所でありますが、今でも重要な交通路になって居りまして、何れ露西亞とごたごたでも起れば、其處をどちらが突破するかと云ふことになりませうが、さう云ふ重要な道路があるのであります。ところが印度へ來てからは、此處を北へ北へと行けば、タルタル（蒙古）へ行くに違ひないと云ふので、北へ行った。ところが北へ行くと西藏に衝突する。西藏は寒い、人も少ない。又其處に佛教があるのです。それが印度へ知れたらしいのでありまして、面白いのは、初め

宣教師は、其の佛教は基督教の變化したものであると云ふやうなことを考へたやうであります。それは一寸さう思はれる譯です。觀音樣にしても、何處かマリヤに共通した所がありますし、佛法僧の三寶は三位と見られたり、儀式も似てゐる。さう云ふいろいろな事を考へて、ネストリウス派の宣教師達が占領した殘りが其處にあるのだらうと云ふやうなことを思って、だんだん西藏の探險をやるやうになったのであります。此の西藏の探險も面白い話が澤山あるのでありますが、何しろ寒い所でなかなか成功しない。殊に向ふでは異教を排擊致しますから、成功しない。其の爲にそれが巧く行きませんでした。

　ところが其の時分になりますと、支那の方では元が滅んで明の初めになり、明になりまして、海から廻って、詰り印度から北に上って行くのではなしに、海を傳って行った宣教師達が、十六世紀の中程に到頭支那の澳門へ到著して居るのであります。到著した其の連中の報告に依りますと、確かにカタイと云ふ所は判った。此處がカタイ卽ち支那と云ふ所か、と云ふことを南の海から行った連中ははっきり認識したのであります。さうして成程良い國だ、文化も進んで居る、偉い國だ、基督教は今は宣傳されて居らない、それをはっきり調べて報告したのであります。さうすると、以前に北から支那へ行った事は能く判って居りましたから、南から行った者も、それなら矢張り印度から行けるだけではないと云ふことを知って來る譯であります。印度で申しますところの支那と云ふ國、其の他にいろいろな名前が飛出して參りますが、どれがカタイと云ふホントの支那か、西洋人も弱らされたのでありますが、最後にベネディクト・ゴエスと云ふ人が西藏の西側を通って甘肅省へ入ってから、是迄基督教の方が念願して居ったカセイが陸から行っても海から行っても一緒になる、と云ふことを知ったのであります。それで現實に支那と云ふ國がある、マルコポーロが傳へて行ったのは本當である、西から來た者も一緒であると云ふことが、大分はっきりして來たのであります。それが明の頃でありますから、今から四、五百年前だと云ふことになります。

それからごちゃごちゃ致しますけれども、兎に角其の以後支那と云ふものが確實になって來ます。確實になって來ますが、其の明の後を繼いだ淸朝、明から淸に移る時分には宣敎師が澤山行って居ます。淸朝に入った時分に澤山支那へ行ったカトリックの坊さん達は、支那と云ふ國に非常に感心して、實に文明な國である、實に開けた國である、偉い國である、と言って居ります。それも其の筈で康熙皇帝と云ふやうな偉い方が居られた。此の方は實際世界の大帝とも謂はれる方であります。其の次に雍正、續いて乾隆と云ふやうな皇帝が出て、支那としても文化の一番高かった時代に到著したのでありますから、其の連中は非常に支那を崇拜致しましたし、其の時は確かに西洋の方は支那の方の考へ方、道德政治の精神、其の他にしても見習はなければならぬと思って居ったらしい。是迄の西洋人の考へ來った事と違ふ、又立派な一つの文化がある。さうして能く調べて見ると、是は淸朝でありますが、ずっと其の以前から文化が續いて居る。其の本たるや幾萬册あるか判らないと云ふ位の立派な文化がある。美術、工藝にしても實に偉い、とすっかり感心してしまったのであります。
　其の時分から、支那を研究しなければならないと云ふことを、本當に考へ始めたのであります。向ふに行った宣敎師達は、そして其の研究を非常にやりました。さうして支那の本を大抵拉丁語、佛蘭語でありますが、譯し始めたのであります。佛蘭西のケネーと云ふ經濟學者の學說などは、多分に支那の儒敎學說の影響を受けて居ると云ふことでありますが、兎に角大變な崇拜をして居るやうであります。西洋の其の時分の文化の中に、支那の文化の影響を受けたことが多いと云ふことは、小林太市郎さんの『支那思想とフランス』、後藤末雄さんの『支那思想の佛蘭西西漸』などの本を見れば判るかと思ふのであります。支那の文化に較べると、どんなに自分達の文化が詰まらないか、それ程までに西洋人は思ったのであります。
　其の時分の研究は、西洋では支那の事情を宣敎師が布敎の常識として知る爲めが主であったのでありますが、併し隨分熱心に研究したのであります。

又支那の朝廷の爲にも働いたし、内政、外交、いろいろな學問の事なんかにも宣教師達が大いに働きまして、自分の方の事も自慢するけれども、向ふのものも採入れるのが主だった事だと言っても構はない位であったのであります。

ところが、清朝は乾隆の末年からぼつぼつ衰へる傾向を見せ始めたのであります。其の支那が衰へる傾向を見せる時分に西洋の方では物質文化と言ひますか、商工業文化と言ひますか、さう云ふものが、ウンと盛んになって來ました。さうして發明が相踵ぎましたから、其の方がだんだん優勢になって來たのであります。だから自然と今度は支那に向って侵略するやうになって來るのであります。其の侵略の重要なポイントと思はれるものは、所謂太平天國の亂であります。是は洪秀全と云ふ人が耶蘇教に依って政治を行ひつゝ、革命を起した、五十年程も掛った大變な亂であります。此の太平天國の亂は西洋の知識を採入れた洪秀全が起こしたもので、それが殆ど成功したのであります。事實太平天國の亂で清朝は終って居ると言って居る人もありまして、それ位迄行ったのであります。其の太平天國の亂を治めたのは曾國藩でありまして、此の人は朝廷の力を借りないでやって居るのであります。詰り自分が起って、支那では學者のことを「書生」と言ひますが、書生の力に依って、政府の力は少しも借りて居ないのであります。さう云ふ曾國藩も偉かったが、最も有力な働きをしたのは、ゴルドンと云ふ將軍であります。西洋人の兵隊を率ゐ、優秀なる兵器に依って揚子江を抑へたのでありますから、ゴルドン將軍の力も相當あったのであります。是は詰り西洋文化が支那文化を驅逐したと申しませうか、ですから後になってだんだん西洋諸國は支那を見縊りまして、侵略に力を注ぐことになったのであります。

だからそれからは、何の事件があっても西洋に敗けてしまふ。それは勿論内部の治まらないことも一つの原因でありますが、支那の文化が低下する時に、片っ方の文化は新しい力を持って來たのでありますから、どうしても其の方に敗けてしまふ。西洋は支那を侵略する、それから研究が始まるのであ

ります。木村毅と云ふ人が研究と云ふ事は侵略の初まりであると云ふ樣な事を何かの本に書いて居りますが、勿論手取り早くは行きませんが、何處かの國を研究し始めると云ふことは、順調に行きましたら、研究し始めてから其處を侵略することになるのであります。ですから向ふの事を調べるやうになりますのはこちらの勢力が進んで行って、こちらが優勢にならなければならない。だから丁度支那も、もう支那は取り得ると云ふ考へが起った時分から、外國の方からの研究が盛んになって來たのであります。だからそれからはどんどん研究が進んで來て居る。今迄本國に居った者が支那に出て來て、研究に從事するやうになりました。それ迄は支那の研究と言ひますけれども、唯だ支那の文化に感心して紹介すると云ふ位でありますが、是からの研究は詰り將來西洋が東洋に力を伸す素地をなす研究が起ったと云ふことになるのであります。

　そこで、然らば何處の國がさう云ふことに一番早く氣が付いたかと云ふことになりますと、先づ佛蘭西が一番古いのであります。一つ二つ細かい事を言ひましたら、何處が古いと云ふことはありますけれども、大體は佛蘭西が一番古いのであります。宣教師も佛蘭西人が多かったのであります。是迄支那へ行きました宣教師には佛蘭西人が多く、飜譯も研究も大抵佛蘭西語で書く。さう云ふものが多いものでありますから、佛蘭西と云ふ國が西洋では一番古い支那研究の歷史を持って居るし、今だにそれは落して居りません。今度御承知の此の戰爭でどうなるか判りませんけれども、兎に角佛蘭西が最も能く支那を知って居るのであります。

　初めはさう云ふ宣教師の物に依って研究する。宣教師は宣教するが爲に研究するのでありますけれども、中央に於ても、支那學と云ふか、支那學講座と云ふか、さう云ふ名前ではありませんけれども「支那及蒙古の言語、文學に關する講座」と云ふやうな長い名前の講座があります。詰り支那學の講座が出來た譯であります。なんでもそれが一八一五年ですか、二三年でしたか、確か其の頃だと思ひますが、さう云ふのが巴里大學に設けられることに

なりました[1]。それから其の他の小さい學校にもいろいろな支那に關するものが出來ますし、學會も出來ますし、學者も澤山出來て來ます。一番初めにアベル・レミュザと云ふ名高い學者が出て來ましたが、斯う云ふ天才的な人が出まして、支那全般に關する研究をやって居ります。其の後はレミュザ系統の人が支那事の中心を成す譯であります。それからクラプロート、是は獨逸の人でありますが、獨逸は佛蘭西に敗けましたので、巴里へ來て支那學の研究を續けて居ります。斯うして二人竝んで支那學の研究をやりましたが、今から見ても感心するやうなことを此の二人はやって居るのであります。さう云ふ人が巴里に居りましたから、佛蘭西の支那學の研究と云ふものは、非常に有力なものに仕上げられたのであります。其の後も佛蘭西の巴里が支那學の中心地で、今でも――今度の戰爭はさて措いて、今迄支那學の中心は巴里にあると考へていゝのであります。其の後勿論巴里だけでなしに、リヨンと云ったやうな所に東洋學を研究する學校が出來、現代の支那を研究する學校も出來まして、其處でも相當の成績を擧げて居ります。

　それから佛蘭西で支那――東洋研究のもう一つ面白い所は、最近問題になって居る佛領印度支那の河内であります。此處に一九〇〇年か一九〇一年かだと思ひますが「極東學院」と云ふものが設けられたのであります。勿論是は佛領印度支那を研究するのも一つの目的でありますけれども、其の他に支那、日本と云ふものを此處が中心になって研究するのであります。極東學院と言へば學校のやうでありますけれども、純然たる研究所であります。近頃日本でも流行る研究所の起りは此の學校であります。其處は學校のやうな制度で名前は教授とか、助教授とか、講師とか云ふ者は居りますが、學生は居ない。居ないこともないのでありますが、時々支那語の講習とか、何とかの講習會とかを設けます。毎年何人か學生を探って、それを育て上げて出すと云ふものではない。教授、助教授と言うても、其處に於て、自分の與へら

---

[1]〔編者注〕アベル・レミュザ（Jean-Pierre Abel-Rémusat）が新たにコレージュ・ド・フランスに設置された「中國及び韃靼滿州言語文學講座」（chaire de langue et littĀīrature chinoises et tartares-mandchoues）に任じられたのは 1814 年のことであった。

れた範圍の研究を續けて行く者であります。其處に長らく居って、巴里の方に缺員があると大抵巴里の教授になりますけれども、支那學の方の人は若い中には此處へ入って、研究を命ぜられて、さうして自分の範圍は皆旅行して廻る。そして材料を集めて研究し、其の研究だけを發表して居ればいゝ。此處で以て勉強して居ると、月給は殆んど要らないと云ふことで、金を使はうと思っても使へない、研究の費用は皆出して吳れる。ですから月給は丸殘りだと云ふことです。日本にはさう云ふやうな所は無いやうでありまして、非常に良い所らしいのであります。之の眞似をして英國も獨逸も日本も、研究所と云ふものをぼつぼつ拵へるやうになったのであります。佛領印度支那を支配出來るなら、此處へ行って見たら面白からうと思ひますが、此處には材料がウンと集めてあるらしいのであります。資料は佛領印度支那のみならず、シャム、ビルマなども皆其の通りであります。日本の本なども恐らく日本の圖書館以外に此處程多く集って居る所はありますまい。支那の本も其の通り、蒙古の本も其の通りであります。其處が日本に影響されさうになる、嬉しいやうな氣持も致しますが、兎に角さう云ふことをやって居ります。是だけでありません。研究の爲めには補助に安南人でも何でも皆此處で自分が使用して研究するのでありますから、研究所としては大變結構な組織になって居るのであります。尙ほ此研究所以外にも多少研究を補助してゐる樣であります。佛蘭西は其の後シリアにもさう云ふ研究所を作って居るのでありまして、やはり學問としては佛蘭西のやり方は割合に高度のものであります。

　佛蘭西に次ぎまして、何處が支那に關係深いかと言へば、露西亞であります。兎に角領地が接觸して居るのでありますから、露西亞の支那に對する研究と云ふものは、なかなか古いものであります。ピーター大帝の時分に、何でも歐羅巴の方の物を輸入することばかり考へて、露西亞を歐羅巴化しようとしたことは御存じだらうと思ひますが、ところが、それで國力が定ってからは、西へはなかなか出られない。西方には澤山國があります。ところが東は野原みたやうなものでありますから、是へ出て占領したいと云ふ考へを起

した譯であります。さうしてコサック兵が行った所は皆占領して何時の間にやら宗谷海峽まで出て來たのであります。兎に角土地が接觸して居るのでありますから、此の露西亞の研究は大變古くから進んで居るのであります。ところが露西亞の研究は進んで居るに拘らず、どう云ふものか西洋ではあまり注意しないのであります。是は言語の相違と云ふよりは、文字の違ひに因るのでありませう。ですから露西亞の學者の成績を參考とする人は、近頃二十年位迄はありませんでした。參考としたと言へば詰り獨逸語で書いてあるもの、佛蘭西語で書いたもの、是等を參考としたのでありまして、露西亞語で書いたものは參考としなかったのであります。露西亞は自分の國が支那と接觸して居るものでありますから、支那のいろいろなものを譯して研究致しました。エカチェリーナ（Catharine）女王の如きは西比利亞から東洋にかけて言語の調査を致しましたし、カザン（Kazan）大學には早くから蒙古語、蒙古文學の講座が出來、ペトログラードにも講座が出來て、一八五〇年頃に於ては、盛んに支那、蒙古研究をやって居ります。併しながら、是は學問の研究と云ふよりも、通譯官、それから大使館に行く連中、或は布教をする爲め、又はいろいろな政治關係から熱心に之を指導したと見えます。それで其の時分から研究は隨分深いので、支那本の飜譯なども、皆知らないやうでありますが、露西亞語に澤山譯して居るのであります。露西亞ではカザンが一番古いのでありますが、カザン以外の大學でも能く東洋の事を研究して居ります。殊に露西亞の學問の中心地にあたるペトログラード今のレーニングラードにあるアカデミー、是は元王立のもので、東洋のものを集めて居る點に掛けては、巴里とどっちが上か判らない位、澤山集めて居ります。それは支那關係のものだけでありませんで、蒙古とか、新疆省とか、若しくは西藏に亘って居りまして、アカデミーの蒐集は非常に澤山のものであります。さう云ふ風に考古學的なもの若くは現在のものでもいろいろ蒐集して居るのでありますが、時には其の國の人も連れて來て、自分の大學の先生にしたり、博物館の館員にしたり、其の人に研究方法を敎へつゝ、自分の方の研究を進めて行く

と云ふ方法を探って居ります。

　露西亞は世の中にあまり知られませんけれども、實際露西亞の東洋學と云ふものは恐しいものであります。支那の事は兎も角として蒙古に關することは、日本などは今でも恐らく何年か、露西亞に比べて遲れて居ります。露西亞と竝んでと云ふことにならうと思へば、餘程獎勵して年月を掛けないと出來ない、洵に賴りないやうでありますが、それが事實であらうと思ひます。支那直接の當時の貿易とか何とか云ふことになりますと、佛蘭西はさう云ふことは直接やって居りません。佛領印度支那でありますから、支那の南の端で、支那から言へば流し者にされる所でありますから、さう支那内地との貿易と云ふことは早くからやりませんけれども、露西亞はさう云ふものゝ研究も早くから進めて居りますし、宗教の方でも、北京に行かれた方は御承知でせうが、露西亞の聖公敎會が向ふにあります。北京に本據を置きまして、其處で本を出版したり、材料を集めたりして居ります。共產黨の手入れ事件から退いたかとも思ひますが、あることはあるだらうと思ひます。だから宗教の方でもさう云ふ工合にしてやって居るのであります。

　それから露西亞は、殊に大學の敎授は支那を研究するには、大使館附として向ふで、大使館の仕事もするのでありませうが、研究をさすのであります。其の研究した結果を持って歸る譯でありますが、それと同時に各大學とも連絡を取り、各大學の資料蒐集の役目を皆大使館でやるのであります。日本の大使館はさう云ふことはやったことは無ささうな氣がするのでありますが、露西亞ではさう云ふことをやって居ります。

　露西亞に次いでは英國であります。英國は主に南の方から海を傳って廣東、汕頭、上海、北京、天津と云ふ所へ來て居ります。さうしてやはり商賣の方でやって來たのでありますから、商賣關係の研究が始めは盛んであったのであります。併し其の居著いた開港地で皆それ相當の學會を作る。學會を作ることは英國人はなかなか早いやうでありますが、學會を作って小さい仲間が寄って研究する。初めは大抵動物、植物に變った珍しいものがあります

から、さう云ふものゝ研究が多かったやうでありますが、其のうちにだんだん言葉の研究、風俗の研究、法律の研究に及んで居ります。そして英國の上海の學會などに於ては、相當の成績を擧げて居りますし、今度はどうなるか判りませんが、向ふの圖書館も非常に有名なものであります。

英國はさう云ふ風にしてやって參りましたが、英國は佛蘭西式の研究所を建てるやうなことはしなかったやうであります。唯だ支那──支那だけでありません、東洋に關する外國語學校、今倫敦大學と言って居る、あゝ云ふ所が研究の中心となって居ります。勿論劍橋（ケンブリッジ）も牛津（オックスフォード）もやりますが、眞に研究するのは倫敦大學であります。それ等の大學と學會との連絡もいゝやうであります。だから上海とか、廣東などで何か面白い事件が出來ますと、必ず内地の援けを得て共同研究をやって居るやうであります。皆が一つの事に知識を合せてやりますから、隨って進み方が非常に早い譯であります。

英國に次いでは印度であります。印度が支那に對する研究をすると云ふことは一寸考へられないやうでありますけれども、是は最近の話であります。十年程にもなりませうか、ぽつぽつ印度の中に支那を研究すると云ふ機運が動いて居ります。尤もさう云ふ機運を惹き起したのは佛教關係で、印度には佛教が絶えてありません。ありましても極小部分でありますが、支那は佛教が盛んである、日本も盛んであると云ふので、佛教を研究すると云ふことから、支那の書物を飜譯したりして居るのであります。有名な法顯、此の人の旅行記も印度語に譯したりして居りますし、又誰かの漢文の本を印度語に譯して居るやうであります。是は向ふの方で英國の研究が盛んになるから、それがだんだん印度にも及んだと云ふ譯でありませう。

次に、獨逸はどうであらうか。元々獨逸は直接に支那に關係がありませんでしたが、例の膠州灣の問題以後關係が出來まして、それから支那に重きを置き、ハンブルグ大學とか、特に熱心になって來たのであります。それから支那學研究所と云ふやうなものが出來たり致しましたが、大抵さう云ふものは支那に派遣されて居た宣教師が歸って其の研究所の所員になって研究する

のであります。又領事と云ふやうな人、大使と云ふやうな人でも研究して歸ると大學の先生になったり致します。獨逸は何と言っても山東省に對しては、非常に力を注いで研究しましたが、他は佛教關係が多いのであります。それから延いては支那歷史と云ふものを考へて居る。あゝ云ふ國でありますから、だんだん研究が擴まって、全般に迄及んで來ます。けれども現今では、詰り前の大戰から今度の戰爭までに於ける獨逸の支那學の研究の成績は、さう大したものではありません。是は國が疲弊して居ったからであらうと思ひますが、併し獨逸は佛教の研究が非常に盛んでありますから、さう云ふ點では支那の佛教の本を能く研究して居ります。

　米國は、是は別に支那に關係無いのだけれども、何でも世界第一を以て任ずる國でありますから、殊に歐洲の學界が皆東洋々々と云ふやうなことになってから、見樣見眞似で亞米利加も東洋の研究を始めました。支那の方の研究に着手致しましたが、それは米國人が研究するのではなしに、歐洲の偉い人を招んで來て、自分の所の大學の先生にして研究をさすのであります。だから本當の米國人にして研究をして居る人は無いと言っていゝと思ひますが、何分金があるものでありますから、ウンと金を出して支那の物を集めるらしいのであります。何でも今のハーバードの支那研究所長エリセーエフと云ふ人、此の人は一、二年前に日本へ來ましたが、其の時會って話を聞きますと、亞米利加の支那研究は大變なものである。研究費用などは、日本では十萬圓だ、何んだ彼だと言ふが、段が違ふ、向ふは日本の金にすると一億圓──さっぱり話にも何にもならない。さうしてフランスに居たエリセーエフ君は元露西亞の人ですが、亞米利加の研究所へ來る時にも俸給は足らないことはないかと、隨分耀り上げてくれたさうであります。

　それは其の時佛蘭西でも學者が足らなかったので、佛蘭西へ取られる前に自分の方へ招んで置きたかったからでもありませうが、さう云ふ狀態ださうであります。斯う云ふことは日本には決してありません。金に閉口して彼は亞米利加へ行ったのでありませうが、さうして仕事をするやうになると「お

前支那へ行け、豫算を出して貰ひたい」と云ふことだから、例へば一萬圓なら一萬圓と云ふ豫算を出した。さうすると「是でいゝのか」——自分の心算では、少し多く書いてあるのであるが「是で行けるでせう」と言ふと一萬五千圓呉れると云ふのです。何故かと言へば「あまり切詰めて研究が出來ないといけない、是だけ渡して置くが、足りなければ後幾らでも言うて來い」と言って、豫算より五割増しも呉れると云ふことであります。勿論殖されても削られると云ふことはない。大體さう云ふやり方であります。だから金に飽かしてやるものでありますから、支那の地理の本を集めるにしても、省のものから、府のものから、縣のものから、極く小さい所のもの迄集めてしまふ。日本の本屋などへ來て居る地志の本も、何時の間にか亞米利加へ行って居る。今では亞米利加にウンとあるさうであります。向ふでは一寸でも變って居れば何でも集める。とても始末にをへないと云ふ話であります。併し今では日本の東洋文庫が地志蒐集の點に於ては世界一であります。亞米利加にも負けない。併し何時負けるか知りませんが、今の所は日本の東洋文庫が世界第一であります。

　亞米利加は兎に角さう云ふやり方でありますから、何でも買ってしまふ。度々日本へもやって來て、ぱっと搔っ拂はれてしまふのであります。さう云ふ金に明してやって居りますので、今の所は學問としてはさう何んと云ふことはありませんけれども、恐しい氣がするやうなやり方であります。日本は負けませんけれども、油斷をすると危いと思ひます。日本を乘超えるやうなことはありますまいけれども、物の蒐集にかけては、亞米利加は大變な事をやって居ると云ふことを御承知置き願ひたいと思ふのであります。

　其の他の國は大したことはないのでありますが、佛教研究で此の頃伊太利が頭を擡げて來たことは注目すべきであると思ひます。勿論まだ負けますまいが、もう負けるかも知れないと云ふ程度迄來て居ります。

　葡萄牙（ポルトガル）、西班牙（スペイン）、和蘭（オランダ）と云ふやうな國々は、英國が東洋へ來る前に、多少支那研究もあったのでありますが、此の頃は殆ど駄目であります。隨って、

是等の國の支那に關する研究に就ては申上げるべきものはありません。

　瑞典(スウェーデン)は、今の皇帝が日本へ來られたことがありますが、あの方は東洋學が非常にお好きであります。印度學も瑞典で勃興したことがありますが、殊に支那美術に就ては、相當な地位を占めて居ります。瑞典と云ふ國は、昔し露西亞と戰爭した時分に敗けて、澤山捕虜にされた。瑞典人が捕虜になって居る間に西比利亞を旅行して、大變面白いものが澤山あるので、それが爲に各國の學問が興ったと云ふこともありますが、一時絕えて居りました。やはり印度佛敎と云ふものゝ關係から、支那の研究が興って來たものと思ふのであります。殊に東洋美術を皇室が後援せられるのでありますから、瑞典の博物館は大變優秀なものを集めて居ると云ふ話であります。さうして此處の雜誌、出版物が大變重んぜられるやうになって來ました。

　東洋研究の最近迄の狀態は斯う云ふ風になって居りますが、然らばさう云ふ研究に對する施設は、どう云ふ工合にして居るかと言ひますと、前の露西亞の所で申上げましたやうに、大抵は大學とか、アカデミーが中心になって、其處に講座を設けるとか何とか云ふことをして、其處が何時も指導的立場に立ってやって居ります。併し學校だけでありませんで、本當の學問の研究發表は、やはり學會と云ふものがありまして、其處でやるのであります。それは有力なものが多いのでありまして、ですから大抵東洋學とか支那學の研究と言へば、其の學會の雜誌を見るのが一番いゝのであります。日本の大學にも學會がありますが、さう云ふ形式を倣ったものであります。さうして日本の大學の學會と違って或は向ふの學會は、大學に對しては良い地位を持って居る樣に思はれます。

　それから新しいやり方としては研究所があります。其の研究所も唯だ研究員を入れて置くだけでなしに、勿論圖書館も附設し、博物館も附設する。さうして現代の物でも蒐集して居るのであります。舊い物の蒐集も無論やりますが、現代の物を蒐集するのが難かしいので、現代の物を調べることに依って、今使はれて居る昔の物が判ることが多い。さう云ふ博物館は日本にも必

要になって來ると思ふのであります。さう云ふ風に必ず研究所に博物館や圖書館が附設されるのであります。

　それから學會でも研究所でも、大學でも、各所へ探險隊と云ふものを出します。何も怖い所へ行く譯ではありませんが「何々ミッション」と云ふのがそれであります。一人で行くものもあり、十人、百人が一團となって行くのもあります。さう云ふ大きな探險隊もありまして、それを始終出して居るのであります。日本でも近頃は大分金が出來まして、能く日本のミッションが支那へ行って居ります。大同などへは毎年行って居るやうであります。併し向ふは古くから大仕掛でやって居るものが多い。又獎學資金も多いのであります。大學を出て獎學資金を貰って研究して、それで一人前の學者になる人があります。斯う云ふやり方で總てを綜合して進んで行くのでありますが、最近の歐洲の支那學が發達して、支那とか日本のやうに古くからやって居る所にも負けないやうになったと云ふのは、探險隊のお蔭であります。探險隊を出すのは、古くは皆地理の探險であります。判らない所へ行って、地圖を取って來る。精密な測量は出來ませんでも、地圖を取って來れば、大體判る。延いては行く途中で動物とか、植物とか、氣候を觀察致します。又科學的方面の目的を以て行って居りましても、古い美術品を發見したりして、考古學の部門も入って來る。一つ一つ――考古學だけで行くと云ふことはありませんで、大抵いろいろの目的を一緒に持って行くのであります。

　一番初めに古い物に能く氣を着け出したのは、印度の物を英國が研究し出したのが最初でありますが、露西亞が新疆省に勢力を扶植致しました時に、其處の總督のペトロフスキーと云ふ人が古物が好きで、喀什噶爾〔カシュガル〕に居ります時に、佛像とか、古い經文とか、妙な飾りとかを發見して、それで斯う云ふものが澤山あるに違ひないと云ふ睨ひを着けて、自分の部下の各地の領事に蒐集を命じたのであります。さうすると領事は、人を使って掘出した物を買集めたのであります。是は現地に行かないで、自分が或る土地に居って、人を使って、人の掘出して來る物を買上げるのであります。ところが、それに

はどうかすると贋物を持ってくるのでいけない、と云ふことで、今度は自分が實地に行って掘出すと云ふことになるのでありますが、丁度さう云ふことをやったのが、英國のスタインと云ふ人が最初であります。

スタインは印度に居りましたが、バワーと云ふ大尉が新疆省に出張して居る時分に、何か經文の包のやうなものを發見し、それを印度へ行って見せたら、是は古い面白いものである。さう云ふことから英國からスタインが出て行きまして、新疆省のタリム（Tarim）盆地の周圍を廻って探險したのが始まりであります。それからスタインは二、三回新疆省を主に旅行して、新疆省だけではいけないと云ふので、だんだん甘肅省迄行き、四回目には先づ日本へも來て、奈良邊りで何とか彼とか調査して居ったことがあります。ところが其の第四回目には支那の方がウンと邪魔をして、到頭成功せずに切上げたやうであります。

佛蘭西も英國が第一回に行きました後に、直ぐ行きました。それが有名なペリオ（Pelliot）で、支那名で伯希和と稱んで居った人であります。スタインが二回目に行きました時に、この地圖にはありませんが、トンコー（燉煌）と云ふ所で支那の古代の圖書を發見して、一萬何千卷と云ふ古い古寫本を皆持って歸った。それをペリオが聞いて、又自分が後から行って、殘りを八千卷程持って歸ったのであります。ペリオは支那語が讀めますから、支那の學問に必要なものを皆持って歸りました。又後に殘ったものをスタインが二回目に行った時持って歸って居ります。其の時に其の事が北京の方へ聞えたので、北京へ運んで殘ったものを勘定したり致しましたが、まだ四五千卷もあったらしい。然し誰か一つ盜んでも、他の一卷の物を二つに分けて置けば判りません。員數を合はせばいゝのですから、澤山世間に散じました。兎に角さう云ふ風にして澤山持って來たのでありますが、後に日本へも賣込んで居ります。まだ北京に殘りが確かあると思ひますが、今度の戰爭になって大分持って逃げたやうでありますが、殘って居ることは事實らしいのであります。其の後スタインが第三回目に燉煌に行った時、寺の坊さんが、まだあ

る、と言って出して來たさうであります。一體全部で何卷あるか判りませんが、三萬卷か四萬卷はあったらしいのです。さうして其の中には漢文だけでない。印度のものもあるし、西藏のものもある。其の他何處のか判らないものも澤山ある。さう云ふ風に燉煌と云ふ所にはいろいろなものが澤山あったのでありまして、經史子集の外に文書類、契約書、物の受渡しの書類、さう云ふものもある。隨って、唐の時代の經濟狀態と云ふものは、燉煌のものが出てから確實に判るやうになって來ました。借金の文書類は、誰も借金の證文を殘して置く必要はありませんから、殘る譯がないのでありますが、ところがさう云ふものもある。だから材料として支那に絶えて居ったものが全部出て來た譯で、その間四、五百年間位のものは殘って居ります。日本へもどんどん賣りに來て居ります。僞物も賣りに來て居りますから、注意しなければなりませんが……。

さう云ふ風に英國とか佛蘭西は、其の邊をウロウロして居りましたから、他の國もどうしても行かざるを得ない。ですから、其の當時は新疆省を中心として、學問を目的に澤山の國が入亂れて入って來て互に皆負けないやうにやったのであります。

燉煌はさう云ふ風になって來ましたから、濁逸は初めから其處を目當てにしませんで、吐魯番——此の邊を何回も調査して、壁畫などがあれば、必ず持って行ってしまって居ります。さう云ふものをどうして運搬したかと申しますと、或る種の方法で小さく切りまして運んで居るのであります。さう云ふ費用は何處から出たかと申しますと、カイゼルが出して居るのでありまして、隨分豐富な費用で四回迄行って居ります。吐魯番だけでありません。其の附近を能く調べまして、燉煌に無い材料を集めて居るのであります。それは基督教の材料や摩尼教の材料などが多いのでありますが、ウンとある壁畫を根こそぎ持って歸って、伯林(ベルリン)の民族博物館で復原して置いてある。顏の部分は切れませんが、細分したものを復原したのでありますから、それも美しく入って居ります。兎に角さう云ふえらい事をやったのであります。

金で行ける事なら……と云ふので、米國も亦出掛けました。是は一つの報告書が出て居ります。支那でも問題になって行くのでありますから、非常に愼重に書いてある。何年に行ったか判りませんが、能く讀んで見ますと、ぼんやりと何年のいつ頃だと云ふことが判ります。是は日本を通って燉煌へ行ったのであります。燉煌と云ふ所には、壁畫や菩薩様の佛像が澤山ありますが、亞米利加のことでありますから、それを全部持って行かうとしたのであります。壁畫などは大きなものでありますから、獨逸のやうに切って持って行けば樂なのでありますが、亞米利加は亞米利加式に考へて、壁を何かの藥で濡らして其の部分だけを切取って行くのです。チャンとさう云ふことを實驗して、準備をして來たのでありまして、さうして剝がしたものを卷くと樂に持って歸れます。さう云ふ大掛りなことをやって乘込んで、巧い事胡魔化して中へ入って、三枚切った時に發見されて追出された。さう云ふことが書いてありますから、亞米利加へ行かれたら、取って來たものは、やはり復原されてあるだらうと思ひます。支那人のことでありますから、取ったものは仕様がない、それだけ持って歸へれ、と云ふことになって居るかと思ひます。其の證據に亞米利加が行きました時に、燉煌の往きか歸りの道で、大きな大同の石佛のやうなものを發見したのです。なかなか立派な石佛で、欲しくなったものでありますから、岩石の浮彫りの所を後ろから剝がしてしまった。さうしてそれを持って行かうとしたところが、それは村の人が信心して居った佛像と見えて大騷ぎになったのであります。そこで村長と談判して、之と同じものを拵へて此處に置いてやる、其の代り元のものを貰って行く、と云ふことになって、さうしようとしたのであります。併し村の人が肯きませんので、村長もさう云ふことをすれば後で困るから、と云ふので亞米利加も、それなら殘念だけれども置いて歸らう、と言って元の所へ置いて歸らうとしたところが、村長が、それではお氣の毒だから、と云って代りの小さい佛像を呉れた。支那人の考へは餘程判らないのでありまして、其の貰った佛像は印度から渡った佛像で、後で其の方が値打がある事が分ったと云ふこと

であります。亞米利加と云ふ國は、奈良の大佛のやうなものでも持って歸らうと云ふ、さう云ふ大掛りな事をやる國であります。

　他の國でさう云ふ大規模にやって居る國はありません。獨逸は組織的であります。伊太利は主に西藏の方でありますが、多少支那の中から物を持って來て居ります。併しながら、さう大掛りなものでありません。又それ程の金も無いでありませう。日本でもやりさうな事しかやって居りません。

　大體以上のやうな例が探險隊の例として喧しいものであります。細かい事を言へばまだ、殊に獨逸などにはウンとありますが、もう一つ亞米利加の大きな話をして置きたいと思ひます。

　それは考古學でありませんが、動物學、植物學のアンドリュースの書いた旅行記みたやうなものがあります[2]。之に面白い事が書いてあるのでありまして、よく亞米利加とか歐羅巴などから出る「何々龍」と云ったものがあります。其の動物の骨が出て居る。歐羅巴にも出るらしいのです。だから昔は必ず中央亞細亞又は支那の北部にあると云ふので、大規模な探險隊を出した。優秀な人十人位が澤山の人を連れて參りました。さうして其の龍の卵を發見したと云ふのです。勿論それは昔のもので、土の下にあるのですが、兎に角さう云ふものを發見した。是は動物學の方では大變なものださうであります。それを何十となく發見して、勿論それを發見する爲には人の居ない所へ行って、大分掘下げたりして苦心をして居るのであります。掘ったものを又持って歸るのが大變であります。何としても卵でありますから壞れ易い。それを壞れたものも壞れないものも箱詰めにして持って歸って市俄古(シカゴ)に置いてあるらしいのであります。卵を發見したと同時に又其の骨格も發見して居ります。鳥のやうなのもあるし、家守のやうなものもある。さう云ふ動物學の方が目的で行ったのでありますが、途中で考古學の遺蹟も發見したし、其の他の面白い物も發見して居ります。勿論費用も隨分掛って居るのでありま

---

[2] ［編者注］アンドリュースは Roy Chapman Andrews, 1884-1960。その旅行記は *Camps and trails in China: a narrative of exploration, adventure, and sport in little-known China*, 1918 或いは *Across Mongolian plains: a naturalist's account of China's "Great northwest"* を指すか。

して、十年に亙って三回か行って、それだけの成績を擧げて居る。初め行きまして、歸りまして研究して、それから疑問の點は復た向ふに行ってやる、歸って來、又行く、と云ふやうにやるのでありますから、確實になって行きます。金の掛かることは何も困らないのでありますから、何度でも行く。斯う云ふのが動物學の方から行って、考古學に入って行ったものになって居ります。

　斯う云ふ諸國の探險隊が行きました爲に、いろいろの物が出て來ました。先程申しましたやうに燉煌からは何萬卷かの本が出て來た。又まだ版にならない以前のものが何萬卷か出たのですから、大變であります。それを讀んで研究する爲には、支那の學問全部が必要になって來たのであります。是迄解って居った本でも、もう一遍讀み直す、又考へ直すと云ふ譯でありますから、歐州に於て、支那學が興って參りました。それに日本は取殘されてしまった譯であります。併し何と言っても日本人は漢學は上手である。常に見慣れて居りますから、日本は上手です。向ふの探險隊が發掘したものが出版されますと、それを利用し讀むことは、日本人は大變得手でありますから成績をあげました。併し兎も角さう云ふ風に歐州に於て、支那學が勃興したのは、探險隊のお蔭であります。勿論日本の方も負けては居りません。さう云ふ風に、支那學勃興の結果、今迄判らなかった文字が判って來ましたし、それから昔の交通狀態もそれに依って知られるやうになって參りました。

　西洋の方の支那學の研究の仕方は、語學を中心にしてやります。先づ支那語を勉強して、それから漢文を支那流に讀んで、勉強する。それが出來てから必ず他の研究に從事するのであります。日本だと直ぐ漢文を讀んで研究致しますが、向ふの人は妙な文字に慣れて居りません。ですから現代のものを讀むにしても、古いものを讀むにしても、皆最初語學をやってから讀むのが常則であります。露西亞の大學などでは、支那學をやる人は、隨意科目でありますが、支那流に漢文を讀むことの外に日本流に讀む稽古もします。それから正科としては支那流に讀むことを習ふ。日本學をやる人は日本式の漢文

讀法を正科で習って、副科として支那流も修めます。ですから日本で漢文を返って讀むのはをかしいと言ひますが、露西亞ではさう云ふことをも教へて居るのであります。兎に角語學を中心としてやって居ることは感心すべきであると思ひます。

但し申上げて置きたいのは、語學と申しますが、研究となりますと、喋べることはさう必要ありませんから、漢文が解るやうにやるのがいゝのです。本式にやれば支那式にやるのがいゝのでありますが、本當の語學の研究だけでない人は、やはり日本風に漢學の勉強をやったら得だと思ひます。日本風の漢學の勉強もしないと見えて、近頃は妙な例も見受けるのでありまして、近頃出る「支那何々」と云ふいろいろの本の中には、甚だしい誤譯をして居るものが澤山あります。少し漢文を勉強しとけばいゝのにとよく思ひます。あゝ云ふものは、此の紙の少ない時に勿體ないと思ふのであります。お話するのもをかしい程の誤譯がありますが、申上ずとも宜しいでせう。御注意になることが必要だと存じます。

それから西洋人は、必ず研究題目に關する文獻目錄を精密に拵へる。近頃日本でも研究所が出來ると文獻目錄の編纂を唯一の事業として居りますが、まだ完全なものが出來て居ない樣であります。曾て日本へ來て居ったある白耳義(ベルギー)の留學生が「日本には文獻目錄が出來てゐない、是が大きな缺點である」と言って居りました。近頃はポツポツ出來て居るのでありますが、まだ西洋には及びつかないのでないかと思って居ります。

それから西洋では研究所に附隨して圖書館、博物館を設備して、專門は專門のものとして、ちゃんと拵へる。それが強味であります。研究したい人は其の中に居ていくらでも研究出來るのでありまして、其の點羨ましく感ずるのであります。それから研究所へ入った人は、必ず現地へ行って資料を漁り、現地を視て、自分の理解を深めることをやって居ります。日本も今では大分さう云ふことをやって居りますが、向ふは必ずそれをやるのであります。

併し、歐米人が支那を研究する、それを參考とするのも大變いゝのであり

ますが、本當は支那人の研究したものを研究するのがいゝのであります。支那人が支那で支那の事を研究するのでありますから、本當に完全な研究をして居る譯であります。さう見えないのは、吾々に解らないからでありませう。少し研究すれば、成程支那人の研究したものがいゝと云ふことが判るのであります。支那の政治とか、經濟とかに對しては、ずっと古くからの文獻が殘って居ります。或る事件が起った時に、誰が斯う云ふ意見を出した、彼が斯う云ふ意見を出したと云ふものが澤山殘って居ります。それを事實に依って考へて何の爲に其の人は斯う云ふ意見を出したのか、さう云ふものを見て行くのが、支那人が一番上手い。支那人でありますから、支那人の言ふ心理が能く判る。吾々は日本人流に考へますから、自然違って來る。支那の研究は支那人の研究したものを研究するのが一番能く解るわけであります。

　けれども、だからと言って、佛蘭西人や露西亞人の研究は何でもない、と云ふ譯ではありません。富士山の姿を見ようと思って富士山の上に登って見たら、富士山の姿が見えない。やはり富士山の姿を見ようと思へば、遠くから眺めるのが一番いゝ――それは本當にさうでありまして、物事は外から見るとよく判る。さう云ふ點から言へば、支那人のものを研究するのもいゝが、參考として外國人の研究も吾々は研究する必要がある。支那人は眞實に近い事を言うて居るでありませうが、それを吾々はどう判斷するか、それはやはり大局から觀なければならない。又支那人の研究を惡く言ふ人があります。支那人は非科學的だ、と申します。併し此の考へは改めて貰ひたいと思ひます。支那人も科學的知識は持って居る。例へば天文で言へば、日食は何時來る、と云ふやうなことは、支那人でも前から計算するのであります。計算をして其の日に來なかったら、間違ひだったと云ふことが判るから、又研究して其の次には餘計當たるやうにする。漢法の藥でも支那には西曆前から傳って居って、よく研究して居る。だから支那人に科學的知識が無いと云ふことは嘘であります。又、康熙、乾隆、嘉慶に掛けて支那に古典の研究が進みました。あのやり方であります。是は考證學とか、樸學とか言って居りま

すが、此の樸學の研究法は、本當の科學的研究法であります。西洋の方面でも到達して居ない所迄踏込んだ研究法であります。古い古典を研究すると云ふことに掛けましては、卽ち支那人の樸學の研究法、考證學の研究法は進んだものであります。だから、支那人の研究は科學的でない、などと云ふことは言はない方がいゝだらうと思ひます。唯だ近世科學に關するものは發達が遲い。接觸してから發達致しませんでしたが、今言ったやうな研究に對しては、科學的研究でありますから、支那人の研究と言っても、さう云ふことを考へないで見て貰ひたいと思ふのであります。

　日本の是迄の支那の研究はどうであったか。日本の支那の研究は、支那を除いた、卽ち本國以外日本が一番古く、一番廣く研究して居るのです。德川時代の學者も大いに研究して居るのでありまして、殊に德川時代に於きましては、政治、經濟などに關する指導階級と云ふか、さう云ふ者が支那から得た學說に支配されて居ったのでありますから、實に能く研究されたと言っていゝのであります。

　明治以後にあっては、西洋の學問が入って來まして、其の後は漢學と云ふものは道德の學問と云ふことになってしまった。總て西洋の學問に壓倒されてしまって、殘る所は道德の學問だけになってしまったのであります。是は大勢がさうなってしまったのでありますから、仕方がありませんけれども、本當はさう云ふものではない、もっと研究しなければならない、と云ふことが學者の中に考へられまして、支那の學問に依り、或は日本の學問に依って、もう一遍研究し直さう、と云ふので「支那學」と云ふ名で、日本で、初めてではありますまいけれども、看板として使はれ出したのが京都大學であります。それの中心になりましたのが、內藤湖南先生であります。先生は何でも能く調べて居られまして、いろいろな物を書いて居られます。それを御覽になりますと、現代支那を批判されるにしても、現代と云ふものがどうして出て來たか、と言って古來から出て來た知識で批判して居られます。例へば銀に關する問題、紙幣に關する問題、それから支那の政體に關する問題でも、

斯う云ふ工合になって居るが、それは斯う云ふ所から起ったもので、斯うなって來たのだから今度は斯うしたらよからうと云ふこと迄書いておいでになるのであります。是は私自身が崇拜して居る先生であって、そればかりあまり申上げるのは、心苦しい次第でありますが、先生の支那に關する本を繰返して讀んで戴けると、先生の學問が能く解ると思ふのであります。『支那論』など既に十何年も前の著書でありますが、今度の支那事變を豫言してあるやうに思はれます。今日は當時とは事情が變って居りますから、多少現れ方の違ひがありませうが、能く考へてお讀みになれば、先生はいろいろのヒントを與へて居られると思ふのであります。それから『東洋文化史研究』と云ふ論文集があります。あれを御覽になりましても、銀や紙幣の問題があったと思ひますが、どう云ふ工合に通貨論とか、銀貨論とか、幣制問題に關する意見があったかと云ふこと〻、先生がそれに依って如何に判斷して行かれたか、と云ふことが判ると思ひます。私はどうあっても、先生は日本の第一人者だけではなしに、世界でも稀な先生だと思って居るのであります。私は同じ時代に生活して居りましたから、さうまで褒めようとは思って居りませんが、亡くなられましてから考へて見ますと、實際世界に無い偉い先生を日本の支那學は持って居ったかと云ふことが判るのであります。先生の名前の出て居るものなら、どれをお讀みになっても、何かのヒントを與へられます。

　ところが、近頃出る先生の本が、一部削られることがあります。別に大した事ではありませんが、斯う云ふ時局であるから、若し何等かの差支があってはいけないだらう、と云ふ遠慮で削られるに過ぎないのでありませうが、あれ等も先生に考があって言はれたのであり、該博な研究の結果から來て居るのでありまして、唯だ一、二の本を讀んで言って居る譯ではありません。一つの變化を見究めた上で、だから支那は斯うなるだらうと云ふことを言って居られるので、先生の著述は極めて新知識であります。吾々は西洋に負けない人を持って居る、支那にも負けない人を持って居るのであります。

　さて、それから後に支那の社會制度の研究が始まって居ります。併し既に

正史と云ふものが二十五出來て居るのでありまして、其の中に「志」と云ふ部分がある。それが今の言葉で言ふ文化史に當る譯で、之を今風に考へ、今風に敍述しようとして居る。それが今の大體のやり方であります。是等はあまり讀まれなかったのでありますが、之を讀めば制度社會の歴史沿革皆書いてあります。歴史と云ふものは、支那が一番古くから到達して居る學問でありますから、支那の正史を讀めば、一應古い研究ならば解るのであります。中には特別の研究を施さなければならぬものもありますが、是さへ調べますと、皆あります。唐以前ならば、他に資料は無いのでありますから、正史で研究すればいゝのであります。正史は漢文でありますから、漢文を稽古されないでお讀みになっては難かしい。殊に「志」の中の言葉は大變難かしいのでありまして、字引があれば都合が好いのでありますが、今日のところ便利なものがございません。其のうちに出來るでありませうが……。それから正史二十五と言ふけれども、過半數の如きは大抵返點附きで德川時代に出版されてあります。

　それで日本の國として、支那學を研究するには、どうすればいゝか、と考へて見ますと、やはり語學の研究を主にすること、第一に研究に先立つ條件として語學の達者なこと、それは現代支那語でなくても、詰り漢文が能く讀めること、支那流でないにしても漢文が能く讀めること、是が肝腎であります。それが解らないと、どうせ向ふのものは解らないのでありますから、先づ語學が必要です。それから資料の蒐集をウンとして欲しいと云ふことであります。是は書物だけでありません。詰らないと思ふものでも、全部集めたものが欲しい思ひます。私は、支那は抗日文書で漲って居ると云ふが、實際さう云ふものを見たことがありません。何處にそんなものがあるのだらうか、と思って居る位であります。皆抑へられて居りますから、吾々は見られない。さう云ふものは、專門に研究する者には、何とか讀めるやうにして戴きたい思ふのであります。「抗日が盛んであった」云々と、歴史を講義する時に、言って居ります者が、抗日のビラも見たことがないと云ふのは、をか

しなことだと思ひます。斯う云ふことになるのでありますから、さう云ふものも是非集めたい。併し政府の方針もありますから、政府の諒解を得てやらなければなりませんが、さう云ふものも必要であるから、是非集めて欲しいと云ふこと。それから研究所を整備して欲しいと云ふことゝ、研究を自由にさせて行くと云ふこと。どう致しましても、研究は囚はれてゐては、獨創的な事は出來ません。さうしてどう云ふ所に疑ひを持ち、どう突っ込んで行くか、自分で獨創的に考へて行かなければなりません。眞の研究はさう云ふ獨創の研究でなければならないと思ひます。

　それから大阪だったらどうか、と云ふことを考へて見たい。大阪の樣な所はどうしても現代の東洋の事は全部知りたいと思って居られる必要のある所でありますから、立派な研究所があったらいゝかと思ふ。勿論東京にもありますし、京都にもあるのでありますが、大阪にも一つ必要ではないか知らんと思ふ。それは京都とか東京風でなくても、さう云ふ組織は別として、大阪にも一つ必要でないかと思ふ。是は何も古い研究をしないでも、そこへ行けば何でも一應解るやうにする。學校ではありません。研究したい人は、其處へ行けば何時でも研究出來る。又それを指導し得る人が居ればいゝ。勿論それには圖書館と博物館は附屬して欲しいと思ひます。

　それ等は理想的なことでありますけれども、それ以外のことだったら、學者研究者の連絡研究が必要であると思ひます。近頃あちらこちらで澤山に研究をしてゐられる樣でありますが、若し同じ樣なことを皆が從事してゐられるとなると、大變無駄なことであると思ひます。それではいけない。茲に何かの連絡機關を設けて、知識を交換致しまして、それぞれ別に特徴を發揮せられると云ふことがいゝのではないか。さうなりますと、學會みたやうになりませうが、何かさう云ふ適當なものが欲しいと思ひます。大阪には專門の圖書館が無いのでありますから、やはり相互の連絡が必要ではないか、と思ふのであります。私自身にしても孤立して勉強する他仕樣がない、新しい斯々の事を識りたいと思っても解らない。さう云ふことでは困りますから、

何か連絡機關が必要だと思ふのであります。
　私の話は以上でありますが、多少なりとも御參考になる所がありますならば、幸甚に存じます。(了)

(1941 年 7 月、滿鐵大阪事務所刊)

アメリカの東洋學界につき

　長い戰爭の間我國は孤立して戰ってゐたから、各國の東洋學界の情態は殆んど我等には分らなくなってしまった。ここに米國軍の我國進駐となったので、米國の東洋學を少しく顧てみようと思ふのであるが、自分には參考になるものが手元にない。そこで先づいつでも最初に津を問ふの書としてゐる杜村石田幹之助先生の『歐人の支那研究』（現代史學大系第八卷、昭和七年東京刊）を見ると、卷尾二六二頁にグッドリッチ、ラトゥーレット、カーター、マーチなどを擧げてあったが[3]、皆之等を見るを得ない。尤もラトゥーレットの一文（K.S. Latourette, American Scholarship and Chinese History. *Journal of the American Oriental Society*, Vol. 38, Part 2, April 1918）は見るを得たが、杜村先生擧示のものより古いからどうかと思はれる。次に同じく先生の『歐米に於ける支那研究』（昭和十七年東京刊）を見ると、到る處に米國の中國研究の情態が述べてあって大に教へられた。然し考へて見ると我國で云ふ東洋學は主として中國中心に見たものであるが、歐米の云ふ東洋學は西南アジア地方を大宗としてゐるから、今度は平凡社の『世界歷史大系』を一閲してみた。第一卷の「史前史」（昭和九年東京刊）にも、第十四卷「西洋古代史」第一篇（昭和八年東京刊）にも研究調查の記事の少ないのは、通史の體裁の致す所だが、第二卷「東洋考古學」（昭和九年東京刊）には文獻も擧げて各國の調查研究を述べてあった。ヒルブレヒトの著は見るを得ないが、同じ樣な標題を持つブゼスクルの『古代史地方の十九世紀及び二十世紀初頭の發見』（В.Л. Бузескул, Открытия XIX и начала XX века в области истории древнего мира, Ч.I, Восток, Петербург, 1923）を偶々檢するを得た。「ニップールに於けるアメリカ人の發見」などの章はあっても、元來國別のものでないから簡單にアメリカのみを槪觀するわけにはいかない。そ

---

[3] 〔編者注〕1946 年日本圖書刊の增補再版本によったもの。昭和七年共立社刊『現代史學大系』本には見えない。

の點から云へば簡單すぎるとしてもシュミットの講演（Nathaniel Schmidt, Early Oriental Studies in Europe and the Work of the American Oriental Society, 1842-1922, *JAOS*, Vol. 43, Part 1, 1923) は大觀するにいい。アメリカ東洋學界の母體と見ていいのであるから。尚ほかかるアメリカ東洋學會の大會に於ける座長講演（Presidential Address) を二つ三つ見るを得たから、上記の書にそれ等を讀んで併せ得た所感を書いてみたい。それ等の講演は次の通りである。

C.C. Torrey, The Outlook for American Oriental Studies, *JAOS*, Vol. 38, Part 2, 1918.

J.H. Breasted, The Place of the Near Orient in the Career of Man and the Task of the American Orientalists, *JAOS*, Vol. 39, Part 3, 1919.

C. Adler, East and West, *JAOS*, Vol. 44, Number 3, 1924.

Julian Morgenstern, American Culture and Oriental Studies, *JAOS*, Vol. 48, Number 2, 1928.

Berthold Laufer, Columbus and Cathay, and the Meaning of America to the Orientalists. *JAOS*, Vol. 51, Number 2, 1931.

元來アメリカは新しい國家であって、その祖國は舊歐州なのであるから、國家としての目覺ましい發展は驚くべきものがあっても、何かの傳統を求めるとすると、それは舊歐州の傳統を紹述してゐるのは當然である。だから東洋學の傳統も固り歐州を承けてゐる。アメリカに東洋學が創建された時は歐州に學會が創立された時で、早速にこれに倣ってアメリカ東洋學界を創立したんだが、其國に傳統があるのでないから、一八二二年のフランスのアジア學會（Société Asiatique)、一八二三年イギリスの王立アジア學會（Royal Asiatic Society）についで一八四二年に創建し、一八四四年のドイツの東洋學會（Deutsche Morgenländische Geselschaft）には先立って居り、既に近代アメリカ樣式を豫見せしめてゐる樣だ。又當時の歐州學風を承けてサンスクリットとセム語族の研究が中心をなした樣である。當時のアメリカとしてはセム

語族は宗敎上の關係もあらうが、梵語は何等の世間的因緣はなからうから、全く歐州傳統の紹述に外ならない。其後と雖も學者の留學は歐州へであり、敎授の招聘は固り歐州からであるから、全く歐州傳統の移入であった。さうして何もかもの雜然たる移入を以て豐富になって行った。固り本國に於てもホイットニー（William D. Whitney）の如き天才學者の後を承くる幾多の俊才が印度語學印度文學のみならず、延いてペルシャの語學文學まで及んだし、セム語族の諸方面も亦廣く開拓されて行った。學會も專門分科が續々と設立された。一八六九年にホイットニー自身が言語學會（American Philological Association）を立てたのを初めとして、考古學會（Archaeological Institute of America）は一八七九年に、聖書學會（Society for Biblical Literature and Exegesis）は一八八〇年に、歷史學會（American Historical Association）は一八八四年にと出來て行ったのであった。研究所もいくつも出來て行った。ただ注意すべきは建國の初期には有力であった英佛の傳統も政治情勢の變遷と共にドイツの學術が漸次勢力を持つに至った事であらう。能率を尙ぶ國風はドイツの科學的硏究法を支持し之に刺戟されたものであらう。然しこれ亦歐州の傳統に外ならない。

　研究設備が揃ってくると資料蒐集の爲め諸方へ探檢隊が派遣されるやうになった。これも歐州の傳統をついで、續く新發見で學界を瞠目せしめつつあった西南アジア地方アッシリア・バビロニアの故地に着目したのであった。注意してもいいと思はれるのは、以前の東洋學は印度のサンスクリットにしても、セム語族のアラビア語、ヘブライ語等にしても、その子孫の近世語が存在してゐるので、古代語であっても研究の手掛りのないものではないのであったが、アッシリア・バビロニアでは全然子孫が絶えてゐるらしかった言語を表はした不明の楔形文字や象形文字が出土してきたのであった。歐州學者の不撓不屈の研究は漸次之を解讀するに至ったのであるが、何萬に上る泥塼文書は次ぎから次ぎへと新しい未知言語を發見せしめるべく出土して行った。さうしてこの怪奇なる文書が舊約聖書の傳統を解明して行くのであ

る。この學問こそは歐州の傳統を承けてはゐるが、その傳統の重壓から逃れて新しい廣い國に渡って未明の地域を開拓して行けば行く程幸福になり得たアメリカの風望と似てはゐないだらうか。況んや研究費を出し得る點に於ては群を絕する。ほんとに自由に理想を追求し得るのである。その豐富なる資材の點は探檢隊の上にも現はれてゐる。最初は大學などの方から出かけないで、他の探檢隊の後援から始まったが、終には大學獨自の探檢隊となって大收獲を獨占する事となる。例へば一八八四〜五年のウォードのメソポタミア探檢なんかもあるが、一八八八〜九年のニップール探檢隊はペンシルヴァニア大學の後援の下に行はれ、引續き數回に及び、一九一八年からは大英博物館とペンシルヴァニア大學とが協力してウル地方の發掘をなし、一九二八年には英米の合同探査隊のパレスチナ踏査となり、一九二七年以來はシカゴ大學及びペンシルヴァニア大學は夫々探檢隊を派出して各地に活躍してゐると云ふ調子である。もうかうなると、アメリカ建國當時の意氣「我等はアメリカ人なり、イギリスの殖民にあらず」と云ふが學術界に於ても完成したと見てよい。歐州傳統から愈々獨立したと見てよく、まさしくジーグフリードの云ふ「アメリカ時代」となってゐる。ジーグフリードなどを擔ぎ出したが、實は André Siegfried, *The American Age* (The Kawase Series, Contemporary Essays. 3rd Edition, Kobe, 1933) を讀んだだけで甚だ濟まない事を斷って置かう。

　探檢隊は勿論西アジア地方だけでない。歲月を經るに隨って世界の各地方へどんどん派遣されて各科學分科の厖大なる資料が將來されて行った。アンドリュース（Roy Chapman Andrews）の三囘に渉るアジア探檢などは最もアメリカ時代の氣風を現はしてゐる例としてよからうか。到底舊歐州の探檢隊などの比ではない。既にアンドリュース自身が探檢は舊樣式を脱却して新しいやり方で爲されねばならないと宣言してゐるのでも分る。未開拓の蒙古を目的地とし、二十五萬弗の豫算の下に、五箇年の歲月を豫想し、二十一人の各種專門家の隊員により、自動車を初めあらゆる新式資材を準備し、周到な

る準備工作を檢討した上で、現地に於ける研究生活を凡て何等の苦痛不安冒險なく實行し得る方法を採って之を行った。且つ此の探檢の實用目的までも科學的眞理發見以上に教育修養及び人類幸福に何を與へ得るかの點に迄及んでゐる。それ等に關する彼の探檢論（下記の彼の著の初めの方を見よ）を讀んでゐるとエヴァレットの「青年訓」（C.C. Everette, *Ethics for Young People*）を想起せざるを得ない調子であった。又濟まない譯であるが、このアメリカ青年訓も余は長谷川康譯註の講義の北星堂の普及版昭和十二年三十八版と云ふ學生受驗用本で讀んだに過ぎないのである。通俗倫理談であるが「アメリカ時代」の考へ方、氣風、道德のよって立つ所をよく示してゐると思ふ。さうしてこれ等の準備に就いても、新聞雜誌の宣傳を利用したのであって、雜誌『アジア』の編輯者なんかはハッキリとこの探檢隊は新しい鋼鐵工業會社の創立に劣らざる大起業（big business）であると云ってるのは面白い。それ等については抄出する必要もない、R. Andrews, *On the Trail of Ancient Man. A Narrative of the Field Work of the Central Asiatic Explorations.* New York and London, 1926 の 1. preparations の項か、Louis D. Froelick, *Andrews of Mongolia. A Look behind the Scenes into the Business of Exploring Asia*, August 1924 を讀んで貰へばよく分る。まさに「アメリカ時代」の探檢である。

　宣傳と云ふと想起するが、座長講演なんかでも東洋學を廣く通俗化し閑職の老人に對してばかりでなく、若い青年男女にも興味と利益を與へねばならないと云ふ風なのがあった。然しそれも唯會員獲得によって不振を打解すると云ふばかりではないので、東洋の語學文學の研究によって國際理解による永久平和の將來を、又それによって行きづまってゐる舊歐州精神文明の躍進を、又それによって未だ完成に至らないアメリカの精神文明の營養に寄與を、又それによって國家の活躍にも貢獻をしようと云ってゐる。かう云ふ點に至れば我等がアメリカを理解し得る好きヒントを與へうるのではないだらうか。又且つ我等もこれを他山の石として反省すべき多くのものが有るので

はないだらうか。平心に彼等諸君の言説を理解せねばならない。

　アッシリア・バビロニア學に重點を置いたアメリカ東洋學は東に西に擴がって行ってゐるが、ここを最古の據點として文化が傳播して遂にアメリカインディアンに及んだと見てゐるやうで、結局自國原住民の研究の結果は東洋學に比較せざるを得なくなった點もある樣だ。現代が世界史中の世の中であるが、學術も世界學の世となって來たのである。我國のアッシリア・バビロニア學は實に寂寥々たるものであるが、そんな事では濟まなくなりさうである。勿論學術は一方に專門に分科しつつ精審を極めて行くが、一方却て其爲めに各科の成績を比較對照綜合しつつ該博にもなって行ってるんだ。それ等各種の分科專門が存立してゐてくれなければ正確なる比較も廣博なる綜合も出て來ない。この點では我國の東洋學界はまだまだ狹隘である。各種分科の專門家が益々多い事が望ましい。これはアッシリア・バビロニア學の場合をのみ云ってゐるのでない。

　然し元來我國は富裕でない。其爲め圖書館にしても學會にしても貧弱であるを免れない。學會や圖書館や、少ない博物館では到底專門研究は望まれないから、學者自身が書物や資料を持たねばならなくなる。分科は狹隘になるより外ないが、學者自身にさう豐富を望めるものではない。究極する所は特別の材料を珍藏して個人利己とならざるを得ない。大いなる協同綜合の研究とは緣遠くなる。我國の貧弱が致す所であるとは云へ、これでは霸氣ある壯烈なる研究とはなり得ないではないか。だと云って敗戰疲斃の我國が急に富裕たるべきを得ないとすれば、衆力衆智を連絡活用するに問題は在らう。連絡活用となれば從來は大抵大なるものの椽の下の力持に小なるものがされ勝ちである樣だ。さうでない。量は小であっても質の良なるものに大なるものが援助するのがほんとうではなからうか。

　例を大阪にとって見よう。大阪は學問の土地でないかも知れない。然し熱心な學徒はいつの時代でもゐるのである。我等の小さい學會も存在する[4]。

---

[4] 〔編者注〕石濱等が組織した大阪東洋學會（The Osaka Asiatic Society）をいうか、或いは靜安

これ等の困ることは大なるものとの連絡活用がなくて活潑なる躍進は自力の蓄積のみであるから中々前途は遠しと云ふ外ない。アメリカなどの諸力を綜合して目的邁進するを側聞しては驚くばかりである。驚いてばかり居られないから自力で邁進するつもりではあるが、之等を前進せしめ之等を利用するのが大なるものの義務であらう。かくしてこそ我國東洋學の發達を期し得よう。大阪を例にとったに過ぎないが、各地も大抵はさうであらうと信ずる。大阪に東洋學を不要と云ふ勿れ。國際理解に資し、歐米文化の營養に資し、國家の再建に資し得ることアメリカ學者の云ふが如くんば、なんで東洋學が不要であらう。西洋文明に寄與し得ることこそ世界平和に資し得る點ではないか。

(『東洋史研究』第九卷第五・六號、1947 年 4 月、1–8 頁)

學社（Societas Orientalis Osaka'ensis in memoriam Wang Kuo-wei）のことを指すか。前者は上本町八丁目の大阪外國語學校に事務局を置き、大正十三年（1924）から昭和十年（1935）にかけて『亞細亞研究』を刊行（1～12 號）、ネフスキーの『西藏文字對照西夏文字抄覽』（第 4 號、1926 年）など貴重な研究成果を學界に提供した。後者は王國維の逝去をきっかけに、高橋盛孝、ネフスキー、石濱等により昭和二年（1927）に設立（その經緯については本書 81 頁を參照）、懷德堂を據點として活動を開始、同年十二月に『靜安學社通報』第一期を、昭和九年五月に『東洋學叢編』第一册（東京：刀江書院）を刊行した。ただし兩者ともに本文執筆時點（1947 年）でどれほどの活動實態があったかを考えると、他の學會を指しているということも排除できない。

二、新疆探險

コズロフ蒐集

　露國陸軍大佐ピョートル・クジミッチ・コズロフ氏は西暦一千九百七年より同九年にかけて、蒙古及び甘肅省を探檢し、特に黑城(カラホト)附近より多大の珍奇なる品々を持って歸った。此探檢はまだ餘り知られないが、其將來の珍奇の品には數千部の古板本寫本の卷冊、數百點に餘る佛畫佛像等種々あって、しかも此文書には支那文、西藏文、滿州文、蒙古文、波斯文、回紇文、西夏文等を含んでゐるさうだから中々注目の價値がある[1]。探檢の行はれた地方が西夏の故地である故、西夏文獻に對する一大進步は此の探檢隊の研究成績の發表せらるゝに從ひ明らかになるだらう。僅か漢文々書の一部の豫報丈でも既に其曙光は見られるので西夏文解讀の成績が待たれるわけである。况んや藏滿蒙回紇等の文書の內容が發表になれば、如何なる所に如何なる發達を來たすやも知れない。此蒐集は我國では狩野敎授や瀧敎授が視て來られたが[2]、今回佛國のペリオ敎授が『亞細亞雜誌』(ジュルナル・アジアティック)に漢文文書を二十三部槪略を報ぜられたから[3]、これを機會に其一部を紹介しやうと思ふ。

　イヴァノフ敎授は其『掌中珠』紹介の論文の初めに、コズロフ蒐集を三類に槪括して居られる。

　一、『易經』其他經書、諸子就中『莊子』『老子』、漢文公用文書及び漢譯佛典。

　二、西藏文書

---

[1] П.К.Козлов, Вести из монголо-сычуаньской экспедиции под начальством Козлова С.23, 1909; Русский путешественник в чентральной Азии и мертвй город Хара-хото. С.44 и С.104, 1911.

[2] 狩野直喜氏「狩野博士書簡」『藝文』第四年第一號、一七二頁、大正二年。以下狩野敎授として引けるもの皆同じ。瀧精一氏「歐州に於ける中央亞細亞の發掘品に就て」『國華』第二百八十四號、大正三年。以下瀧敎授として引けるもの皆同じ。『國華』二百九十六號の黑城發掘來迎圖の所にも少しある。

[3] P. Pelliot, Les documents chinois trouvés par la Mission Kozlov à Khara-khoto, *Journal Asiatique*, série XI, tome 3, p.503, 1914.

三、西夏語文書

而して其中三種を彼は發表された。

一、『番漢合時掌中珠』西曆一千九百九年コズロフ氏が歸來するや否や、其將來品を查閱して眞先に此珍書を紹介したのはイヴァノフ氏であって、其論文には其一葉を影印して付してある[4]。西夏語と支那語の對譯字書であるが、例の節用流の部門別で出來てゐて、西夏字と其漢譯とを並べて書いて、其西夏字の發音を漢字で、漢譯字の發音を西夏字で其傍に書いてあると云ふ頗る珍奇のもので、羅福萇氏は「每字均兩對譯語及兩國音字四言騈列殆卽宋史夏國傳所謂四言雜字者歟」と云ふてゐる[5]。尙羅氏の言によれば約五十葉のものださうで、語數はイヴァノフ氏の語彙(グロッサール)に約二百五十の單語に編してある。イヴァノフ氏によれば、編者は骨勒と云ひ乾祐二十一年[6]に出來たもので、其骨勒の序文には兩國民が相互に了解し合はないのは文明流通の障碍になるから國人に漢語を學習せしむる爲めに作ったとあるさうだ。此書の寫眞版九紙は京都の羅氏の許にあって、此語學の爲めに大變用立てられてゐるが、羽田助教授は全部寫眞する事を許可されたと云へば[7]、學界の幸福此上なしである。

二、『觀彌勒菩薩上生兜率天經』劉宋沮渠京聲の譯本で最初六紙を不足してゐるさうである。此書に就ては仁宗の施經發願文が附載されてゐて、西夏佛敎史を證する好資料なるより、イヴァノフ氏之が露譯を作り、シャヴァンヌ氏亦之を『通報』誌上に轉載して佛譯を付した[8]。

---

[4] A. Ivanov, Zur Kenntniss der Hsi-hsia-Sprache. *Bulletin de l'Académie impériale des sciences de St. Petersbourg*, série VI, tome 3, p.1221, 1909.

[5] 羅福萇氏『西夏國書略說』二十二葉右。因に瀧敎授も羅福成氏「西夏譯蓮華經序」も本書も皆コズロフ將來を千九百十年とせるは誤。瀧氏最近の文には八年とせるも、黑城行きは八年と九年と兩度あり。

[6] イヴァノフ氏は乾祐二十一年を西曆一千百八十九年に當てたるも、是はペリオ氏の注する如く千百九十年なるべし。多分はシャヴァンヌ氏も『通報』にて注したと思ふ。

[7] 羽田亨氏「最近露都通信」『藝文』第五年第十號、九一頁、大正三年。下同じ。

[8] A.I.Ivanov, Une page de l'histoire des Hsi-hsia, *Bulletin de l'Acad. imp. des sciences*, série VI, tome 5, p.831, 1911. Recension de Prof. Chavannes, *T'oung Pao*, vol. XII, p.441, 1911.

三、陳才卿の書翰。嶺北客居の陳才卿が流沙陳德昭に送った手紙であつて、日附は至正十一年七月初四日とある。これはイヴァノフ氏が黑城文書と題せるものゝ第一になってゐるのだから追々二三と種々發表せられるだらう[9]。

次にペリオ教授の目錄を紹介すれば左の通りで、大抵刊本である。

一、『四分律行事集要顯用記』第四卷。「蘭山通圓國師沙門智冥集で、奉天顯道、耀武宣文、神謀睿智、制義去邪、惇睦懿恭皇帝詳定」と云ふのである。此の長い皇帝の名は施經發願文にあるのと同じで仁宗である。

二、呪文

三、『金剛般若經鈔』卷五。每葉二十八行、行二十一字のものを連結せる卷の板本で、卷尾には「時大中祥符九年四月八日雕畢」とあって、次に「朝散大夫行尙書駕部員外郎知丹州軍州兼管內勸農事輕車都尉借紫梁夙施卷一」あるさうで、ペリオ氏は注して州兼の間には事を脫したかも知れず、借は讀み誤だらうと云ってゐる。

四、行書の願文。「爲當今皇帝聖壽無窮」と云ふ文字があり、五道將軍の名も見えると。末尾の方に「南贍部州修羅管界大金國陝西路今月日狀告○○○」とあると。

五、郭注『莊子』殘篇。每葉十三行、行二十六字。瀧教授が宋版かと思はれましたと言はれたのは是だらう。

六、呂觀文進『莊子外篇義』每葉十行、行十八字で殆んど完全との事。ペリオ氏は之を呂惠卿の『莊子義』十卷に比定し、十三世紀の刊本と云ふ。狩野氏も宋槧と記して居られる。

七、孫眞人『千金方』十三及び十四卷。每半葉十四行。ペリオ氏は西曆約千三百年代としてゐる。

八、『劉知遠傳』六、七、八の三册。瀧教授は元槧と云ひ、ペリオ氏も西曆

---

[9] A.I.Ivanov, Documents sur l'histoire de Khara-khoto. I. Letter chinoise du XIV siècle. *Bulletin de l'Acad. imp. des sciences*, série VI, tome 7, p.811, 1913.

一三〇〇年代としてゐる。狩野教授の「通信」に「これは一寸寓目したるのみにて斷言は出來不申れども何となく宋槧らしく有之、例の『古今雜劇』よりも板式舊く有之、萬一宋槧ならば、それこそ海内の孤本、元曲の源流に一大光明を放つもの也。惜しきことには紙破損多し」と言はれし雜劇零本は是なるべし。

九、『佛說報父母恩重經』ペリオ氏曰く、第十四世紀の刊本か。是には五言句で十例を擧げ、其十は「第十、究竟憐愍恩云々」と始まつてゐる。本經の小形の板本、今一部コズロフ蒐集中にあると。

十、醫藥に關する斷片。

十一、願文。奧書に云ふ「皇建元年十二月十五日門資宗密沙門本明依〇〇門〇授中集畢。皇建二年六月二十五日重依觀行對勘定畢。」

十二、『高王觀世音經』「昔高歡國王佐相州爲郡有一孫云々」の文で始まる序があり、施主の圖と見らるゝ口繪があるが、其服裝は漢式でないと云ふ。ペリオ氏は約十二世紀の宋槧と推定す。

十三、『佛說轉女身經』

十四、同上。大變立派な板本で、長い奧書があつて終りに「天慶乙卯二年九月二十日皇太后羅氏發願謹施」とある。

十五、『大方廣佛普賢行願經』

十六、『大方廣佛華嚴經』普賢行願品。この奧書に「大夏乾祐二十年歲次己酉三月十五日　正宮皇后羅氏謹施」とあり、仁宗の發願文と對照すべきである。

十七、『法華經』小板本。卷首に西夏仁宗の例の發願文のと同じ帝號が出てゐる。

十八、『太上洞玄靈寶天尊號救苦經』『道藏』に同名のものあるが、救を濟に作る。

十九、西夏文殘卷。上半部を破損せる卷。一面は西夏文、一面は甘肅省にゐた軍隊に與へた文で面白いもの。

二〇、通理大師立志銘。刊本の初めが殘ってゐて、通理大師立志銘と云ふ碑文が載ってゐる。

二一、『佛說無常經』義淨三藏譯、一名『三啓經』。

二二、『金剛般若波羅蜜經』卷尾に「大夏乾祐二十年歲次己酉三月十五日正宮　皇后羅氏謹施」とあって、十六の普賢行願品と同種のものだが、此刊本には「溫家寺道院記」の印が押してある。

二三、韻書斷片。狩野教授の言はるゝ宋槧『廣韻』の斷片とは是なるべし。ペリオ氏は何書と云はず。

尚狩野教授の文に二つ出てる。

一、唐槧『大方廣佛華嚴經』私意で「佛華」の二字を足した。是はペリオ十五のものやも知れず。

二、北宋槧本『列子』斷片。

次は西夏語文書であるが、其豐富なる事は瀧氏の「折本の一切經らしいものが大なる戶棚に一杯あります」と云はれたのや、羽田氏の「佛畫の緣邊もしくは小さき佛像を幾つともなく橫に並べ畫ける下に、佛名とも覺しく書き連ねたる西夏文字を見、且は此の文字にて記せる文書、佛典等がこゝ（人種博物館）には陳列せざれど、イヴァノフ氏の手許に無數に保存せられありなどきいては、僅かに三枚の西夏文字資料を稀世の珍として尊重せざるべからざる我等の境遇に染みじみ寂寞を感じ申し候」と報ぜられたのを見れば大抵推察せられる。是が此蒐集の一大特色と稱して可なりと云ふべきものだらうが、まだ發表せられてゐない樣だ。然しそれは西夏文の解讀が進まねば內容を詳にするを得ない譯だ。イヴァノフ氏は『掌中珠』を得て以來大に研究してゐられると云ふが、前述の紹介論文以外まだ見聞せぬ。あの論文の語彙には多少支那語、西藏語、蒙古語、土耳古語其他と比較してあったが極めて少しで、終に文法を附してはあったが、是も數條に過ぎなんだ。最近羅福成氏の『西夏譯蓮華經』、羅福萇氏の『西夏國書略說』の二書となって正に一大進步を示したのは『掌中珠』の發見も與って大に力があったのだ。殊に『略說』

は書體、說字、文法、遺文の四部より成り、凡てに一通り說明を加へ終りに數種の圖錄を添へた便宜な書で、學者の研究を期待してゐる。是に於て難讀難解の此語の研究も既に基礎を得たわけで羅氏兄弟の異常なる努力は、コズロフ、イヴァノフ兩氏の名と共に西夏語學界に永く記憶せられるだらう。

以上は文書で、次に瀧教授の文によると紙幣が二種類ある。

一、中統鈔。

二、至元鈔。

羅振玉氏の『四朝鈔幣圖錄』の至元壹伯文寶鈔、至元參拾文寶鈔の考釋（六葉左）に「右至元至元壹伯文及參拾文寶鈔二種今藏俄京亞西亞博物館、乃得之我國甘肅、東友狩野博士直喜以影照本示予者」とあれば、『圖錄』の二種はコズロフ蒐集中のものにして、其寫眞を狩野教授が將來せられたと見てよからう。尙羅氏は（考釋七葉右）「東友羽田學士亨昨至俄京歸言曾見博物館所藏至元貳貫鈔云々」と言へば、是亦コズロフ蒐集の一なるべく、至元鈔三種ともあるのだ。中統鈔は羅氏の『圖錄』には見えないから、其影照を得て之を補ひたいものだ。

佛像は余は「中央亞細亞の露國旅行家と廢都黑城」の中の一枚の寫眞を見た丈である。
<small>ルスキープチェストヴェンニクフツェントラルノイアジイイミョルトヴィゴロドハラホト</small>

繪畫については瀧教授の文によれば總計二百三十餘點あって、折本もあり版畫もあり、織成の畫もあり木板に畫いたのもあるが、大部分は絹地又は麻布に畫いた佛畫で、斷片のもあるが概して完備してゐる。瀧教授は其中の重要なるものの寫眞を得られたし、京都の大學も一通を得ると云ふから追々發表にならう。年代は狩野教授は「門外の小生にはこれをいふの資格なけれども唐代のものたるは間違無之」云々と言はれたるが、瀧教授は凡て宋末元初と見て居られる。以下に二三を瀧氏の文によって略說する。

一、大きな板に書いた曼荼羅。

二、阿彌陀三尊來迎圖。これは五種あるさうで、其一は『國華』二百九十

六號（大正四年）に復寫せられ解題せられてある[10]。

三、楊柳觀音。これも澤山あると云ふ。

四、版畫。これは二枚あるさうであるが、一枚についてはペリオ氏の記する所によると、一面には軍神が畫いてあって、他の面には「平陽姫家彫印」として「隨朝窈窕呈傾國之芳容」と題し、綠珠、王昭君、趙飛燕、班姬、四美人の圖が載ってゐるので、千三百年代と云ふ。狩野教授の言では彩色なしの錦畫風で唐代刊行と見ゆとあるが瀧氏は元版らしいと云ふ。

　以上は自家の寡聞なるが上に眞の槪略の說明に過ぎないが、先づコズロフ蒐集の一部を紹介し得たと思ふ。槪して此蒐集は重に皆宋元時代のものであって、唐時代と云はれるものはまだ研究を要するから確と云へないが、我々は既に隋唐六朝より偖は漢代の遺物迄溯るを得、今又宋元の珍品を加へ、殊に謎の樣であった西夏文獻に一大貢獻を見るのだから、例令他の蒐集に比して分量が多少劣っても年代が後れてあっても、狩野教授の云はるゝ如く其學術的價値は決して敦煌の下にあるものでない。我々は多大の感謝をコズロフ氏に捧げると同時に、其發表の速かならん事を、大戰爭の際ながら露國學界に望む次第である。（大正四年一月十三日記）

（『東亞研究』第五卷第四・五號、1915 年 5 月）

---

[10] 圖は一八九頁。說明は一九八頁の黑城發掘來迎圖と同誌の「中亞の發掘品と我淨土教美術の起源」の一九三頁である。

西北科學考查團に關する文籍

　西北科學考查團に就て余は本年五月には大阪の靜安學社例會にて、又六月には龍大史學會にて、簡單なる紹介を試みたのであった。茲に本史壇上にその大略を求められたが、今は之に代ふるに余の見得たる本團關係の文籍數種を列擧するを以てしたい。一には紹介以後に得たる資料を以て再び之を補述するの閑暇を得ないし、二には本團の出版物が續々と刊行せられつゝある際に、粗雜なる記事を急いで作る必要もなからうし、三には關係文籍を擧ぐる方が却って同好者の參考にもならうし、四には博覽なる大方の諸賢からの遺漏を補足せらるゝの機會をも得たいが爲めである。元より余は本團の主要目的たる自然科學の研究文籍には極めて緣が遠いので、その方面のものを擧ぐるに至らないのは致し方もない。排列の次第は年代順にはなってゐないので、解題に便利な勝手な順序である。

一、Sven Hedin: *Auf grosser Fahrt, meine Expedition mit Schweden, Deutschen und Chinesen durch die Wüste Gobi. 1927-28.* 5ste Auflage. Leipzig, 1929.

　これは本團々長ヘディン博士の旅行記である。記述も一般向であり、寫眞も多く、本團前期の旅行を知るに極めて宜しい。昨年「西藏と蒙古」前篇蒙古篇八卷として各地で興行せられた映畫は正に本書に附隨するものである。

二、Sven Hedin: *Rätzel der Gobi, die Fortsetzung der Grossen Fahrt durch Innerasien in den Jahren 1928-1930.* Leipzig, 1931.

　本書は前揭書の續篇で、本團後期の探檢概要を記したものである。

三、徐旭生『西遊日記』三冊、西北科學考查團叢刊之一、北平、民國十九年。

　本書は同團の中國團長なる徐旭生（炳昶）の詳細なる日記であって、少しは寫眞もある。丁度ヘディン博士の（一）に相當するものであるから對照すべきものである。その敍言は探檢の前期の始末を約述してあって概要を大觀するに便利である。附錄の三には中國學術團體協會與斯文赫定博士所

訂合作辨法原文が載せてある。

四、(繆)、「西北科學考查團」、南京中國史學會『史學雜誌』第一卷第一期。
　これは同誌上に出でたる史學界消息の一記事で、前期の事が出てゐる。

五、黃文弼「蒙新旅行之經過及發現」、國立北京大學『國學季刊』第二卷第三號。
　黃仲良（文弼）は北大考古學會の名義を以て本團へ參加した人で、その擔任する所は古蹟古物の考査である。彼は本團探檢の前後兩期を通じて參加し、年を經ること三年有餘、古物を將來すること九十餘箱、正に新疆探檢史列傳中に一新進大家を增したと云ふべきである。本文は蓋し北大歡迎會席上の彼の講演の稿本であらう。その經過と發掘成績を約述してある。旅行之畧圖を附してあるのはいゝ。

六、同氏「西北科學考查團在新疆考古情形報告」、女師大『學術季刊』第一卷第四期。
　これは上記（五）と同じものであるが、首には歡迎會席上の徐沈兩教授及び仲良の挨拶などを添加してある。附圖を略したのはかゝる報告物としては不適當である。

七、「西北科學考查團之工作及其重要發現」、燕京大學『燕京學報』第八期。
　これは同誌上に於ける余遜・容媛同編の民國十八、九年國內學術界消息の第六項であって、上記（五）（六）の中から考古工作の部分丈を抄出し、次ぎに後期探檢に加はった陳宗器の報告を節錄してある。陳氏の報告は上揭（二）の中の記事と參照すべきものだ。

八、黃文弼「天山南路大沙漠探檢談」、女師大『學術季刊』第一卷第三期。
　これは黃仲良（文弼）が探檢後期に於て決行したタクラマカン大沙漠の橫斷旅行の講演である。寫眞も載ってゐるが、惡くて分り難い。

九、同氏「拜城博者克拉格溝摩崖」、女師大『學術季刊』第一卷第四期。
　所謂劉平國作關城頌の考證である。仲良は親しく刻文の所在地を訪ねて之を拓搨したのだから、原地の詳しい記載がある。

十、同氏「居延海考」、同上。

索果諾爾（Socho nor）喀順淖爾（Gaschun nor）が一海であって、漢の居延海なる事の調査と考證である。（一）の七一頁、（三）の第一册四三頁などを見るとヘディン博士が徐旭生に兩漢書等の記事を譯して貰って同じ樣な推定をしてゐる事が見えてゐる。

十一、「西北科學考査團在庫車二堡古墓中發見之絹畫神像」『國立北平圖書館々刊』第五卷第一號。

黃仲良將來品の一つ。他の探檢隊の將來品中にも同じ種類の物が出てゐた。

十二、「西北科學考査團在庫車二堡古墓中所得之比丘尼僧願文」、同上

同じく黃仲良將來品の一。

十三、黃文弼『高昌』第一分本、西北科學考査團叢刊之二、考古學第一輯。

黃仲良が高昌にて發掘蒐集したる墓專の研究を集錄したもの。高昌研究の一大收穫である。目は左の通り。

　　一、吐魯番發現墓專記

　　二、墓專目錄

　　三、高昌麴氏紀年

　　四、高昌官制表

　　附錄、新疆發現古物概要

附錄は彼が各地での蒐集の大要を記した彼の成績の豫報である。

十四、同氏『高昌專集』、西北科學考査團叢刊之一、『高昌』第二分本。

叢刊之二とあったり一とあったり混じてゐる樣だが、結局（十三）の續篇である。三篇より成り、『專集』には寫眞圖版を揭げて釋文を添へ、專文には寫眞には出難いものゝ專文を錄し、校專記では校勘考證を下してゐる。因に『專集』三十葉左の專七三張王氏墓表と四十二葉右の專一一九趙僧徹（ママ）墓表とは圖版が相互に組入れ違ひになってゐる。

十五、丁道衡「蒙新探檢的生涯」、女師大『學術季刊』第一卷第四期。

丁仲良（道衡）は地質及古生物研究員として本團に加はり全期を通じ三年有餘を送り、終に喀什の西南、帕米爾の西約百里の山中なる蒲犁迄行って歸東した。本文は丁氏の旅行談で北平女師院での講演とある。

十六、同氏「蒙古新疆人民生活狀況」、同上。

これは丁仲良が文治中學での講演である。

十七、劉衍淮「天山南路的雨水」、女師大『學術季刊』第二卷第一期。

劉春舫（衍淮）は氣象學生として本團に參加した。その研究報告である。

十八、馮承鈞『西域地名』、西北科學考查團叢刊之一。

これは本團に直接關係のある著作でないが、只西北地方の地名の對照參考の爲めに東西兩洋の研究文籍によって編纂したものである。間々考證を附した所もある。

十九、「西北科學考查團考查期限延長」『燕京學報』第九期。

これは同誌上の余・容兩氏共編の「二十年國內學術消息」中第七項に在る記事に過ぎない。

二十、「西陲學術考查團之組織」、同上。

（十九）と同じく「學術消息」の第八項で、別に本團の記事でもないが、本團其他同種の各團體の探檢旅行の後を受けて、かゝる新團體を編成して更に又大に考查事業を行はんとするので、其の內人類・考古の部門は國立中央研究院の歷史語言研究所、社會科學研究所が擔任すると云ふ本團の後日物語りの發端である。

（『龍谷史壇』第 9 號、1931 年 12 月、18-22 頁）

新疆の話

　新疆の話がボツボツ出て來る樣だから何か新疆に關することを書けとの註文、何かは書くと約束してゐたのだが、別に新疆の事をと特に考へてもゐなかったので一寸困惑するが、約束でもあるし、多少は僕の平生の研究にも關係がないでもないから、新疆の漫談でも思ひ付く儘に書いて見よう。うまく進捗するかどうかは自分にも分らない。

　支那事變が始まってから、皇軍が破竹の勢で西へ西へと進軍して大同、綏遠、包頭あたり迄も長驅した時分に、僕は朝日のA5Cクラブで新疆探檢隊の話をして、追々と新疆地方の話が新聞紙上に現はれて來るでせうから多少の關心を一般に持って居られても宜しからう、何かと云ったものであった。所がもう此頃では隨分よく現はれる樣になってしまって、氣の早い連中では皇軍が直ぐ新疆まで這入ってしまう樣に思ってゐる人がある樣になって來た。支那は廣いものだし、又そう無茶苦茶に奧の奧まで征討の必要が有るか無いかは僕には分らないが、頑迷の國府が新疆の奧迄逃げ込んで抵抗したり、ソ聯が尻押しをしてモゴモゴする事になったりするなら、或は皇軍が有名なる白龍堆の沙漠を越えたりせんとも限らないだらう。然しそんな時にはもう支那事變などではなくなる。新疆進軍はまだ遠過ぎる樣である。

　然し新疆省の位置は英國ソ聯支那の勢力接壤地點ではあるし、大陸日本としては今では其運命に無關心でゐられない關係に立つ樣になってゐる。國府なんぞの勢力は到底そこ迄及ばない。新疆の歸趨は英ソ及び我國の運命に影響するものは將來段々と多くなる。東洋平和の保障たるべき外藩地方の向背は嚴重に見張って居なければならなくなった。

　滿州國創立によって周章てた國府は西北開發を喧しく叫んで東北失地の穴塡めをせんとしたが、新疆はソ聯が頑として許さないから、到底振はない。西北開發どころか、西安事件によってソ聯に頤使され、新疆のみならず、西北全體のみならず、支那全體をも其勢力下に投げ出そうずる情態を誘起せし

新疆探檢

むるに至った。幸にも支那事變によって皇軍の爲めに轉廻せしめられんとしてゐる。新疆の持つ意義も重大なものである。

　我國の新疆探險として僕の初めて注意を引いたのは明治末年だったかの日野強少佐のそれであった。その旅行記の大册を讀んで好奇の情を大に唆られたものであった。其後一二の人も行かれ旅行記を讀んだ樣に覺えてゐるが、日野少佐のそれの樣な感情を起さなかった樣である。

　次いで無性に嬉しくなったのは大谷光瑞猊下の中亞探檢であった。その旅行記や講演は如何に僕を喜ばしたらう。二樂莊での展觀は僕を如何に驚喜せしめたらう。固りその將來品が僕の研究して見ようと思ふ學問に非常に關係が深かったからでもあらう。もう何でも新疆發掘の資料を土臺と出來ぬ學問は手を着けない位になった。それで外國の書物でも外國の新疆探檢隊の旅行記や研究報告にのみ注意する事となってしまった。スタイン博士の第一探檢の巨大な報告書を見た時などは、學校を卒業したら親爺にこの高價な本をネダッて買って貰はうと心竊かに決めてゐたものだった。然し早く死んでしまったから親爺に買って貰へなかった。

　當時新疆省は歐州諸國の東洋學爭霸の地點であった。露國が新疆省に霸を制せんとすれば英國が早速に印度から長驅する、その跡を踏んで佛國が競爭する、獨逸は手堅く睨んだ一方を占領する、露國英國は三度四度と追ひ廻る、後には瑞典、米國からも行くと云ふ始末で、二十世紀の初年、世界大戰頃迄は眞に卍字巴の有樣であった。歐州諸國の競爭は背後に王室、政府、大學、學會などの講演で花々しい限りであったが、之に參加した我國の探檢は大谷伯爵の個人であった。思へばモット我國からも此競爭に參加して置きたかった。支那學東洋學の資料を歐州迄立代り入替り研究に留學せねばならんとは遺憾の至りである。

　此等の探檢隊が非常に喧傳せられた第一の原因は探檢處女地として蒐集し得た資料が豐富なる上にも前代未聞の珍奇なる事に存する。前漢から隋唐宋元頃に至る迄、殆んど從來の支那學には知られてゐないものであった計りで

なく、支那の歴史上にのみ痕迹を留めてゐた西域地方の胡羌諸族の直接資料、延いては印度シリアの文獻迄も含有してゐたんだから、東洋學界全部が驚かされざるを得ないわけである。文書に現はれる文字言語は各々大約二十種類と云ふ。勿論從來見もしない文字、聞きもしなかった言語も出て來たのである。

　然も此等の資料の發掘された地點は、支那の歴史の上では名を留めてゐても殆んど研究されてゐなかった所であるが、探檢隊の發掘、實測、調査の結果、それ等の地理、歴史が續々と實證され、東西の文化交流の有樣が日に月に明らかになって行った。沙漠の下に埋められ、廢墟となって遺忘されてゐた古代文明は白日の下に再現され、複原された模型は伯林博物館内に見られるに至った。

　昔の東西交通は大體此の新疆省を通じて行はれたものであった。ローマ、シリア、ペルシャ、印度と支那との交通はこゝを通過してゐた。ゾロアスター教、キリスト教、マニ教、マホメット教も佛教と同じく此處を通過して西安其他へと布教された。ソグド人は地中海波斯灣の商品を輸入し、支那の貨物絹茶工藝品などは輸出されて行ったのである。昔を今にソ聯は共産主義、飛行機を運び込んでゐる。

　海運發達時代には東西交通の大宗は印度洋に移ってゐたが、シベリア鐵道開通以後は再び北に動いたが、東亞の形勢は中亞に影響して新疆が立ち上がって來た。古代文化の研究が任務である我々は奇しき輪廻の歴史を眼前に彷彿せしめて學問の徒爾ならざるを感ずる。

　かく新疆の研究は外國探檢隊の成績に開發された事多大であるが、支那學者も参加するに至った。スウェン・ヘディン博士の探檢には徐旭生の一團が加はり、中にも黄文弼は單獨に分れて大旅行を企てた。外國探檢隊の蹂躪に任すを恥辱としたのはいゝが、實力の之に伴ふものなき支那は後には徒らに外國人の事業を妨碍するに止まった。不得要領なる交渉遷延策によって之を碍げた。スタイン博士の第四回新疆探險は中止の運命に遇ひ、轉じてアフガ

ニスタン、ペルシャの方に向ってしまった。

　新疆は印度の背面であるから、英國は西藏と共に此地方を重要視してゐた。英露の角逐地點は西藏新疆である。だから新疆研究は英國は相當なものである。然し何と云っても新疆に於ける利害を最も感ずるものであるから、露國延いてはソ聯が最も研究してゐる。前述の古代文化研究競爭に於てもその發起人と云っていゝのであった。そうしてそれ等探檢隊聯盟の本部を露都に持って居たものだ。そうして只に古代文化のみならず現代文化も調査してゐる。ソ聯となってはソ聯内異民族の徹底ソ聯化の爲めにその同族の住せる新疆トルコ民族へもソ聯化を強制せんとするので、只面子上のみの國府の支那化などは到底相手になるものでない。たゞ彼等の宗教が回教である事がソ聯化支那化の徹底に障礙となる。回教民族問題、五馬問題が取上げられる所以である。そして是れが支那中の回教徒問題と聯關して來る。我國に於ても外務省が『回教事情』を發刊し、回教圈研究所が出來て『回教圈』が出刊になる原因は此に存する。

　我國に於けるトルコ研究は古代文化史では世界にも古くから知られてゐて、白鳥、羽田兩博士の名は高い。然し現代若しくは近世の文化の研究は近頃に始まったと云っていゝ。新疆トルコ文化の研究などはこれからであらう。先づ歐州文獻の飜譯からだらう。それにしてもソ聯文籍が先に立つべきだが、ソ聯文獻に接し得る便宜のない僕などはどうにもならない。

　回教の研究は根本がアラビアであるから、アラビア研究が進まねばならない。我國でもアラビア研究が始まってゐる。たゞかの厖然たるアラビア文獻の事を想像する丈でも大變である。如何なる方面からでもよい、アラビア文獻の蒐集が我國に於ても二三箇所位は出來てほしいものである。延いてトルコ、ペルシャ等の回教文獻蒐集が出來てくる。たゞ餘りに實用的な新聞雜誌の切拔式な研究では根柢がない。根柢のない研究は實際には役に立つものではないのだ。

　新疆にも新聞雜誌が出てゐる。國府的及びソ聯的な記事があるであらうか

らか、僕などは到底見られない。どうやらソ聯の羅馬字トルコ語のものも行はれてゐるらしい。いろいろな資料として此等を利用して見たいものだと思ふ。今見られなくてもよい、何處かに蒐集してあったら何の日かには役立つんだ。少しは遠大な考えでゐてほしい。

　東洋平和の行手には新疆まである。只單なる文化研究の學徒でも自づから八紘一宇の國策には沿ってゐるのである。研究の競爭に於て第一線に活躍する學問專門家の爲めには一般大衆の後援が無ければならない。專門家は少ないが皆先業を踏み越え踏み越えて前線へ前線へと進んでゐる。一般に縁少なく見えても新疆古代文化研究戰線では我國の學者は光輝ある成績を擧げ、世界學界からは注視されてゐるんだ。この漫談中に多少觸れても見たかったが、餘りクダクダしくなり、我が田に水を引くと思はれるのも厭やでよしてしまった。多少氣焰が上って來たから此邊で切上げるが利口そうである。

（『關西大學學報』第 162 號、1938 年 9 月）

中亞探檢心醉の顚末
――あれから、はや七年

　光瑞猊下の七囘忌になるのですかね。もうそんなになりましたか。月日のたつのは早いのに驚かされますが、私としては感慨を起さざるを得ないのであります。と云って私は光瑞猊下に直接お目にかゝったことがあるのでもありません。たゞ不思議にも因縁がまつわっているようなので、老年になって一生を振返って見ると多少の感慨をまぬがれ得ないのであります。

　一生を振返って見ると云っても老年のせいで記憶も薄れていて、年月も覺えていず、時代も後先が確かでありませんが、何しろ私のさゝやかな學問の一生は、光瑞さんの西域探檢と陰に陽に因縁があるらしい感じがいたすのであります。

　光瑞猊下の西域探檢は私の中學生時代のことだったでしょう。大變に興奮されたものです。あの日露戰役前後の冒險小說の盛んな時代であったためかも知れないし、又多少西洋の探檢談を讀んだりしたからかも知れません。例えば若い河原操女史が蒙古王旗へ先生として行かれたことなどを知って、大に感奮していたものなんです。又西藏から歸朝された河口慧海師の展覽會を見に行って、丁度慧海師が將來品を說明していられるのを瞥見して心を躍らした事もありました。

　段々興味が增していったんでしょうが、浪人時代から脫して大學へ入學して支那文學科にはいりますと、黑木安雄先生が居られて、盛んにペリオ探檢隊の將來した敦煌遺書の寫眞を振り回して氣焰をあげられたので、全く中亞探檢に心醉する始末でした。外國探檢隊のことを知るにつれて大谷ミッションにも注意して、『毎日新聞』か何かに連載された旅行記を切拔いたものです。そのうち何處か忘れたが探檢の英雄橘瑞超さんの講演があるのを勇んで聞きに出かけました。壇上に出てこられた橘さんの若い姿に驚いたことが今

でも忘れられません。あんなに若い僕よりも若い（ほんとうかどうだか知りません）方があんなえらい仕事をなさったんだから僕もしっかりせにゃならん、なんとかと殊勝にも思ったものです。『二樂叢書』から『西域考古圖譜』を買込んで、分りもしない文書を見入っては悅に入ったものでした。つくづく我國にもこんな蒐集があるんだから、少なくとも『圖譜』に出ている不明と題してあるものは、解明してみたいと分に過ぎた考えをおこしたりしましたが勿論なかなかそんな容易しいものではないのでした。二樂莊が盛んな時分ですから度々出かけて拜觀しました。

　當時、二樂莊で將來品の文書の破片をおみやげに賣って居られたのを三四片手に入れて歸った時は、實に嬉しかった。その内のウイグル文の斷片、ほんとに斷片にすぎないのでありますが、自分もこんなものを所藏したと思うと一そう勉强したい氣に迫られました。人にも誇って見せたりしました。こんな感激したのにかゝわらず、『圖譜』中の解明は今だに三つ四つしか出來なかったのははずかしい次第です。

　大正の末年に、内藤湖南先生が歐州の中亞出土品を調査に渡航せられると聞いて、これこそまたとない好機と思い立って、先生にお願いしてお伴させて頂くこととなった。當時光瑞さんは上海の無憂園に居られたから、先生はお眼にかゝれるだろうと云われたので、私は不思議の運に巡り會うことを、胸をわくわくさせて期待したものでした。船は上海に着きましたが、光瑞さんは、丁度その時旅行か何かで御不在でしたので、無憂園訪問は出來なくなりガッカリしましたのです。船が上海を出航する日に、猊下がお戻りになったかしてヤット船に御使が見えたように覺えて居ます。この時に御會いし得たのでしたら私はどんなに喜んだろうと今でも遺憾に堪えません。

　その後、縁があって高雄義堅先生から龍谷大學へ東洋史を手傳いに來るようにと勸誘されました。喜んでお受けをしましたが、猊下御緣の學校へ出講するようになった奇運を感歎せずにはいられませんでした。稚拙な講義を今日まで續けさせて頂いて居りますが、時には自分だけは張り切って中亞探檢

史などを講じたことが一二度ありました。御將來品も圖書館の展觀などで硝子越しながら拜見しました。しかし二樂莊の御所藏は、朝鮮大連旅順にもお分けになったように承ったので注意しました。中でも旅順博物館にはソグド文經一卷があったと羽田亨先生から承ってから旅順へ渡る友達などにはそれを見付けて一二枚の寫眞でもとって來てほしいと依賴しましたのですが、到頭ダメでした。今では遺憾ながら是等の蒐集は、何處へどうなったか、とうぶんわからないのでしょう。

　最近になって龍大の中に西域文化研究會が組織されましたのは快心のことであります。ことに昨年からは、學術振興會から研究補助費が出ることとなり、長年の間の遲々とした將來品の調査研究が、大進捗するに至りましたのは目出度いことです。私もお手傳いを命ぜられておりますが、私としてはこれがもう十年早かったら、どんなに欣喜雀躍したことでしょう。耄碌した今となっては、お役に立つ程の勉強が出來ないのであります。思えば若き日の憧れの發掘品を、餘年のない老翁の今になって、手に取って眺めなければならないとは、實に痛ましき限りではありませんか。盡きざる因緣が恨めしい。

　先年、光瑞さんが亡くなられて、京都へお歸りになった日は丁度土曜日で私の龍大の出講日でした。學校へ行ってから、それを知って午後の歸阪の時間を延ばして、龍大門前でお見送りをしました。一度もお眼にかゝらずそれこそ一度もお顔を拜する機會にも惠まれなかったが、まつわる因緣は、私の學問の大半につながっていたのを思い起こすと實に心寂しい氣がしました。御門の中に消え去る靈柩車を見送って、振返り振返りしつゝ、一人京都驛へ向ったのでした。これが、つい先年のことと思っているのに、今年七回忌とは、かえりみて悵然たらざるを得ません。

（龍大教授）

（『大乘：ブディストマガジン』第五卷第十號、1954 年 10 月）

『西域文化研究』はしがき

第一「敦煌佛敎資料」

一

　過る昭和二十七年十二月某日、龍谷大學々長森川智德先生は、私に對し西域文化研究會における綜合研究の代表者たることを慫慂せられた。かねて大谷探檢隊將來の西域文化資料が龍大圖書館に所藏されている――それは戰爭によって甚だしく散逸したとはいえ、なお本願寺及び各地に遺存せるものより成る――とは聞いていたが、未だ充分拜見していないのに、突然資料調査と研究の主班となることなので、困惑したのは實際である。併し私は年來大谷光瑞氏師の雄圖に敬服していたもので、更にそれは曾て私をして敦煌學に熱中せしめた一因でもあり、なお現在にいたるまで西域探檢の學績研究に情熱を溫存している次第であったので、偶々來學中の羽田博士の勸告等をも受け、遂に意を決して承諾の返答を致したことである。その明くる二十八年一月、研究會の第一回總會を開き、内外二十數人に及ぶ諸學者の協力を得てより、調査研究の仕事は着々と進行した。幸に文部省の綜合研究費の交付をも受けるにいたり順調の經過を辿りつつ約五星霜を閲し來った。その間第一段階の資料整理は三ヶ年を要し、第二段階の諸般の研究は二ヶ年連續推進した。かくして今回はその研究成果の一部を公けにすることとなったが、これ偏に研究員諸氏の絶えざる精進努力の賜物であるとおもう。

二

　回顧すれば、大谷光瑞師の雄圖に依る西域探險隊員派遣は前後三回に及び、その中第三回は考え方によれば兩回に分けられるものである。先ず第一回は明治三十五年（1902）九月光瑞師自身が渡邊哲信、堀賢雄、本田惠隆、井上弘圓の四氏を隨伴して發足された。當時澎湃として起った歐州諸學者によ

る中央アジア探檢の風潮は年齡二十七歲にして英京ロンドン留學中の光瑞師を刺激したともいいうる。しかしまたアジアの光、釋尊唱道の佛敎が如何なる經路をもって西域よりシナ大陸に迄流播したかを明らかにすることはアジアの若き佛敎徒による最も聖なる行業であったとも云いうるであろう。孰れにしても周到なる準備の下、シベリア鐵道を經由して中央アジアに入った光瑞師は、ヤールカンドに來った時、班を分けて自らは本田・井上兩氏と倶に佛敎の本國たるインド入りを決心し、渡邊・堀兩氏は自ら西域探檢の仕事を荷擔することとなった。かくして渡邊・堀氏兩によるコータン・クチャ・カラシャール・トゥルファン・ウルムチ等の調査は、歷史的に眞に有意義なるものとなった。併し明治三十七年（1904）三月、陝西省西安に歸來した兩氏が、その間、敦煌の地を踏まなかったことは、大體に千佛洞への關心がなお高まっていない時期である點に諒とすべきものがある。一方インドに出た光瑞師は王舍城の巡歷を終えた時、日本における父光尊上人遷化の報に接し、早速歸朝して本願寺法主となった。

その後數年は日露戰爭を中間に挾んでいるので探檢隊派遣が見合せられた。併し明治四十一年（1908）にいたり、翌二年にかけて、第二回探檢が企畫され、橘瑞超、野村榮三郎の兩氏が命をうけて西域探檢の壯途に上った。一行は北京より內外モンゴルを經てウルムチに入り、トゥルファンに滯在して想到の調査をなした。次いでカラシャールを踏査してより後、兩氏は分れて、野村氏が天山南麓を西進するのに對し、橘氏は流沙を橫斷してコンロンの北麓を西進し、約五ヶ月後にカシュガルで合體した。以後カラコルム峠を經てインドのカシュミールに出で、野村氏は日本に歸り、橘氏は英京ロンドンに留學することとなった。

第三回探檢は明治四十三年（1910）八月歸朝の途を利用した橘氏によって先ず開始された。光瑞師の命に依ること勿論であるが、氏はこの時年齡滿二十歲であって、いま一人、十八歲になる英人ホッブスを伴うてロシアよりシベリア鐵道經由、西域に入り、ウルムチ・トゥルファン等を踏査した。而し

てホッブスはなお年少であったので、ここよりクチャに赴いて待機を命じ、橘氏はキャラバンを編成して流沙を横斷し、ローラン・ミーラン等の故址を探り、チェルチェンより北上してクチャに着いた。ここで先行のホッブスの病死を知った橘氏は、今や一人となったので、反って運命を天に托し、コンロン山脈の最高峰アルチンターグ登攀を試み、殆ど死線を越えて南道沿いに東行し辛苦をなめて甘肅の敦煌に到らんとした。

　飜って光瑞師は中途に消息不明に陷った橘氏を案じ、その調査と共に探檢における一層の成果をあげるべく、新たに京都より吉川小一郎を派遣した。吉川氏の出發は四十四年（1911）五月であった。氏はこの時年齡二十七歲、最も血氣に富める時代であった。助手として李毓慶を伴い、上海・漢口・西安等を經由して、秋十月に敦煌に到着した。一方には橘氏の情報を得ることに力めつつ、一方には使命に基づく考古學的調査をなしたのである。當時はすでに敦煌千佛洞の盛名がスタイン・ペリオ兩氏によって世界に廣く報ぜられていた。しかし乍ら他國人の實地踏查はなお僅少で、吉川氏は日本人として最初に敦煌千佛洞に足跡を印した人である。この時興味あるは住持王道士は吉川氏に對し千佛洞修理費の爲にと所藏唐經の購入方を依賴した事である。かくてその年も漸く暮れ、翌年正月下旬にいたり、幸にもかねて消息を求めていた橘氏が敦煌の宿舍に吉川氏を尋ね、感激の對面をした。茲に合體をした兩氏は再び千佛洞を訪れ、數日間滯在し、約に依り王道士より若干卷の唐經の讓渡をうけた。次いで兩氏は西北行してトゥルファン・ウルムチの調査を濟ませた後、橘氏はシベリア鐵道に依り歸國した。一方吉川氏は、李助手と共に、カラシャール・クチャより、西方のアクシュ・カシュガル・南方コータン等、前二回にも行かれた殆んどの要地を含んで再調査した。かくして大正三年（1914）には三度びトゥルファンに來り、古城子を通って歸國の途についた。途中敦煌最後の訪問をなして舊知に別れを告げ、甘州に來ったが、恰も數年來の民國革命の動搖治まらぬため、道を變えキャラバンを率いて包頭、歸化城を經、張家口より北京に歸來した。斯の如くして吉川氏に

新疆探檢 63

よる西域探檢の第三回目の仕事は終ると共に、前後約十三年間に及ぶ日本人として最も誇るべき大谷ミッションの西域探檢の壯舉は一應終結を告げたのである。

三

　上述の三回に亙る西域探檢の結果として得られた古文化資料は如何なるものであったかと云うに、佛教經典に關するものを第一とし、以下中國の經籍・古文書・胡語文獻・繪畫・彫塑・染織・刺繡・古錢・印本・木簡其の他雜品等、實に多岐に亙るものである。その中、第一回探檢によって得たものの多くはコータン及びクチャ周邊の武俠遺蹟よりの出土品であり、第二回・第三回探檢によって得られたものはトゥルファン近郊を中心とし、クチャ及び敦煌地域の出土品が注目せられる。それらの點については既に『西域考古圖譜』の序文に光瑞師自身が槪括敍述していられるが、注意すべきは右『西域考古圖譜』は大正四年六月に收蒐品を圖版として揭出紹介されたものの、當時の本願寺の經濟的事情の爲、吉川小一郎氏の將來品は或る程度留保せられたため、從って敦煌出土品については全體を揭出することがなかったということである。その後昭和十二年四月にいたり、探險隊員諸氏の日記・紀行文等をふくめて、壯舉の全貌を窺うに足る『新西域記』上下二册の豪華出版がなされ、その中に收集品が圖版として揭出された。併し乍らそれらの實品は周知の如く京城博物館と旅順博物館とに收藏されていたのであって、過般の戰爭終末の結果としては我々の視聽の彼方に存在するに至った。我々の知りたき事は上述二書によって見うる古文化資料がその後如何になったかということであるが、それらを現在龍大圖書館所藏品と關連づけて調查硏究するならば學界を裨益すること大なるものがあろう。何はともあれ、私達が昭和二十八年以來龍大所藏の西域資料を硏究する中、第一着手としてなされた敦煌佛教資料のそれは、今や大體において完成したので、此度新裝をこらして公刊することとなった次第である。これは上述二書において見るを得なかった吉川氏將來の敦煌出土品、その他大陸より順次流入せる品を加えた點に特色

を示すであろう。

四

　本書構成は大別して八部門に分れる。先ず第一に「敦煌石窟圖版」を掲げているが、これは四十七年前に敦煌を訪れた吉川氏の撮影せる當時の寫眞を復原し、昨夏同地を訪問せる日本考古學代表團員岡崎敬氏に解説を依囑した。岡崎氏は更に先般來日せし敦煌文物研究所長常書鴻氏に訊して正確を期されたので、卷頭圖版並びに解説は本書の價値を高からしめると信ずる。
　第二に塚本善隆氏によって「敦煌佛教史概説」を草して頂き以て敦煌佛教研究の導引とした。
　第三の「敦煌出土佛典研究」中には七種を選定して、その全文を掲げ、諸研究個々の論攷を加えた。この七種の佛典は孰れも學界未公刊のものである點に優れた價値を有する。
　第四の「敦煌出土佛典解説」は約十種を選んで圖版を出して概要を述べたものである。
　第五の「龍大所藏敦煌古經目錄」を掲げ、大正藏所收のものとの校異を示し、第六には「敦煌佛教史年表」を掲げ、第七は「中央アジア研究文獻目錄」中、歐文編を加え、以て、研究者の各方面よりする便宜利用に當てんとした。
　第八には英文梗概を掲げて海外研究者のための手引とした。
　最後に、本研究會においては今後引續いて、二、西域出土古文書研究、三、同上の社會經濟史的研究、四、西域古語文獻研究、五、中央アジア佛教藝術研究等々、研究成果の論集を公刊せんとして折角編集中であることを豫告し、綜合研究における總ての目標完遂の一日も早からんことを念願する次第である。

　　　　　（『西域文化研究』第一「敦煌佛教資料」、1958 年 3 月、京都：法藏館刊）

第二「敦煌吐魯番社會經濟資料（上）」

一

　大谷光瑞師は大正四年（1915）三月刊行の『西域考古圖譜』の序文において

> 凡そこの前後三次の探究に於て、予の目的とせし所は一にして止まらず、而もその最も著しきものは佛教東漸の徑路を明らかにし、往昔支那の求法僧が印度に入りし遺跡を訪ね、又中央亞細亞が夙に回教徒の手に落ちたる爲に佛教の蒙りし壓迫の狀況を推究するが如き、佛教史上に於ける諸の疑團を解かんとするに在りき。次に此地に遺存する經論・佛像・佛具等を蒐集し、以て佛教々義の討究又び考古學上の研鑽に資せんとし、若し能うべくんば地理學、地質學又び氣象學上の種々なる疑團をも併せて氷解せしめんと欲したり。

とて、いわゆる大谷探檢隊派遣の目的を述べていられる。之を要するに西域探檢の目的は次の三ヶ條に分けられる。すなわち、

　一　佛教史の研究達成
　二　佛教々學の研究推進
　三　佛教と文化諸般並に自然現象との關連考究

となすべきであろう。而してこれこそ我が西域文化研究會の目的とする所であり、三回に亙る踏査發掘蒐集品を研究し、ひろく佛教諸學、更には東洋諸學の問題解明に資し、以て大谷探檢隊の業績を學界に顯彰せんとするにありということができる。

二

　翻って考察するに、大谷光瑞師は若年より氣宇闊達なること他の追隨を許さず、今世紀初頭の日本佛教界における優れたる指導者であられたが、他面その明敏なる頭腦を以て、英國留學中に西域探檢の計畫を立てられた。然かも、明治三十五年（1902）自ら第一回探檢に身を投じたのである。之は中途

にして圖らざる故障の爲、西域の入口より葱嶺を越えて印度に出で更に父光尊上人の計にあって歸國のやむなきにいたった。然し乍ら、此の回をはじめとして以後數回に亙る探檢隊の行動企畫は實にみな光瑞師自身の構想より出でていることは注意しなければならぬ。而して探檢隊に參加した渡邊・堀・橘・野村・吉川等の諸氏はすべて光瑞師の手足の如くに動いていた。通觀するに此等の人々は殆ど二十才臺の多情多感にして學問的熱情に富んだ好個の青年であったが、就中、橘師の如き明治四十一年（1908）に初めて拔擢をうけし時は、十八才にして紅顏純眞の美少年であったといわれる。而して橘師の性格は豪氣にて積極性に富み、數度に亙り地圖と磁石を便りとして西域の流沙山野を跋渉し殆ど生死の境を彷徨しつつ遂に目的を達成したことは驚異に値する。私の青年時代を回顧すれば橘瑞超師の名前は一種尊敬の的であったとともに、私の西域に對する興味をいやが上に昂揚せしめた所以でもあることを告白せざるを得ない。それはともかく斯かる西域探檢の事業成功は、光瑞師の確信に充ちたる企畫構想に基づくことを注意して、はじめて廿世紀初頭の大谷探檢隊の性格を把把握する事が出來るのである。されば光瑞師は途中消息不明に陷りし橘師を案じて、新たに吉川小一郎氏を差遣したけれども、それは單に橘師搜索の使者たりしに非ずして、それを好機として新たに吉川氏は明治四十四年（1911）より明治四十七年（大正三、1914）九月迄の西域探檢の新指令を與えられている。然も現に吉川氏は「光瑞上人より受けたる探檢指圖書」を所藏し、研究の爲に本會に寄託せられているのである。それらの詳細に關してはやがて小川貫弌氏によって發表されるであろう。而して此の指圖書は實は第四回探檢隊をも立論せしめる所以のものとしても興味がある。さて吉川氏は指圖に基いて行動を開始し、幸に橘師と敦煌の宿舍に對面するを得、橘師歸國後もなお指圖書の如くに、西域南北兩道を踏査して大正三年秋に歸國した。之れ明治四十七年となるべき年次であった。吉川氏も亦一偉才たるを失わない。如上の大谷探檢隊の目的を繼承し、研究を遂行しつつある私共は本會設立の意義を考え、目標達成のためには、一日も早

く探險隊員の將來資料に基づく諸研究を公にして、學界の要望に答えると共に、より一層探檢隊の眞價を發揮して世界に顯彰するようにしなければならぬ。幸に昨年はその第一着手として『西域文化研究』の第一卷「敦煌佛教資料」を公刊し、續いて本年はその第二卷を送ることが出來たのを、私かに欣快とする。

三

本書題して「敦煌吐魯番社會經濟資料」とする。それは本會の第二部會、古文書研究班諸氏の研究を以て成る、而して研究對象となりたる資料は第二・三回探檢隊將來古文書が主であり、その性質が社會經濟史の諸問題を明すものであったからである。

既に部分的には隨時紹介されているが、龍谷大學所藏西域出土古文書はその大部分が吐魯番地域の廢寺址・古墳より發掘せられたものである。それらの發掘の模樣については『新西域記』にも覗うことができるが、本書においては新たに小笠原宣秀氏がその素描を試みることとした。此等に依って大體の見當付けが可能である。

ところで、現在における西域出土文書の社會經濟史的研究は、主として敦煌文書に基づいてなされているようであるから、吐魯番文書を考える場合、此れとの比較が行われることにおいて飛躍的進展が期待される。勿論吐魯番文書には文書獨特の性格と意味とが認められるけれども、それを物語る前に、學問的な手續きとしても最初に敦煌文書を取上げなければならない。かかる意味を以て、本書においては先ず吐魯番文書研究の前に、敦煌文書に關する那波利貞氏の總說、又びに仁井田陞氏の寺院佃戸文書の研究論文を載せ西域文書群の中樞たる敦煌文書を概觀したのである。

敦煌文書に關しては發見以來半世紀に及ぶ間、明らかにせられた著書論文も決して尠しとしない。併しこれらの文書全般についての論述は甚だ少ないから、この點において那波博士の敦煌文書への導引は最もふさわしいものということができる。次に仁井田博士の敦煌文書に基づく法制史的解明は、爾

後の周藤吉之氏以下の諸論文が主として論述するところの唐代吐魯番地域の均田制・佃人制等に關連しており、敦煌における佃戸制を明らかにすることは、唐代直轄地たる西州地方の同趣の問題を解明する示唆ともなるので、これ亦吐魯番文書への導引たる意味をもつ。

　次に周藤吉之の佃人文書の研究、西嶋定生氏の給田退田文書を中心とする西州均田制の施行狀態、西村元佑氏の缺田文書を中心とした均田制の意義、大庭脩氏の北館文書の研究等、此等は正しく大谷探檢隊將來の吐魯番文書の直接的研究であって、そこに取扱われた諸資料は從來全く未發表のものである。從ってその研究の方法において、發表の形式において著しく困難なものであったが、それをしも凌いでよく研究成果をものせられたことであった。されば如上四氏の論文は本書の中核をなし、内容的に均田制施行の記錄に基づく解釋は、多くの創見を含み學界に大きな影響を及ぼすものと考えている。即ち從來、唐代均田制施行の實狀について種々の方法論の下に學界諸氏により多くの說が出されているが、今度の吐魯番出土古文書群の均田制に關する資料發表によって、唐代西邊の吐魯番地域にて均田制が完全に實施せられたことが判り、しかも具體的に個人に對する配分方法までも、文書の記錄によって立派に論證されることとなったからである。本書「社會經濟資料」と題し乍らも、まず土地制度に關するものを發表した所以もここに存するわけである。讀者諸氏によって此度發表の文書群が利用され、更に研究が一段と進展することを望んでやまない。

　なお、序でを以て諸論文中に引用揭示された文書形態について一言すれば、出土狀態よりも推察される通り、全くの片葉殘簡であって、それらを整理分類し、更に綴合にまですすめられたのは、偏えに研究員諸氏の努力の賜物である。而してその形態を活字を以て如實に示す事は不可能に近いので、今は不本意ながら概略を示すにとどめた。この點については本書中の圖版を參照せられる事を切望する。

　尙、餘他の取引、鄕里、兵役、告身等に關する文書、及び高昌國關係の古

文書、宗教文獻等については、次册に於いてその成果が明らかにせられる豫定である。

四

　顧みれば本研究會發足以來已に滿六ヶ年を經過した。その間、關係各位の協力を得て、ようやく昨年度より、その成果の發表に着手し得、ここにその第二卷を送ることとなった。時恰も機熟して、我が國に於てはスタイン文書の寫眞による研究、敦煌壁畫模寫展觀等、往年の敦煌學の盛期を思わしめるものがある。スタイン、ペリオ兩氏の蒐集品、又北京圖書館の敦煌本等に比して、獨自の價値をもつ大谷探檢隊吐魯番古文書群がここに資料として、研究として、發表されることにこの上ない喜びを感ずる次第である。私は昨秋圖らずも知友諸賢によって古稀を頌せられた。これ寔に望外の幸福であった。この上は唯本研究の完成を庶幾し以って今生の憶出としたいことを念ずるのみである。茲に學界の隆盛を祈念するの餘りいささか私事をも添記して筆を擱くこととする。

　　　（『西域文化研究』第二「敦煌吐魯番社會經濟資料（上）」、1959 年 3 月、京都：法藏館刊）

第三「敦煌吐魯番社會經濟資料（下）」

一

　ここに『西域文化研究』第三を刊行することになった。第一卷以來已に二年を經、われわれの研究成果について寄せられた學界の意見は次第に明らかとなりつつある。それらの貴重な見解に接するにつけても、本『研究』刊行の意圖について更に申し述べる必要を感ずる。『西域文化研究』全五卷の刊行を計畫した所以には二つの目的がある。一つは言うまでもなく、大谷探檢隊將來の西域文化資料の紹介と研究であり、二つは古代中央アジア文化の總合的研究である。本『研究』を通じて逐次明らかにせられつつある大谷探檢

隊資料が、われわれの研究會に研究資料として提供せられるに至った經緯については、今迄に幾度も述べられたので今はふれない。しかし、現在の龍谷大學西域文化資料は、中央アジア文化研究のための貴重な資料である事には何んら異論は存しないけれども、大谷探檢隊の壯擧及びその結果將來された資料を全體的に把握するためには質的にも量的にも全く不十分であるといわざるをえない。大谷探檢隊の事業が單にタリム盆地周邊地域の調査・發掘のみを目的とするものでないことは前卷のはしがきにも述べた通りである。從って大谷探檢隊資料中に當然含まるべき各種の資料——たとえばチベット關係・インド關係の殆んどすべて、敦煌文獻の大部分、西域出土のブラーフミー寫本の大部分、更に全體的に云って美術考古資料の大部分等——を缺いているのである。それら各史料の所在を明らかにし、それについて研究を加え、以て、大谷探檢隊の計畫、事業の全貌、將來品の總括的な內容を明らかにすることはわれわれの有する計畫の中の最も重要な一部門であり、その爲に必要な種々な手段を講じつつはあるけれども、現狀を以って、大谷探檢隊の成果について總合的報告をなすことは不可能であり、從って、われわれもまた、それのみを意圖したのではなかった。それ故目的の一をみたす爲に、現存資料のうち研究資料として扱いうるもの及び解說の可能なものに限って、本『研究』中に採錄し、その餘他のものについては將來の機會をまたざるをえないのである。

　目的の第二に關して言えば、大谷探檢隊資料に直接關係はなくとも、夫々の研究者の專門とする分野における中央アジア古代文化に關する研究諸論文のために出來る限りのスペースを與えた。之は、本『研究』が文部省科學研究費（總合研究）の研究報告という性質をもつからでもあるし、現存資料の研究のみをもっては、『西域文化研究』と稱しえないと考えたからでもある。

　以上申したような理由の故に、『西域文化研究』全卷を通じて、あるいは編集の體裁の上に不統一の感あるやを危惧している。しかも、この點については、その責は一つに研究代表者並に編集委員に存するのである。しかし將來

に於いてよりよき方向に轉ずることをこばむものではない。讀者各位の批判と助言を切望している。

二

　龍谷大學西域文化資料中、漢文文書の中心をなすものは官文書である。官文書の一部分、卽ち主として均田・佃人・驛傳制等に關するものについては、前卷中に夫々に關する見解が述べられた。しかしそこでは内容が主として論述せられ、官文書としての形式、手續上の問題が扱われることは殆んどなかった。それは、これらの文書がすべて唐代の古筆であり、文中判讀しえない個所や疑問の殘る文字が少からず存したからでもあった。本書の卷頭、内藤氏の論文はこの點について全く前人の及びえなかった研究を展開された。筆蹟並びに中國法制史に於ける豐富な知識を裏づけとし、その中には特に、官文書中の判、及び官印銘の解讀についての新しい見解を見得るのである。本書の導論となしたのは、この論文が唐代官文書の實際上の手續き及びその形式研究の一礎石として、新生面をひらくものと考えたからである。猶、その爲に、前卷に於て發表せられた研究成果と意見を異にする點を生じたけれども、これは夫々の執筆者の苦心の存するところでもあり、その採否を讀者に委ね、編集者としては敢えて見解の統一をはからなかった。この點について、西嶋氏の「均田文書」の補遺補正と彼此相較べて精讀されんことを希望する。

　以下の小笠原・西村兩氏の役制文書、仁井田氏の取引法關係文書、周藤氏の納税文書及び小笠原氏の宗教生活文書に關する四編は、龍大西域文化資料中にそれぞれ一群をなす資料を紹介、且つ研究したものである。それらの諸資料は、殆んどが從來未發表のものであり、前卷の均田文書等と同様、學界に新たな反響を呼ぶものと期待している。

　西村氏「敦煌差科簿の研究」はその主たる資料として敦煌出土のペリオ本を用い、これにスタイン文書及び大谷文書を援用している。ペリオ・スタイン兩文書は敦煌出土であり、大谷文書は吐魯番出土である。最近、中國古文

書學に於いては、敦煌文書と吐魯番文書とは夫々獨立のものとして取扱われようとしており、その事自體に異義があるわけではないが、その反面、兩文書間のつながりも無視することは出來ないと思う。敦煌に關する文書が吐魯番より出土し、又その逆の場合もあり、敦煌・吐魯番兩文書群間の相互關係の問題については將來更に檢討が加えらるべきであって、この差科簿の研究もそれに關する一資料ともなるべきものである。

　大庭氏「唐告身の研究」は、その中に扱われた資料として、西域文化資料の數は必ずしも多いとは言いえないが、西域出土の告身の研究は必然的にそれと同類の諸告身の研究を伴うものであり、將來唐代告身に關説する場合本研究は必ずやその出發點となるであろう。

三

　本書中に、小川貫弌氏が「大谷探檢隊始末」について論述される旨、私は前卷はしがき中に豫告した。しかしこの事は、前述の理由の故に、今暫く時期を待たねばならぬことが明らかとなった。その點、今日迄各種資料の蒐集に極力努力せられた小川氏の勞を多とすると共に、讀者各位の諒解を得たい。

　本卷を以て「敦煌・吐魯番社會經濟資料」編上下二冊は完了した。他の諸編が夫々一卷であるのに比して、本編は倍量を當てた。それはこの二冊中に取扱われた諸資料が、西域文化資料中最も興味深いものであると共に、從來全く未知であった資料を驅使した諸研究の學界への寄與もまた、大なるものがあると信じたが故である。かくして上下二冊に分ったが爲、各執筆者の負擔が倍加され、豫想外の重荷となったであろうし、それにともなって編集、印刷の上にも又少からざる困難を生じた。それらの多くの障害をもしのいで、ようやく本書を刊行しうるに到った事に對して、研究會內外の關係各位、特に直接の責に任ぜられた方々に厚く謝意を表するものである。

　本『研究』第四は「西域古語文獻」編として、装い新たに、明年陽春、學界にまみゆるであろうことを附言し、今後一層の御指導をお願いする。本年四月は大谷光瑞上人十三回忌に正當する。上人の雄大なる經略を偲び、學恩

いよいよ深きを覺ゆる次第である。

（『西域文化研究』第三「敦煌吐魯番社會經濟資料（下）」、1960 年 3 月、京都：法藏館刊）

第四「中央アジア古代語文獻」

　紀元前後より十一・二世紀頃迄の古代中央アジアには、人種・言語・宗教・美術等に於て、誠に種々雑多な要素が混在、融合していた。このように複雑な文化の諸樣相を明らかにする爲には、唯一面的な資料によるアプローチのみでは不十分であり、殊に文獻的資料としては、夫々の地域、時代、人種によって用いられた各種の言語による文獻を用うることが不可缺である。

　本書に取扱われた言語は、サンスクリット、トカラ語、ウテン語、ウイグル語、西夏語、チベット語と六種にわたっている。しかし、これらの他にも、中央アジア古代語として逸することの出來ないもの（たとえばソグド語、蒙古語等）も存するわけであるが、唯大谷探檢隊將來品中にそれらの關係資料が極く僅少であるか、或は研究會内に專門の研究者が存しないが爲、便宜的な處置として、それらに關する研究を缺くのやむなきに到ったのであって、それら言語・文獻のもつ文化的價値を無視したが爲ではない。中ア古代語全般にわたっては卷頭の小論中にいささかふれたものを御覽いただき度い。

　古代中央アジアの諸言語の研究は、我が國に於ても數十年の歴史を有しているものの、曾って盛んであったと言うことは出來ない。まして、本卷に於てみられるが如き、多樣さと精緻さとを併わせ得た論攷の集成は未だ全く見えざるところであった。これら十篇に近い專門的論文は、夫々の執筆者によって數ヶ年にわたって研究せられた成果の一部であり、それらの中に見られる創見と達識とは、將來この方面の研究に大いに貢獻するものであることを敢えて自負している。かく高言するものの、又その反面、そこにとり扱われた諸言語の研究は、猶未解明の問題を數多く殘しており、殊に我が國に於いては研究者の數も少なく、從って、利用しうる成果も限られている現狀に

於いては、はるかな歩みの第一歩をふみ出したにすぎないことも、深く自省している。この意味に於いて、不十分な點、或は思わぬ錯誤に對して、讀者諸賢が、好意ある寄與をめぐまれんことをねがってやまない次第である。

本卷の刊行に着手した當初豫想していたのに比して、印刷の困難さはそれをはるかに上まわるものがあった。而も又、總頁數の增加も豫期以上であった。かくて、製本の技術上、本卷を上下二册に分つ不體裁を敢えてせざるを得ないことと相成った。而も、刊行期日の切迫と印刷事情の惡化の爲、藤枝、山田兩氏の夫々ウイグル文關係の論文を割愛せざるを得なかった。この點、執筆の兩氏の寬恕を願うと共に、將來、本「研究」の補遺として刊行し得る事を切望している。

數年來、健康全からざる私に代って、これら困難な狀況の處置に當られた研究會の當事者、及び、それに十全の協力を盡された出版社法藏館及び印刷所の關係各位に對し、衷心の謝意を表し度いと思う。

更に、本書の出版も、ひきつづき文部省よりの出版助成金の交付によって可能となった。研究費、刊行費と、ここ十年近く、連年の配慮を示された學術會議及び文部省內の諸官に對しても、厚く敬意を表するものである。

顧みれば、本書第一卷を刊行以來、年々一卷づつを刊行し、ここに四ヶ年を經た。實のところ、このような大册を年一册の割で刊行することは、當初より豫想されたところではあったが、かなり困難な仕事であった。しかし、その困難さをのりこえて、ようやくにして今日に到りえたことについては、內外のはかり知れない恩惠に浴している。本書全卷の完成をあと一歩にひかえ、感謝の思い、いよいよ新たなものがある。

(『西域文化研究』第四「中央アジア古代語文獻」、1961 年 3 月、京都：法藏館刊)

新疆探檢　　　　　　　　　　　　　　　　　　　　　　　75

第五「中央アジア佛教美術」

一

　前世紀の末以來、各國の探檢隊によって、中央アジア各地よりもたらされた諸種の資料中、最も世人の興味をひいたのは、美術考古資料であった。西域の古代文化についての半世紀を超える研究の經過の間に、歷史學、言語學等の方面に於いても大きな進步が認められるけれども、就中、美術考古資料についての研究は誠にめざましいものがあった。所謂「シルクロード」を介しての東西文化の交流を目の當りに示す壁畫、彫塑、繪畫、織物等の出土諸資料は、確かに、紀元前後より十二・三世紀チュルク・イスラム化に到る間の古代西域文化の華であった。荒涼たる沙漠に點在するオアシスを彩るこれらの變化に富んだ樣式と豐かな色彩とは、その地に住む人々や、沙漠を過ぎる旅人たちに、どれ程大きな喜びと安らぎを與えたことであろうか、更に又、これらの美術資料が、どれ程か多く、われわれの夢をこの沙漠の廢址に誘ったことであろうか。

　それ故にこそ、それら美術資料に關する眼をみはらされるように立派な圖錄や研究が數多く刊行されたのであり、又我が大谷探檢隊に於いても、その將來品中の美術資料を『西域考古圖譜』上册中に精巧な印刷で以って世界に誇示したのであった。更に今、前四卷に比して最も豪華な形で本書が刊行される所以でもあるのである。

　さきに、第三卷「はしがき」中に申し述べたように、本書に於いても、主として紹介され、研究せらるべき資料は大谷探檢隊將來品であることは言う迄もない。しかし、遺憾にも、實に遺憾ながら、その探檢隊資料は美術考古關係に於いて最もいたましい跡をのこすのみである。即ち、『西域考古圖譜』中に紹介された品々は、その後何ら直接に研究、解說せられることなく、一部は旅順、京城兩博物館に移管され、餘他のものは、大部分その行方すら明らかでない。而も、兩博物館に收められた品も、今日では全くわれわれの手

の及ばぬものとなり終った。かくて、我々の手許に殘された僅かな資料の解說研究のみを以ってしては「西域の佛敎美術」を語ることは全く不可能である。それ故、主たる資料としては、諸外國に於いて刊行せられた資料によらざるをえなかったし、更に、原色版やコロタイプとして揭げられたものの中にも若干は、他の書物より複製することを餘儀なくせられた。この點、編集者の苦慮の存するところであって、讀者各位の諒解を得ておきたい。

　さきに述べたような各種の而も豪華な刊行物を揃えることは、現在甚しく困難である。かかる意味で、夫々の論文中には出來る丈多くの參考圖版を挿入することとした、この爲、編集に於いても、組版に於いても、豫想以上の勞力と時間とを要した。而もこのような困難な作業の大部分は出版社の負擔に於いて行われた。その盡力に對して厚く謝意を表するものである。それにも拘らず、編集上、やや統一を缺くの感を認めざるを得ない事はひとえに、編集に當って、われわれの指示全からざるによるものであって、これ又、執筆諸氏の寬恕を切望する。

二

　本書に收むる論文七篇の執筆者は、夫々已に、その關連部門に於いての專門の業を示してこられた方であるので、今更何も附言することはない。概說風に、或は、專門論文として、夫々の獨自の分野をもつものであって、將來西域の佛敎美術を研究する上に、一つの礎石となるべきことは明らかであろう。唯、故禿氏祐祥博士の名になるものについて一言したい。禿氏博士はその研究生活の第一步より、大谷探檢隊資料の整理と研究に關係せられ、爾來數十年にわたって、探檢隊資料の運命を見守って來られた。それ故、本研究會が組織せられるに當っても、故羽田亨博士と共に親しく研究員の指導に當られ、その長い研究生活に於ける大谷探檢隊に關する想出は、われわれにとってかけがえのない指針であった。本書中に殘された十王經に關する研究は勿論、大谷探檢隊資料によるものではないけれども、故本田義英博士將來のペリオ本ロートグラフを中心とする諸種の資料、殊に、諸本の圖卷の比較

研究は、博士が多年念願して來られたものであった。不幸にも博士の逝去によって未完のまま殘されたが、ここにその門下の一人、小川貫弌氏の手によって完成されたのである。特に西域佛教美術に關する諸篇を集めて一册を成すに當って、博士への追慕、切なるものがある。

三

　本『西域文化研究』はその計畫の當初より全五册を以って完結する豫定であった。その爲、時間的制約にも拘らず、出來る丈當初の計畫を遂行するよう努力をつづけて來た。しかし、それでも尚、諸種の事情より收載しえなかった論文を數篇殘すこととなった。新たな計畫によって、別途に考慮すべきだとする意見もあるけれども、我々としては、從前の五册に、更に增補一卷を加えることによって、折角、われわれの要望に應ぜられた執筆諸氏の熱意にもこたえ、ここまで積み上げて來た成果をより完整の形に仕上げ度いと希望している。

　顧みて、西域文化研究會結成以來十年、『西域文化研究』の刊行に着手してより六年を經過した。その間、經濟的にも時間的にも可成りの惡條件を克服しえて、ようやくここまで辿りつき得たことは、ひとえに研究會內外の關係諸氏の理解と援助によるものであった。この點、研究代表者として、唯、感謝の思いあるのみである。今後共に、從來同樣の協力を與えられんことを切望して止まない。

　　　　　　（『西域文化研究』第五「中央アジア佛教美術」、1962 年 3 月、京都：法藏館刊）

第六「歷史と美術の諸問題」

一

　私が本書各卷の冒頭に「はしがき」を草することも已に六度を數える。顧みれば、昭和二十八年春龍谷大學に於て西域文化研究會が結成されてより

滿十年、本書第一卷「敦煌佛教資料」の刊行に着手してより六ヶ年を經過した。その間、研究會の內外に於て、われわれの研究活動に參加し、或は、支持を與えられた人々は、その數六十名を超え、就中、全六卷中に寄せられた論攷の數は延六十數編に達している。研究會內に於ける議に從って『西域文化研究』刊行費の補助を文部省に申請した當初、今にして思えば、その計畫は誠につゝましやかなものであった。それにも拘らず、今見らるゝが如き巨册六卷を、一年の遲滯もなく順次に刊行しえた事は、一つは研究會內にあって執筆を擔當せられ、或は、その爲の準備・編集に盡力せられた方々の熱意によるものであり、二つには研究會の外部に於て研究及び成果刊行を可能ならしめるよう十全の配慮を示された各位及び出版社法藏館の協力によるものであった。これらの內外よりする協力態勢が今日、輝かしくも結實したのであり、この事については研究代表者として私の唯々感激に堪えないところである。この期に及んで重ねて關係の各位に厚く御禮申上げる。そうして、その壯擧以來、五十年を經た今日、大谷光瑞上人竝に大谷探檢隊の偉大な功績を、たとえその一部分とは云え學的に明らかにしえた事に對しても深い喜びを覺える次第である。

二

　前卷「はしがき」にも申述べたように、諸種の事情より前五卷中に收載しえなかった論文を集めて本卷を編んだ。從って、前五卷が夫々同一分野に屬するものゝ集成であるのに對して、本卷はそのような統一的テーマを立てえなかった。しかし、本書に收むるところのものは前五卷の夫々の部門に於て不可缺のものであって、彼此併せて一具の計畫を全うするものである事を諒され度い。如上の事をも含めて、旣刊の諸册を通じ種々の不備、不手際の存する事を私自身深く反省している。それには時間的な、又、經濟的な制約が大きく作用し、更に、かくも廣範な分野を覆うには編集の面が餘りにも手薄であった。われわれ編集の任に當ったものは十分の努力を竭したつもりではあるけれど、力の及ばなかったことを痛感し、讀者諸賢の學的批判に對して

は謙虚に從い度いとおもう。

三

　『西域文化研究』全六卷を刊行することによって、われわれの所期の目的は一應達成しえた。しかしながら、已に度々述べたように、大谷探檢隊關係資料の總合的研究は、その完全な目錄の調製すら今なお程遠く、遺憾と言う外はない。更に又、西域文化の研究も、今後に俟つもの尠しとはしない。われわれが果たすべくして果たしえなかった課題は、今後の新しい構想の上に委ねたい。又、それらについては研究會の內に於ても外に於ても、新たな展開を期待しうるのである。現に『西域文化研究』が逐次刊行せられつゝある期間に於ても、斯學の進歩は著しいものがあった。敦煌資料についても、又中國古文書學に於ても、われわれが築いた礎石の上に次々と輝しい業績が積み重ねられつゝある。この礎石たることこそわれわれが果し得た最大の成果であり、われわれの不備を補い、錯誤を正して、研究がより精密に、より廣範にすゝめられん事こそ、關係者一同の中心より念願とするところである。

　　　（『西域文化研究』第六「歷史と美術の諸問題」、1963 年 3 月、京都：法藏館刊）

三、學者を語る

靜安學社

　今春大阪地方へこられた高橋盛孝君が一日何か一會を設けて同臭會合に便し研究討論に資する樣にしては如何と提議せられた。僕も贊成しネフスキ君も贊成とあって、六月の初め寄合って相談した。で愈々實行しやうではないかと申合せた。會名は一つ我々の景仰する誰か先儒の名を冠したものにしては如何と云ふ事になり、東西の碩學を銓考した。するとネフスキ先生が一兩日前王國維先生が亡くなられたと聞いたがほんとだらうか、ほんとゝしたら王先生の名を記念しては如何と言った。僕はそんな話をちっとも知らなかったので、驚いて他の人の誤だらうと否定した。兎に角三人共に王先生には亡くなって貰ひたくなかったもんだから、何かの誤としておいて、一方神田鬯盦君へ聞合せる事とした。噂は眞實であった。已に故人とあれば丁度我々の會に採って冠し得るは好記念である。殊に靜安先生の學行は我等の儀表と仰いで然るべきものだ。靜安學社──Societas in Memoriam Wang Kuo-wei、これこそ我等の會名でないか。

　かくして我々の靜安學社は生れ出た。靜安先生の名を冠するを誇とする我々はその名に背かざる實をあげねばならない。

(『藝文』第十八年第八號、1927 年 8 月、645 頁)

（參考）

ニコライ・ネフスキ
王靜安先生を訪ねて

　私はとうとう王靜安先生には御目にかゝらずじまひになりました。王國維先生の御名前は私共の國の方でもよく知られてゐまして、私などもその二三の論文を讀んで、大に感服し、竊に崇拜してゐました。その廣汎なる學識、その確實なる分析、及びその論理的なる敍述は恐らく肩を比べ得るものは有

りますまい。支那に關する私共や歐邏巴の學問は極めて若いから勿論の事でありますが、恐らく本國の支那に於てもこんな學者は今日他にありませうか。固より日本だけは取除いて置いて、斯の學問の方では世界の第一人と敢て稱しても宜しくはないかと思ひます。

　私は先年の夏休に北京へ參ります時に是非先生に御會ひしたいと思って、內藤先生や狩野先生から御紹介狀を頂いて參りました。所が時節も暑いし、目的の仕事も忙しくて、閑暇がありませんでした。後になると又風邪を引いたりして中々お訪ねすることが出來ず、段々延び延びになりました。然し歸る時期も迫って來たものですから、或日少しの熱を押して腕車を驅って王先生の住んで居られる北京郊外の淸華大學の官舍へ出掛けて參りました。先生は時々北京の市中へ御出掛けになるですが、生憎その日は丁度先生の出掛けられた日で留守でした。夕方前にはお歸りになると云ふので、子供達と遊んだりなんかして三時間程も待ちましたらう。日もそろそろ西に傾いて來ましたが、先生は未だ御歸りになりません。それに何だか熱も再び出て來た樣で、氣持が惡くなって來ました。し方がないもんだから、又車に乘って宿の方へ戾りました。すると少し來た所で向ふから支那の紳士が車を走らせ來るのに出會ひました。或はこれが王先生ではないかと思って、聲をかけてみやうかとも思ひましたが、暮れ方ではあるし氣分が惡いもんだから、其儘すれ違って急いで歸りました。歸ってから體溫器で熱を計って見ますと三十九度を越えてゐました。翌日になっても熱が下りませず、臥せて居りますと、王靜安先生からお使が見えて、昨日は一足違ひで失禮しました、今日は是非お訪ねする筈の處、生憎風邪を引いて熱が出て行かれませんから惡しからずと言って參りました。その後間も無く私は船に乘って歸って了ったので、とうとう御目に掛る事が出來ませんでした。今日先生の御寫眞を拜見致しますと、あの時行き遇った車上の支那紳士は正に先生らしいんですから尙更に殘念に思はれます。　（文責は愚隱に在ります）

楚紫氣先生の入門

　ユリアン・コンスタノウィチ・シューツキー氏は露國レニングラード大學の若き助教授である。『抱朴子』の露譯等によって其學問は彼國では既に名がある。支那哲學研究の爲め我國へ出張を命ぜられ今年四月來朝して大阪に留まって各所を視察し且つ研究に從事してゐる。殊に氏は早速に夜間我が泊園書院に通って『列子』、『徂徠集』、『說文』、胡適『哲學史』等の講義に列してゐるので、我が泊園書院としてもかゝる學者を及門の一員として名を加ふるを得るは名譽として他に誇って差支ない。氏の好學は甚だしいもので凡百の嗜好なく只居常讀書を樂むのみで、外出の際でもポケットには有朋堂文庫を何か攜へてゐると云ふ。我國の言葉は日常の會話に先づ差支ないと云ふ程度だが、書物には慣れてゐて數年前から讀んでゐて隨分驚く程新古のものに目をさらしてゐる。現に『徂徠集』の講義を聞くと云ふのも已に彼國で『辨道』『辨名』を讀んで其學を善しとしてゐたからなので、あの難しい文を好んで聽講してゐる。又『列子』に就ても張湛の序文に據って現行本と張湛以前の本とは甚だ異なるものがあるので此を以て彼を疑ふを得ないといふ說を已に露國で排印中ださうだが、來って武內君の「列子冤詞」を讀んで偶々合してゐるのを知って喜び又我黃坡先生の講義に列してゐる。昔は東畡先生は淸板二辨を得て我道の西せるを喜ばれたが、今日の此事を聞かれたら如何であらうか。因にシューツキー氏は漢名を對音の近きに探って楚紫氣としてゐるが、是は氏の老子好みから來たので、老子は楚の人なりの楚と、關の令尹子喜が紫氣を見て老子の關を西に渉るを察した故事によったものなんだ。和名は秀月百合庵と號する。

　　　　　　　　　　　（『泊園』第六號、1928 年 8 月 30 日、3 頁）

シューツキー氏の歸國

　シューツキー氏の留學の期限が迫って愈々出立と云ふので泊園書院、靜安學社等の知友相集って九月一日の夕べ高津神社祠畔の淮南樓で送別の宴を張った。別項所載の如く、黃坡先生は一詩を贈られ[1]、潮江君は送序を呈し[2]、コルパクチ孃[3]は早速に和歌一首をものし、岡島翁は一句を拈る内に[4]、我が需齋君（シューツキー氏の近號である。よって黃坡先生は直ちに又水天先生の別號を書して贈られた[5]）は白扇に龍蛇を走らせて一々之に酬ゐて記念とし、乾杯して君の健康を祝し款語談笑の間に各々別を敍して十時に散會した。此日會するもの黃坡先生、ネフスキー、プレトネル、コルパクチ孃、岡島伊八、財津愛象、小林太市郎、笹谷良造、熊澤猪之助、三木正憲、石濱純太郎の十一名。

　次でシューツキー氏は豫定の如く七日午前十時五十二分大阪驛を無事に發して敦賀へ向った。驛に送るもの黃坡先生、コルパクチ孃、ネフスキー、プレトネル、岡島、熊澤、三木、石濱等。

　因にシューツキー氏は今秋の大學の學期初めからは『易經』の解釋、宋代哲學、王陽明學等を講ずるさうで、在阪中に大に周濂溪に興味を持ち始め

---

[1] 「送需齋楚紫氣學士歸露國送別」異鄕日月未爲遲、握手十旬乍別離、大道惟知本來一、何歡相送暫臨歧。

[2] 「送楚紫氣先生歸國序」世之說道者、不爲少矣。皆守其一曲、至於全體大用、則蓋有未盡之者也。俄國列寧城大學教授楚紫氣先生、夙潛思於此道矣。凡其說之關於天理人性者、無不悉涉獵焉、而猶有慊焉於心者也。一旦繙東方經傳、幡然自謂、道蓋在於此矣。今春四月、航海至本邦、結交於四方名士、俛焉切磋、不遑寧處。凡神明之所存、微妙之所在、盡取以收藥籠中矣。先生學旣成、而性亦溫良篤摯、接人謙讓、其德亦全矣。然則先生之於道、其費與隱皆得之矣。而邦人之接先生者、老儒爲之自反、學者爲之自奮。由是觀之、則其來也、豈爲先生一人之爲而已。亦有惠於斯道、有益于邦家也。先生之留不久、今秋將歸其國。我社同人、相謀張讌、以惜其別、各賦歌詩、以言其意。余辱侍其末席、亦不堪追慕之情、乃敢述所思云。昭和三年九月朔、熊澤猪之助謹書。

[3] 〔編者注〕Евгения Максимовна Колпакчи (1902–1952)。ロシアの日本學者で、コンラドの學生。當時、研究のため半年間の豫定で日本に滯在していた。

[4] 嘘に惜む別れや盆の月。岡島味水。

[5] 〔編者注〕易の六十四卦の一「水天需」に據る。

學者を語る　　　　　　　　　　　　　　　　　　　　　　　　85

『通書』の文句を扇に書いては持ち歩いてゐた。我々は水天先生が遠西に於て斯道の爲めに斯文研究に益々精進せられん事を希望する次第である。

　　　　　　　　　　　　　　　　　（『泊園』第七號、1928 年 10 月 31 日、4 頁）

故バルトリド先生

　余は十月の初めに久し振りで吾友ニコライ・アレキサンドロヴィッチ・ネフスキーからの手紙を得て喜んだが、その中にかうある。彼が夏に少しの旅行をしてレニングラードへ歸って見ると「レ市には否レ市の東洋學會には大變な變りがありました。それは學士院會員バルトリド教授の八月二十二日（？）の逝去なんです。何卒故教授の學歷の事を何處かの雜誌にお書き下さい」と。余は何もさう詳しくは故教授を知るものではないが、嘗てニコライ・アレキサンドロヴィッチが未だ大阪に居る時分には、よく共に故先生の學術を噂し合った事があるものだから、かくネクロロジーを書けと云って來たものだらう。寡聞の余ではあるが正しく故教授を少からず景仰してゐたものだから、聊か知る所を擧げて靜安學社の例會に報じたが、今又之を大方に告げて故先生を記念したいと思ふ。固り何れ各國の學界は云はずもがな本國に於ては必ずこの世界的大學者の詳傳が出るであらうから、若しそれ等を見るを得、且又機會が與へられるならば再び今の此の文を補訂したいと思ふ。

　W. Barthold（露語の詳名は Василий Владимирович Бартольд）先生は一八六九年に生れ、ペテルブルグ大學の東洋語學科を卒業した。一八九三～四年には中亞へ研究旅行に派遣された。其後「蒙古侵略時代のトルケスタン」[6]の論文を提出して之を以て東洋史學の學位を得た。この論文は當時の審査員達をしてその博さと精しさに驚嘆せしめて字義通りの滿場一致の贊成を以て學位試驗を通過せしめたと云ふ。而してこの青年學者の論文は

---

[6] Туркестан в епоху монгорскаго нашествия. Ст.-Петербург, 1900.

三十年の後に至って英譯され[7]、尚ほその權威を落さないのだ。かくて一九〇一年にはペテルブルグ大學の員外敎授（Экстраординарый Профессор）を命ぜられ、一九〇四年には中亞訪古旅行に出張し、一九〇六年には正敎授（Ординарый Проф.）に陞った。一九一〇年には露國學士院の通信會員（Член-корреспондент）となり、同一三年には正會員（Академик）となった。革命以後の先生は種々なる學術團體の指導者の任務を兼ね負ふ事となった。例へば東洋學會（Le Comité des Orientalistes）では會長であり、物質文化史學院（L'Acaémie de l'Histoire de la Culture matérielle）の副院長であり、又トルコ學院（L'Institut de Turcologie）[8]を創立して院長となり、尚ほ雜誌 L'Iran[9]、Le monde musulman[10] の編輯者であり、ソヴィエト聯邦民族硏究會のトルケスタン部（La section du Turkestan de la commission pour l'étude des éléments éthnique de la population de l'URSS）[11]の監修者であり、ラドロフのトルコ語字典（Essai d'un dictionnaire des idiomes turcs）補訂[12]の委員長であり、中亞探檢諸隊の指導者であった。又その間に自らソヴィエト聯邦內ではトルケスタンやバクーへ、西歐ではベルギー（Congrés des historiens en Belgique）や英國へ、トルコではコンスタンチノープル・アドリアノープ

---

[7] *Turkestan down to the Mongol Invasion.* Second Edition, translated from the original Russian and revised by the author with the assistance of H.A.R. Gibb, M.A. E.J.W. Gibb Memorial Series, New Series, V. London, 1928.

[8] Cf. *Bulletin de l'Académie des Sciences de l'URSS*, VI série, tome XXI, 1927. no. 18. p.1697, 1698.

[9] 一九二七年と二八年に各一册が出てゐるのを見た。年に一册と見ゆ。

[10] たしか一册丈出たと思ふ。今は中止。

[11] この硏究會からは Труды Коммиссии по изучению племенного состава населения СССР и сопредельных стран と Известия Коммисии とが出てゐる。その內トルケスタン部のものと見られるものは前者の內、

　　No.9. И.И. Зарубин. Список народностей Туркестанского края. 1925.

　　No.10. И.И. Зарубин. Население Самаркандской области, его численность, етнографический состав и территориальное распределение. С етнографической картой. 1926.

　　No.14. Е.А. Вознесенская и А.Б. Пиотровский. Материалы для библиографии по антропологии и етнографии Казахстана и Среднеазиатских Республик. 1927.

[12] Cf. *Bulletin de l'Académie des Sciences de l'URSS*. VI série, tome XXI, p. 1688, 1689.

學者を語る 87

ル・アンゴラへ出張して到る處に講演を試みて各國學界にその蘊蓄を披瀝した。英國では彼の學位論文の舊著が英譯されて世に出で[13]、コンスタンチノープルでは彼の講義がトルコ語で現はれた[14]。遂にトルケスタンの知友・弟子・崇拜者によって先生の學位論文發表二十五周年を記念せる論文集[15]一卷をタジキスタン研究會から先生に獻じられた。この記念論文集は各部類別の起初に凡て先生の著書からの語句を引き題して先生の指導的地位に敬意を表した。而して先生は晩年に種々の地理歴史の編著をなしてゐる[16]。今年八月逝去して享年六十有二歳まだまだ惜しい。

先生の發表された文籍は非常に多數に上るのであって、プラトノフ氏は先生の一九一七～二七年の十年間の文籍目録すら到底早速に編成するのは難しいと嘆じてゐる程である[17]。先生の撰著は論文單行本を佇て置いて諸雜誌の末尾に附載せらるゝ諸國學者の新刊書に對する評論すらが他の企及すべからざる博學と卓識とを示してゐるので、その評論自らが巍然たる一論文なのである。而してその評論は先生の博き範圍の新出書の殆んど全部に渉ってゐるのだ。先生は讀まざるの書なく、讀んで知らざるの句なき博覽強識の人である。先生著述の文籍目録の編纂は誠に一大事業であらねばならない。余の如

---

[13] 注2を見よ。
[14] *Orta Asia Türk Tarikhi Ḥaqqinda Dersler*. Istanbul, 1927. これの內容に就いては G.M. Clauson's Notice (*JRAS*. 1928, p.926ff.) を見よ。
[15] В.В. Бартольду, Туркестанские друзья ученики и почитатели. Ташкент, 1927 (Общество для изучения Таджикистана и иранских народностей за его пределами).
[16] 余はこれ等の書籍は殆んど見てゐない。名が出てゐるものを少し書きつけて置く。皆露文だらうが所據に從って抄する。
    Ulughbek et son temps. 1918.
    Histoire du Turkestan. 1922.
    Histoire de la civilisation du Turkestan. 1927.
    L'Iran. Exposé histoorique. 1926.
    Les Tadjiks. 1925.
    La civilisation musulmane. Exposé populaire. 1918.
    L'Islam. Exposé général. 1918.
    Le monde musulman. 1922.
[17] *L'Académie des Sciences de l'URSS 1917-1927*, p.92.

きは先生撰述の何分の一をも讀んでゐない上に、悲しいかな、例へその僅か
に讀むを得たるものでも智識の不足が理解を碍げるものが往々にしてある。
だから余は茲に敢て余の知れる文籍の目錄をも掲げるを故らに辭して、他日
必すや完備して出るであらう所の本國學者の手になるものを待たうと思ふ。

　次に余は先生の學術を論じなければならないわけであるが、上述の如く余
には先生の博大なる學術に對する智識が不足なのであるを自認してゐるから
之を試みる事は如何にも無謀に近い。然し一言の之に及ばぬのも如何かと考
へて余の心裏に推想せる輪廓の幾分を記して敢て達者の理董を請はんか。先
生は早くその學位論文に於て蒙古時代のトルケスタンを主題に探られたが、
之がその一生涯の事業の範圍を指示してゐると云へやう。晩年この論文の英
譯を監修し、且つ親しく補注を加へられたのは偶々以て一生の始終を見る樣
である。先生が學位論文以後の研究は皆之を緒論として尚ほ精細に尚ほ廣大
に尚ほ嶄新に註解し衍述し創作せられたものと云って可なりだらう。そこで
中亞トルコ學を中心に全トルコ學にペルシャ學にアラビア學に蒙古學にシベ
リア學に支那學に極東學に渉る研究は生じ、數次に及ぶ中亞其他へのミッ
ションも行はれたのであった。又且つ早くも適切に論ぜられたる[18]地方史家
と、中央學界との關係を有效に働かさんとの指導にも熱心に注意せられたの
だ。かのタシュケント出版の壯麗なる記念論文集の大册一卷は如實に之を物
語る。先生の學術の大觀は此の如きものと信ずるが、尚ほ之を大約二期に分
けて見てもよい。即ちソヴィエト革命以前と以後とに於てその差異を見る。
前期に於ては資料の調査研究が主調であり、後期に於ては之を纏めたる史志
の編定が大宗である。一には先生研究の進捗の當然の結果でもあり、二には
國情變遷の促せる自然の歸結でもあるが、いづれにせよ學界に與ふる貴重な
る標準的贈り物たるには變りは無い。先生の研究史一卷は例へば「蒙古時代
のトルケスタン」が緒論で、資料研究の諸論文が本論前部を、諸民族の史志
がその後部を、而して中亞トルコ史が結論を編成すると見立ててはどんなも

---

[18] *Turkestan down to the Mongol Invasion.* p. XIV-XV.

であらうか。

　ロシアのトルコ學をして世界の權威たらしめたラドロフ先生早く去り、今又バルトリド先生已に亡いが、尚ほサモイロヴィッチ・マローフ・ジミトリエフ・ベルテルス・ゴルドレフスキー等の在る有って、その隆盛を維持する事が出來る。然しトルコ學のみならずイラン・アラビア・蒙古・支那（惜しいかな先生は漢文書類迄は手が屆かなかったらしい）其他の諸學に涉り何時なりとも必要なる指導と援助と批判とを與へ得る[19]彼の讀まざるなく知らざるなきバルトリド先生を失ったのはソヴィエト學界のみならず、全東洋學界の今年の一大損失でなくて何であらう。聊か蕪辭を列ねて弔詞に代ふと云ふ。

附記

本稿を起草するに就いては Новый Энциклопедический Словарь; Сибирская Советская Энциклопедия のバルトリドの項及び *L'Académie des Sciences de l'URSS 1917-1927.* Leningrad, 1928 の Histoire; Ethnographie; Etudes orientales の三章を參考した。因に先生の肖像はタシュケント版紀年論文集に附してあるのがよい。挿入の寫眞がそれである。トルコ版中亞トルコ史に添へてあるのはよくない。

（『龍谷大學論叢』第二九五號、1930 年 12 月、80-86 頁）

故ヴラディミルツォフ先生

　昨年の夏の末であったらう、余はレニングラードのアレクセーエフ（Академик-профессор Василий М. Алексеев）先生から、ヴラディミルツォフ先生の逝去せられたと云ふ通知を頂いて驚いたのは言はでものこと、非常に遺憾に思ったのであった。思ひ出せば古い事だが、余の初めて先生の名を知りその論著に注意する樣になったのは、たしか先生が露國考古學會東洋部報告に出された「蒙古語に於けるトルコ語要素」と云ふ論文を讀ん

---

[19] 序で乍ら先生の大學講義の稿本 История изучения востока в Европе и России を見てもそれが分る。この書は獨乙譯もあるが、今は一九二五年の第二版増補本が出てゐる。

だからであつたらう。あの論文を讀んで平素疑を抱き少しく考へてゐた事共が該博なる知識によつて精審なる解釋を施してあつたので、大に蒙昧を啓發され、未だ余の知るに及ばなかつた露國新鋭の蒙古學者の存在を牢記したのであつた。余は蒙古學にいさゝか興味を有するものだから、其後先生の論著を注意してゐたが、何分にも掲載の雜誌等を見得る機會が少なく懊惱を續けた。余が先生の論著を熱望してゐるのを知つてゐた吾友 Н.А. Невский や Ю.К. Щуцкий が前後歸國してからは、余に舊藏を割愛して呉れたり新出を送つて呉れたりする好情を辱くしたので余は喜んだ。又アレクセーエフ先生には甘へて余の所望のものを探して頂いたりしてゐたが、間も無く諸先生の緣を以て終に故先生から贈呈の端し書ある新著を直ちに贈らるゝに至つて、誠に所謂驚喜狂せんと欲する次第であつた。其内に先生は余が蒙古學の研究を怠つて何もやらないじやないかと云つてゐられるぞと吾友が報じて來たりして、余は恐縮の外無く二三の小報告をお送りしたが、それも時遲かつたからお目にとまつたや否やが疑はしい。我國將來の蒙文丹珠爾殘本の目録を早く仕上げて見て貰はうと思つてはゐたが、荏苒未だ其緒につかず而して今や墓草已に宿矣だ。先生喪耗の報を得て遺憾限り無き所以である。

そこで余は早速昨年九月の靜安學社例會で先生の論著約三十種を陳列して社友諸兄の展觀に供し且つ先生學術の一般を紹介した。之を知られたアレクセエフ先生は故先生傳の參考資料を贈つて呉れられたので、余も亦學傳を草せんと心に決する所あつたが、生平の疎懶が累を爲し漸く今茲に匆々なる略傳を述べて記念とする。

Борис Яковлевич Владимирцов 先生の略年譜は左の通りである。
一八八四年　カルガに生まる。
一九〇四年　カメネツ・ポドリスクの古典中學を卒業して、ペテルブルグの東洋語學校の漢蒙滿部へ入學す。
一九〇五年　パリへ遊學してソルボンヌの東洋語學校及びコレージュ・ド・フランスに聽講す。

學者を語る 91

一九〇六年　秋、歸國し東洋語學校の新設滿蒙部へ轉入。
一九〇七年　夏、東洋語學校よりアストラハン縣のカルマクへ派遣さる。
一九〇八年　露國中東亞研究會よりデルベトの言語民傳研究に西部蒙古へ派遣さる。
一九〇九年　東洋語學校を卒業して大學にて蒙古カルマク文學講座に留まる。露國地理學會々員に擧げらる。
一九一一年　蒙古カルマク文學の學位試驗を通過す。露國考古學會々員に擧げらる。
一九一二年　大學より佛國へ派遣さる。夏ロンドンへ渡り大英博物館にて研究す。
一九一三年　西歐より歸國して蒙古へ留學を大學より命ぜらる。二年の後半年を延期す。
一九一五年　歸國して秋より東洋語學校にて開講、又大學にて私講師として開講。
一九一八年　助教授となり次いで教授に進む。
一九一九年　露國考古學會東洋部の幹事となる。
一九二〇年　東洋語學校の教授となり大學院委員となる。
一九二三年　學士院の通信會員に擧げらる。
一九二四年　蒙古學術會々員に擧げらる。東洋學聯盟の幹事となる。
一九二五年　蒙古學術研究會より蒙古に派遣され肯特地方ケルレン上流地方に至る。
一九二六年　再び蒙古及び北京に派遣さる。
一九二九年　學士院會員に擧げらる。
一九三一年　八月十七日逝去。

　故先生の論著は約五十種に餘るらしいが、其內余の知れるものゝ內大なるものを左に列擧して一斑とする。固り略した小い短いものも學術的には重要なものが多いのだ。原名を譯して揭げる。下は出刊の年歲。

一、蒙古語に於けるトルコ語要素	一九一二
二、パンチャタントラ蒙文抄	一九二一
三、成吉思汗傳	一九二二
（ミノルスキー英譯本あり。佛譯本トルコ譯本ありと云ふ、未見。）	
四、死鬼物語	一九二三
五、オイラート蒙古の英雄物語	一九二三
六、蒙古語研究 一	一九二五
七、西北蒙古民間文學集	一九二六
八、ハルハ卓克臺吉刻文石	一九二七
九、ウルガ肯特地方の民俗學的言語學的研究豫報	一九二七
一〇、蒙古文語とハルハ方言との比較文法 音韻の部已出	一九二九
一一、蒙文寂天菩提行經 蒙文原典已出	一九二九

　先生の專門は蒙古語及び蒙古文學であるが、此點に關しては從來露國の蒙古學が有したる霸權を完全に維持したる計りでなく益々光輝を發せしめた。その『比較文法』の如きは今後の研究に新しき根底を與へて斯學の權威を斷然誇示してゐる。而して諸種の短い論文に於ける蒙古文法の研究は皆新に建設せらるべきアルタイ言語學への基礎である。又『パンチャタントラ蒙文抄』の序論中には、蒙古文學史の時代區分を言語學的根據によって斷定して快いものである。多分余の未見である「世界文學」中の蒙古文學は恐らく之を具體的に歷示してゐるだらう。先生の蒙古佛敎に關する研究はその源泉たる西藏佛敎の深き學力の爲めに更に一段の重味を加へる。『菩提行經』の校訂本の如き梵藏蒙三體合璧の引得を附せらるゝ筈であったが、若し遺稿が繕寫刊出し得るものならば、學者の便宜は甚大であらう。蒙文甘珠爾の發見せられて先生の研究を期待するものが多いのに、此一經に止まるは遺憾である。先生は又『元朝祕史』を詳細に研究してその大要は『成吉思汗傳』によって窺はれ得るが、『祕史』に於ける語學的解明の餘地尙ほ多きを思へば殘り惜しい。或は先生の師ペリオ先生が大著の述作中だから、あの大衆向きの本で之を示されたのだらうか。テプテンゲリやダヤン汗に關する小論こそはその片

鱗か。先生は又民間傳承に多大の關心あって諸種の成績がある。あの『オイラートの英雄物語』の長い序論は蒙古傳說の總論とも云って宜しい。『パンチャタントラ』の校刊や『死鬼物語』の飜譯は傳說流傳を論ずる人にはよき參考とならう。『西北蒙古民間文學集』は將來の學者に材料として殘された。

　以上先生の學術の一斑を擧げて全豹を知るの助けとしたが、かく廣く蒙古學の各方面に涉って種々の研究を多く遂げられたのは一に素養の廣かったによる。先生は自己の專門に關係する學科については內外の名師に就いて廣く教を受けてゐる。蒙古學では Kotwicz, Руднев, Pelliot、トルコ學の Radlov、西藏學の Щербатской、言語學の Шахматов, Boduen de Kurtene, Meillet、支那學の Chavannes, Pelliot, 民傳學の Bédier、中亞學の Бартольд の如き一流大家に親炙してゐる。又先生は度々の遊學派遣によって現地の調查研究が行き屆いてゐる。略年譜で分る如く數度も蒙古の各地へ出張してゐる。又先生の該博なる語學力がその研究に役だってゐる。蒙古語は文語は勿論各地方言に及び、其他回鶻語、西藏語、印歐諸語に涉って然も之を貫く言語學を審かにして言語學槪論の講義もしてゐる。從って蒙古語中のトルコ要素を探ったり、蒙古語と新發見の中亞印歐語との關係を追跡し得るのであった。又蒙古佛教には西藏佛教の必要なるを知ってゐるから、經典の困難なる校訂も出來るのだ。又民族研究には忽せにすべからざる傳說學の知識も貯へてあったから民間傳承もたゞ語學的材料と計りはならなかった。これ等諸種の豫備知識の廣大なるものがあったればこそ種々なる方面に立派なる數々の成績を遺されたものと思はれる。然もこれ等の知識の渾然として融和しつゝある僅か四十七、八歲で溘然として世を去られたのは只にソヴィエト學界の損失のみではない。只少しく意を安んじて先生の冥福を祈り得る所以の者は後繼者たる Проф. Поппе を初めとして Санжеев, Бамбаев, Казакевич 等幾多の俊秀を殘してゐられる事で、ソヴィエトの蒙古學は決して其の光榮ある傳統を落しはしないのだ。

　　以上は主として Записки об ученых трудах действительных членов Академии наук

СССР по отделению гуманитарных наук, избранных 12 января и 13 февраля 1929 года, Ленинград 1930 を主として余の知る所を以て書いた。尚ほ Б.М. Алексеев, Памяти Академика Б.Я. Владимирцов. Вестник Академиии Наук СССР, 1931, 8 をも参考した。前書の文獻目錄を見れば詳細な事が分る。書名の原文はそれを見られたし。尚ほ以後のもの少しある樣で『通報』の中に紹介してあったと思ふ。

(『龍谷史壇』第 11 號、1932 年 11 月、7-13 頁)

僕の憂鬱

　僕は先生の底の知れない偉らさに感じ入ってゐるだけなのでそれ以外の何でもありません。結局先生は僕とは何十段違ひの偉い人なので、僕は先生の緒論の一端を聞き得るの、蘊蓄を窺ふのと云ふ樣な柄でもなく、そんな頭も無いものだったんだと終には思ってしまひました。そこで下らない僕なんかの事で先生を煩はすのは何だか冒瀆だと云ふ氣持になって恭仁山莊へは馬鹿に遠慮をしてしまう事となりました。あながち山莊迄肥った身體を運ぶのがつらいからでは無かったんだ。御病氣が重られたと側聞して見ると、もっと御邪魔して僕自身が教へられると云ふよりは先生のいゝ御考へを承って置いた方がよかったんだらうとは思ったが、亡くなられて見ると尚更に此感を深くせざるを得ない。よく我が生や遲くして諸老に見える事が出來ないとか、生れて明師に遇ふを得ずとか云ふ樣だが、明師が眼前に居られてもこちらが少し上等でない限りには何にもならないものだ。其の好例を正に僕に於て見るのは憂鬱である。

　先生への病み付きは僕の大學入學前後から始まる。丁度『藝文』の創刊される頃で、それへ出る先生の論文に接して全く感服して了い、それからは先生の書かれたものは新しいものでも古いものでも分るものも分らないものも貪り讀んで獨り喜んでゐた。後に西村碩園先生の御伴をして麗澤社景社の聯合文會の席上で初めて御目に掛ったので非常に嬉しくなり、時々御宅迄伺っていろいろ御話を承った。教を受けるのはいゝが、どうも學問などは先生が

やって居られゝばそれでいゝものなので、僕なんかゞ横好きに懸命になったって何にもなるもんぢゃないんだらうと度々悲觀した。其內に御洋行の話を聞いて、丁度時世も景氣の好い折だし、こんな時に日夕親炙したらよからうと御伴を願って快諾されたから、千載の一遇だ、行くと云ったら行くんだと、家へはダゞをコネて出掛けて終った。約八ヶ月影の形に隨ふ如く御供して益々先生の偉らさに驚いたが、先生は僕の裸と食べ物の話とオモロイ事の好きなのに驚かれたらう。歸ってから少しは敦煌物の整理を御手傳に伺ったりもしたが、僕が忙しい先生の御碍げをしては濟まない樣な氣が段々に嵩じて御無沙汰勝になった。五月だったか先生の御病氣を尋ねに久し振りで瓶原へ伺ふと御小康の際とて御會ひ下さって僕等の『東洋叢編』の事から激勵を受けたのが最後となった。歸ってから急に思ひ出して先生から長らく拜借してあった蒙文經典の殘卷を友人笠井信夫君と共に考證に從事して完成したが繕寫未だ畢らず先生に御報告申上げるに至らずして御訃報に接した。いつが錢大昕程生きるのは一寸難しいと戲談に云って居られたのが讖を爲したのは殘念である。

　僕は先生と同時代に生れ合す好機に會ひ、先生の講筵にこそ侍しなかったが敎を受ける幸運を得たのだったが、碌々として何の爲す事も無いのは性の致す所だから詮もない。私淑などとは凡そオカシクッて云へたものでない。それでも日本の誇りを吾が眼で見るを得たるを一生の幸榮とするものである。

(『支那學』第七卷第三號、1934 年 7 月、52–54 頁)

噫內藤湖南先生

　湖南先生は終に逝かれた。古稀に近い高齡で惡性の病氣とあっては致し方も無い事ではあらう。然し私淑などと云ふもおこがましいと迄敬服してゐた余は心ひそかに錢大昕や王念孫も長命だったんだから其左右迄はキット大丈

夫だらうと勝手に良い方へ考へてゐたんだが、天命如何とも爲難く古稀をも待たずして長逝されてしまった。

　余は先生の論著を讀んで獨り心に之を喜んでゐたが、圖らず故西村碩園先生の景社文會が緣をなして親しく先生を識るを得、先生が歐州に藏する敦煌出土品の調査に赴かれるに當って隨伴するに至った。曾遊の思出は盡きぬものがあるが、病床に御訪ねした時前の大病の後には君と渡歐したが、今度癒ると何處へ行かうかと云はれたので、余は又御伴しませうかと答へたりしたが、今度はすぐに御伴出來ぬ所へ逝って終はれた。

　先生の學術は到底余なんどの容易に論じ能はぬ博大精邃なものである。清朝一代學術の盛を世人はよく談ずるが、その一代學術の菁萃は皆先生を通じて發揮廣大されたもので、本國の學者達も此點に於て數籌を輸してゐるのだ。先生は初めよく我漢學は支那に比して百年少なくとも五六十年は後れてゐると云はれたが、先生晩年の我支那學界は決して彼れにヒケを取らなくなった。然も皆先生提撕の結果であるから我學界は正に感謝しなくてはならないんだ。先生は支那學計りでなく、國史國學の方面でも美術工藝の研究に於ても學界の感謝すべき業績を遺された。研究の精到さ計りに先生の偉業は止まるのでなく、其研究の成果より出づる經世致用の働きは決して之を單なる考古學者としては求め得られない。先生の時局論、社會批評、藝術批判は皆之を深賅なる學術研究に基礎を持って次代を指導したものである。學者も町人も藝術家も政治外交の當局者も先生に於て啓發されなければならない。

　先生の遺著は何れそれぞれ出刊されて尙ほ世間を盆される事であらう。さうして既刊の著述と共に先生の學識が我國の誇りである計りでなく世界の名譽である事を證明するであらうと信ずる。かゝる先生を古稀にも至らしめずしてあたら道山に歸せしめた天道は果たして是だらうか非だらうか。

　終に臨んで一言勸めて置きたい。苟も漢學を口にする人々は先生の編せられたる中等學校教科書なる『新制東洋史』は讀まれん事を。渺たる教科書と云ふ勿れ。同類のものとは比較にならぬ立派なものである。せめて此一册丈

は同臭の人々が記念として一讀する事を勸める。決して讀んで後悔する事はない。

(『泊園』新第十一號、1934 年 9 月、4 頁)

故渡部薫太郎先生

　渡部薫太郎先生は本當はワタナベ・シゲタラウと讀むのであるが、クンタラウと人の言ひ習はすまゝに著書の羅馬字題簽に爲ってゐるのもある。よく世に有る例なので、先生も鬪はれなかったのかも知れない。大和國郡山の人で、文久元年九月二十日の誕生である。明治十三年に大阪へ出でゝ英語を學習し、十六年には川口なる三一神學校に入り神學等を修められた。信仰上から宣教師になるつもりであったらしいが、何か事情があって俗務に從事せられる事となり、二十二年東京郵便局に勤務せられた。然し日露戰役に際し起って陸軍通譯となり、戰後功を以て勳八等に叙し瑞寶章を授けられた。この戰役が緣を爲してか、先生は四十一年に間島に入り寫眞業を開かれた。こゝで先生は滿州人成蔚氏と相知り滿州語に沈潛せらるゝに至った。間島龍井村十數年の在住の間には、居留民會の書記長、鮮人指導の爲めの朝鮮總督府囑託として多年日鮮兩國人の爲めに盡力し、傍ら北鮮日報社、大阪朝日新聞社、京城日報社等の通信囑託を受けてゐられた。又此間に來往した學界名士に漸く滿州語を修めてゐる先生の名も知らるゝに至った。大正十一年には私立永新中學の日本語教授を囑託され、こゝに教育界に漸く向はれた。十三年に中目覺氏に聘せられて大阪外國語學校に赴任して滿州語學を講ぜられる事となり、又天理外國語學校の開かるゝに及んで兼てそこでも朝鮮語學を講じ、これより育英の傍ら學術研究に熱心された。既に老年の先生であったが、心身共に盛んで一向學問に從事してゐられたが、昨年頃から時々身體の違調を訴へられ、自身にも或は起つ能はざるに至らんを覺悟されたか、熱烈なる信仰は初めより絶えて變らなかったが、教會堂へは嘗て出掛けられなかったの

を、遂に宣教師を招いて特に聖餐を受けたり後事を依頼されたりなどして、今昭和十一年七月二十二日には寓居にて七十六年の清き生涯を終へられたのであった。

　余は先生が龍井村に居られる頃から偶然交際を得てゐたが、大阪へ來られてからは親しく相知り、年を忘れて大阪外國語學校、靜安學社の例會等で屢々相會して學術討論の御相手をしたのであった。殊に先生は著書毎に遠く訪ね來られて持參の稿本を示して意見を徵し、印刷が出來ると再び來訪あって之を贈り商搉を求めらるゝのが例であった。屢々の來訪を辱くしたが、談は學術の外に出でた事はなく、老人に有り勝ちの閲歷苦心談などは更に無かった。一意專心自己の研究に沒頭せられたる熱心さには敬服に堪へなかった。況んや自著の殆んど全部は皆老年の先生が鐵筆を把っての勞作であるに至っては、その氣力の旺盛を驚嘆するのみであった。天命を知り、清貧に安んじ、焦らず燥がず、數多の論撰と共に滿日字典の稿本を校訂し排印しつゝ老の將に至らんとするを知られなかった先生の思出は余には深いものがある。

　先生の力を注がれた學術は、前には滿州語學であり、後には女眞語學であった。共に勞力繁き整理編纂に大體は止まってゐるが、必要なるこの勞作は學界の當に感謝すべきものである。英獨佛露などの語を通じてに非れば斯學の門に入る便宜を持たなかった我學界の後生は、先生編纂の校訂せられ註釋せられたる撰著によって容易に各々の研究を補益せらるゝのである。殊に女眞語學の如きは先生の詳細なる滿州語との比較によって初めて基礎を得たるものと云って宜しい。先生の該博なる語學力は徒に整理編纂の上に止まらず、處々に創見を洩らしてゐられる。先生はこの基礎の上に立って難解なる女眞碑文の解讀を試み、又他の同族語の影響をも調査せんとの意向であったのだが、天は終に壽を與へなかった。晩年先生は余の藏せるゴルド語字書を勇んで抱へ歸られたのであったが、恐らくそう參照研究し得られた日時を持たれなかった樣に思はれる。先生の薰陶を受けたる新進の俊秀中には楢松外語教授、笠井信夫君、原榮之助君、秋山某君などを數へ得るが、願はくば先

生の足跡を省みて益々斯學の闡明に從事してほしい。先生は眞に獨學獨步を以て滿州語學界に獨自の地域を開拓せられた。この東洋語學界の一異彩を失って我學界は一抹の寂寥を感じないわけにはいかない。たゞに大阪學界の損失許りではないのである。先生未刊滿日字典刊行は先生の遺志である。大阪外國語學校若しくば大阪東洋學會はこれが完成に贊助を吝まれない事を切望する。

以上の事略に就いて情松敎授の示敎を得た事を感謝する。以下先生の論著目錄は完備したるものではない。大方の指敎を待つ。

渡部先生論著目錄

一、滿語文典　滿語學叢書第一輯　一册　大正七年六月間島龍井村自刊本。

二、滿州語女眞語ト漢字音ノ關係　亞細亞硏究第二號、大正十四年大阪刊。

三、滿州語圖書目錄　一册　亞細亞硏究第三號、大正十四年大阪刊。

四、滿州ニ於ケル滿人ト其言語及書籍　海外視察錄第六卷、大正十五年大阪刊。

五、訂正滿州語文典　一册　大正十五年大阪刊。一の訂正本なり。

六、滿日對譯佛說阿彌陀經　一册　亞細亞硏究第七號、昭和三年大阪刊。

七、Manchu Tribe and Its Language.　一册　昭和四年大阪自刊本。昭和三年九月の雜誌『滿蒙』に此原文あり。Dairen Daily News 之を英譯す。其訂正本なり。

八、滿州語綴字全書　一册　亞細亞硏究第九號、昭和五年大阪刊。

九、琉球國貢進表と西域莊阿國降表に就て　內藤博士頌壽記念 史學論叢、昭和五年京都刊。

十、滿州語俗語讀本　一册　昭和五年大阪刊。

十一、新編金史名辭解　一册　昭和六年大阪刊。

十二、增訂滿州語圖書目錄　一册　亞細亞硏究第十號、昭和七年大阪刊。三の增訂改版本なり。

十三、女眞館來文通解　一册　亞細亞硏究第十一號、昭和八年大阪刊。

十四、西招圖略　　元　一册　昭和九年大阪自刊本。

十五、女眞語ノ新研究　　亞細亞研究第十二號、昭和十年大阪刊。

其他大阪外國語學校蒙古語部研究會の雜誌『朔風』に隨筆二三あるも檢出するに及ばず。

(『東洋史研究』第二卷第一號、1936 年 11 月、92-94 頁)

オッセンドウスキー

　衞藤利夫さんの『韃靼』と題する本が出てゐたので買って來た。開けて見ると、兼ねて衞藤さんから贈って頂いた印刷物で見たものもあったが、もう忘れかけてゐたので、再び讀んで感興を新にしたのであった。所が中の一篇「邊疆異聞抄」は初めての樣な氣がした。そこでその處を披いて見ると、オッセンドウスキーの『アジアに於ける人間と神祕』からの譯述であった。オッセンドウスキーなら僕には少しの因緣がある。

　もう十有餘年の昔の事、故內藤湖南先生に御伴して巴里に居た時、誰かにオッセンドウスキーの本には蒙古や西藏の事が出てゐるがどうですかとか何とか聞かれたが、そんな本は少しも知らなかった。蒙古の事などが出てるなら讀んで見たいと思ってゐたら、其內に何の新聞だったか雜誌だったかで、あれは傳奇小說で事實談でないとの事を書いてあったので探す熱心さも失せたが、然しそれでも好奇の心はあったので、二三の著書、新聞、雜誌等は買った樣に覺えてゐる。それも詳しく讀みもせず、打棄てた儘になってゐた。所が今年の何月頃かに偶々丸善のアナウンスメントにオッセンドウスキーの名が出てゐたので矢張り中々讀まれてゐるんだなと感じてゐた。すると此の衞藤さんの滿州史話とも云ふべき『韃靼』の中で再び出會ふ事となったんだ。そこでフトあの當時の議論のあった事はどんな事だったんだと思ひ出したのである。

　興味が出た儘に古く買った儘の本を探して見たが記憶のものも出て來な

かった。たゞ衞藤さんの使用された本の獨譯本と雜誌『クラルテ』が二册出て來た。獨譯本は題して

   In den Dschungeln der Wäleder und Meschen.
    Herausgegeben von Wolf von Dewall.

と云ひ、フランクフルト・アム・マインの出版、年月はかいてないが一九二四年の末らしい。雜誌『クラルテ』はアンリ・バルビュス中心のクラルテ運動の機關雜誌 Clarté で第三年分の六五號と六九號とである。この『クラルテ』誌にオッセンドウスキーの以前の著 Bêtes, hommes et dieux, traduit par Robert Renard. Paris, 1924. をウソだと酷評した批評が載ってゐるのだ。この前著も最初英語でアメリカで出たらしい。スバラシク當って、英語版數本が出てゐるらしいが、僕は一つも知らないから、『クラルテ』に出てる佛譯本の名を擧げたのである。獨譯本も出た。題して Tiere, Menschen und Götter. Frankfurt a. M., 1924. と云ふ。中央公論社の『世界文藝大辭典』第二卷一八七頁上段では此の著を「神、人間及び獸」と譯してゐるが、英語版はそうなのかしらん。そこで僕は『クラルテ』誌に出た批評を紹介しようと思ふ。

 Clarté (3e année), no.65, 1er (15 Septembre 1924) には Dr George Montandon: Ferdinand Ossendowski, imposteur ou halluciné?と題せる堂々三頁に涉る手嚴しい批評がある。先づ梗概を掲げ、各章毎に英佛兩本の異同をも指摘しゝ道途の里程の不合理なるを證明する。先づ、著者が一人の百姓に案内されてクラスノヤルスクから二十哩ほどを四時間で行くが、道中で種々な買物をしてゐる。それでも平均一時間八キロメートルになるのは都合がよすぎる。次にシベリアの冬の眞最中に馬で四五百ヴェルストを旅行する。六七日かゝるらしい。四百ヴェルストとすると一日六十八キロ半乃至六十一キロとなる。五百とすると日に八十九キロ乃至七十六キロである。職業騎手が普通の良馬で數日間は日に六十キロ、純血種の良馬で特に注意を加えても兩三日でも日に百二十キロ以上は出ないだらう。所がこの旅行者は代馬もなく、又それ程急いだ樣でもなく、却て道中は困難だったらしい。然も佛譯本では四

五百ヴェルストが五六百ヴェルストとなつてゐる。六百とすると、七日なら日に九十一キロ、六日なら百七キロとなる。こんなインチキは著者、紹介者、飜譯者、出版者の中の誰のせいだらうか。それ計りでなく、クラスノヤルスクとマナ河の距離も記事からは信用し難く、冬籠りの場所にも疑問がある。こんな調子で摘發して行くのである。第二章の蒙古西藏、第三章の蒙古横斷も主として瑞典人スウェン・ヘディンや英國人サヴェージ・ランダーも大戰以前に嘗てロンドン地理學協會から不合格を宣せられたが、それは何も記載の土地を通過しなかつたと云ふ爲めでなく、途方もない冒險を記録したからであると云ひ、佛敎聖地々方へ這入ると幻想界の經驗で目立つて變になるんじゃないかと云つてゐる。

　Clarté (3e année), no.69, 1er (1er Décembre 1924) では題名も一層激しくなつてゐる。Dr G. Montandon: Ossendowski, le menteur sans bohheur. とあるが、今度はクラルテと署名した序文が付いて、明らかに誌の同人の問題として取扱つてゐる。次にモンダンドンは飜譯者ルナールの抗議の手紙を掲げて之を反駁し、次には一々今度は時日の合しない不合理を擧證して、最後にオッセンドウスキーを次の如く責め付けてゐる。ウソツキでインチキ師なる事。彼のマネージャー、ドル信者リュイス・スタントン・バレンと共謀して金もうけの目的で刺激的な旅行を作り上げた事。意識して數多の事實及び實話を誇張した事。其等を同數に仕上げた事。オッセンドウスキー自身が通過しなかつた幾多の旅程を僞作した事、特に西藏へは決して行つた事はない事。最後に斷定してオッセンドウスキーの書物は三文駄小説なりと云つてゐる。

　この第二の批評文を讀むと、第一の批評文の後でアチコチの新聞や雜誌にオッセンドウスキーの著に關し種々なる批評が出てゐるらしい。オッセンドウスキー側の辯護もあるが、スウェン・ヘディン自身のもあるし、ヴュルテンベルクのルドヴィヒスブルグのヴェンドリング教授のものもあり、此の二人もオッセンドウスキーのが眞でないと攻撃したらしい。それ等の文獻の出所は皆明記してあるが、中々僕には見られぬものである。それ計りでなく、

十一月二十二日にはヌーヴェル・リテレール社でピエール・ブノワ、ジョルジュ・デュアメル、エム・ボンヴァロ、ジャン・ベルニエ、ミシェル・メルレ、アンリ・マシスなんかの文人連の立會の下にモンタンドンとオッセンドウスキーは對質會見をして覺書を出した。その覺書では兩人の面目を保つ樣にした生ぬるいものであるが、西藏入りだけは前者は承認せず、そこで此の第二の批評を發表したものなんだ。

　僕は第一に問題のオッセンドウスキーの著を見てゐないから何も云ふ資格はないが、彼がジュルナール・リテレールに「私の本はロマンで學會に呈出する事は決して許されない――私は亦蒙古や西藏へ行った事がなくても、こんな本は書く事が出來る」と書いたと云ふ事から考へても、彼の書は旅行談でなく、一種の傳奇小説、冒險小説と見たらいゝのじゃないかと思ふ。衞藤さんが譯出した第二著の話でも、例へ多少の事實の種はあったにしても面白過ぎはしないだらうか。例へば近頃我國で直木三十五賞を貰った橘外男氏の作品にしても如何にも事實らしそうな小説なんであるのと同樣であらう。餘り彼れ此れ穿鑿せずに衞藤さんの樣に食後の雜談代りに讀むのが一番いゝのである。

　『アジアに於ける人間と神祕』にはパレンがオッセンドウスキーの傳記を書いてゐる。第一著が突如として大流行したから、中には著者の經歷を聞く人があるので書いたんださうである。この履歷も果して眞實だらうか。地質學者、鑛物學者で石炭と金プラチナの權威者、日露戰爭にも世界戰爭にも資源委員で、革命以後シベリア白系軍の顧問で終りに逃走、ワシントン條約の波蘭顧問、專門學校敎授、隨分數奇な傳奇の持ち主と見える。然しホントだらうか。『世界文藝大辭典』には加藤朝鳥氏が傳してゐるが、何によったか頗る賴りない。現代ポーランドの評論家はおかしい。アフリカを旅行したことありは『クラルテ』にも出てゐるが、シベリアも蒙古も書いてない。著述は『神、人間及び獸』は名高しとあって、また透徹せるレーニン傳を書く、木村毅譯の『背敎者レーニン』があるとある。博學なる木村氏の譯本も讀まない

が、白系の彼の事だから反對的に書いたのだらう。思へば白系だから『クラルテ』が餘計に喧しく攻撃したのかも知れない。パレンの傳記によれば帝制露政府から滿蒙も鑛物觀察に派遣されてゐる樣だから、Academy of Sciences of the U.S.S.R: *The Pacific, Russian scientific investigations.* Leningrad, 1926. をザット見てみたが、彼の名前は見付からなかった。あまりえらくないのであらう。まさか白系だと云ふので刪ったのでもないだらう。結局彼れは多少鑛物學を勉強し、多少滿蒙等を旅行し、多少白系露軍に參加し、流浪してアメリカで好奇的な旅行小説を書いたんだらう。著述は未だ少しあったと思ふ。

不足極まる材料でこんな事を書くのは厚顏しいが、衞藤さんの『韃靼』の中にこんなのが這入ってゐるのは少し體裁の上にどうかと思ふので、知る所を記して博覽なる人々の研究を請ひたいのである。

(『宗教と藝術』第十八卷第二・三號、1938 年 11 月、1-5 頁)

チョーマ先生の話

一

嘗て英國の有名なる東洋學者デニソン・ロスが、ハンガリー人で英國のインド政府に貢獻した學者を三人數へて感謝を表した事がありましたが、一人は軍醫のドゥカ、一人は中央亞細亞の探檢で有名なスタイン卿、いま一人はチョーマであります。チョーマは西藏の語學文學の研究者でありますから、英國又は印度に一寸關係がない樣に見えますが、チョーマの西藏學研究が英國の印度から西藏への侵出に學術的に輔助をした事になるのでありますから、中々重大な助力であります。當時西藏の事は殆んど分ってゐなかったので、ロシアの南下に備へる爲め印度の隣りの西藏の實情を知る必要に迫られて居りましたが、何分入藏が難しい上に、言語風俗等が大變異ってゐるので調査が容易でありません。その言語を研究して文典と字書を立派に作り上げ

てくれたのであります。チョーマは單に印度政府の輔助を受けた恩返しに學術的な贈物をしたのですが、それが西藏を知る鍵でありましたから、この鍵で戸を開けに早くかゝれたのであります。然し、一體歐州に於ける西藏研究は東洋への傳道を志してゐた基督教の宣教師達によって開始されてゐたのでありますが、その研究の根柢となる西藏の語學文學の學術的な基礎を始めて置いたのが此のハンガリー人アレキサンデル・チョーマなのであります。それでありますから西藏の學問はチョーマによって始められたものと一般に云はれるのであります。チョーマによって始められた西藏學は歐州・印度・露西亞などで盛んに振興されて行って、延いては蒙古・滿州などの學術研究に迄擴がりました。御承知の通り、西藏は完全なる佛教國でありまして、殊に印度から翻譯したその佛教經典はよく完備してゐて、却て印度では散佚してしまった經文なども保存されてゐると云ふ様な事から、世界の佛教學者は今でも尚ほチョーマの御蔭を被って居ります。誠に西藏學と云ふとチョーマの學問と云ってもさして不當でないのであります。ハンガリーの東洋學者で世界中に有名なる人も少なくはないのでありますが、チョーマはその最も偉大なる人であります。然もチョーマの不撓不屈の精神と高明潔白なる人格とは今日に於ても我々の修養に資すべきものがあります。これが私のチョーマを紹介しやうとする所以なのであります。

二

　チョーマの事蹟はいろいろなものに載って居りますが、最も詳しいのは同國人のドゥカの英文の傳記、*Life and Works of Alexander Csoma de Kőrös. A Biography compiled chiefly from hitherto unpublished works and essays, as well as of his still extant manuscripts.*　By Theodore Duka, M.D. London, 1885. (Trübner's Oriental Series) であります。尤もドゥカの *Kőrösi Csoma dolgozatai* と題するハンガリー文の著もある様でありますが、私は見たことがないので何とも云へません。そこで私はドゥカの英文別傳によって大略を

申し述べるのであります。

　チョーマの姓名はハンガリー語ではKőrösi Csoma Sándorと云ふので、ケレシュ氏チョーマ姓でシャーンドルが名であります。シャーンドルはアレキサンダーに當りますから、歐州風にしてAlexander Csoma de Kőrösとしたり、又Alexander Kőrösとしたりします。後の場合にはチョーマを略するのがいゝので、後の人が時にはAlexander Csoma Kőrösiとしてゐるのは誤りださうであります。

　彼はエルデイ（トランシルヴァニア Transylvania）州ハーロムセーク（Háromszék）郡ケレシュ村で、一七八四年四月四日に生れました。先祖はトルコ人のトランシルヴァニア侵入を防禦したセーケィ（Székely）郷士の一族で、名譽ある家でありますが、當時は家道が衰へ貧乏でありました。幼年時代の事はよく分りませんが、已に好學の熱意のある勤勉な子供であり、身體は壯健で鍛錬して苦難にも堪え得る樣になつてゐましたから、後年の基礎は十分見られました。然し家族の事なんかはどうなつたのか詳かでありません。最初の教育は村の學校で受けたが、一七九九年頃にはナジ・エニェド（Nagy Enyed）のプロテスタントの學院に入學しました。こゝの教授の一人サムエル・ヘゲズス先生が此の少年を非常に可愛がつて世話してくれたので、成人の後も親交がありました。チョーマは貧家の子弟であつたから、苦學をして勉強し、個人教授で得たる金錢なども浪費せず貯蓄するので、却て時には學校などでは一番の金持ちなどと思はれた事もありました。學業は普通であつたので、云はゞ勉強家型なのでした。一八〇七年には普通部を卒業して高等部へ這入りました。アダム・ヘレペイ教授の講義に列してゐる間に、段々と歴史に興味を持つ樣になり、遂にチョーマは同學の二學生とハンガリーの故國の亞細亞へ研究旅行をして古代史を明らかにしようと誓ひをしたと云ふことであります。

　此の時分に丁度支那史の匈奴が西に追はれて所謂フン族となり、歐州へ移住して來てハンガリーとなつたと云ふ學説が學界に唱道されてゐたので、こ

れがハンガリー國史界で問題となったから、これ等の若い學徒達は之を闡明しようとしたのでせう。これがチョーマの一生の目的となったのです。所で大體このナジ・エニェドの町は十八世紀初頭の内亂で大變に荒廢してゐたのが、英國の救濟資金の御蔭で回復して行ったのですが、學院の理事連はこの資金を利用して一八一六年に外國留學生を出す事になった。その際にチョーマも擇ばれて選に入ったので、彼は早速ゲッチンゲン大學に遊び、アラビア學者アイヒホルン教授に就きました。こゝでアラビア文獻を通じて祖國の故郷中央亞細亞の事を學び知ってから、そこで先づコンスタンチノープルでアラビア文獻を詳細に研究してから祖國の故郷へ旅行しようと決心しました。このゲッチンゲン留學中に英語を學び初めました。英國の資金を貰ってゐるのでもあり、又東洋へ旅行する準備の爲めもあったのでせうか。一八一八年の末には獨逸からナジ・エニェドへ歸って來ましたが、ヘゲヅス先生は彼に二つのいゝ口がある、一は貴族の家庭教師、一はシゲトの學校の教授だと云ふのですが、チョーマは匈牙利古史研究の決意を抱いてゐますから兩方共に斷りました。

　翌年二月七日にチョーマはヘゲヅス先生に自分の決心を打明けて先づクロアチアへ行ってスラヴ語を研究すると云ひました。ヘゲヅス先生はそんな中央亞細亞迄行くと云ふ樣な無謀な計畫はいかん、それより祖國に教育に從事せよと口を極めて勸めますが、チョーマは斷じて初志を曲げませんので、今度は何くれと又世話をしました。このクロアチア行きに對してケンデレッシ・ミハエルが資金を出してくれました。後年彼は此の恩に報いる爲め自分の爲めに作られた資金を却ってナジ・エニェドにケンデレッシ・チョーマ奬學資金として寄附したのでありました。そこで愈々出發の前日は日曜日でしたが、ヘゲヅス先生に別れの挨拶に來ました。チョーマの目からは多年の希望實現の喜悦の光が流れて居ります。快談數時間、トカイの古酒で別杯を擧げたのであります。所が翌月曜日にも散歩にでも行く樣な身裝をして再び訪ねて來まして、腰も掛けずに「も一度會ひたかっただけなんだ」と云ひまし

た。流石に永遠の別れとも思ふ旅立ちですから、この親切な先生でもあり友達でもある人に名殘を惜しんだのでせう。二人はナジ・セーベンに向ふセントキラーリ路を通って野原の中で分れました。ヘゲズスは長い間見送ってゐる内に、チョーマはマロス河の岸に近づいたが、フと思ひ出したヴェルギリウスの句 Mentem mortalia tangunt[20] の感情が吾が憂心を浪立たせたのでありました。これが兩人の生別であり、死別でもありました。

三

　こんな風で出發して先づクロアチアでスラヴ語を研究しました。これはハンガリー民族移動の跡を尋ねてその證據を得る爲めであります。小一年程研究の後ワラキア今のルーマニアへ行きました。これはブカレストでトルコ語を修めてコンスタンチノープルへ行く準備の爲めでありましたが、ブカレストでは好いつてがなかったので、直ぐ、コンスタンチノープルへも行く事が出來なかった。そこで一八二〇年の正月元日にブカレストを立って、三日にダニューブ河を越え、ブルガリアの綿商人と一緒に旅行してブルガリアの首府ソフィアに至り、また別のブルガリア人と共にトラキアのフィリッポポリスに來ました。そこからアドリアノープルを通ってコンスタンチノープルに行くつもりでしたが、惡疫流行の際だったので、エノス港に出て、希臘船で二月の末に埃及のアレキサンドリア港に着きました。
　アレキサンドリアかカイロでアラビア語を再修したかったのですが、惡疫はこゝ迄流行して來たので、シリアの船で逃げ出し、キプロス島からベイルートに渡り、また別の船でトリポリを經てラタキアに上陸し、今度は歩いて四月十三日にシリアのアレッポへ到着しました。そこを五月十九日に出て、今度は質素な東洋風の身装で隊商の中へ這入って歩いてモスルに行き、水路を取って七月二十二日にはバグダッドに參りました。そこで英國駐箚官のリッチ氏に拉丁語で手紙を書いて自分の目的を告げ保護を依頼しました。

20　［編者注］「人の世の苦しみが心を打つ」の意。『アエネーイス』に見える有名な詩句。

リッチ氏は當時クルジスタン出張中でしたが、祕書官のベリノ氏は之を憐んで衣類を與へましたし、又その友人のハンガリー人スウォボダ氏は宿もしてくれたし、又金錢も輔助してくれました。そこで九月四日にバグダッドを立ち、歐州服で馬に乘って隊商と共にケルマンシャー、ハマダンを通って十月十四日ペルシャの首府テヘラン迄來ました。

　テヘランへ着いたが歐州人が居ない。然し英國の駐箚署の傭ひの波斯人が親切にしてくれ、宿もしてくれたのです。所で其内にタブリーズ出張中のヘンリー・ウィロック氏等が歸って來たので、英語で手紙を書いて自分の目的・情態を說明して輔助を乞ひました。ウィロック氏兄弟が歡待してくれたので、チョーマは四ヶ月餘りも滯在して、ペルシャ語を修得し、英語も上達し、必要な文獻も讀むし、パルチア時代の古銀貨を調査したりしました。一八二一年三月一日テヘランを立って待望の中央亞細亞へ向ふのですが、凡ての身分證明の文書類や携帶の書籍類は皆殘し、ハンガリー語の遺言書も書き、たゞウィロックのくれた小型のジョンソンの波斯字典のみを持って、洋服を脫ぎペルシャ裝をして、アルメニア人として出發しました。四月十八日にはホラサンのメシェドに着いたが、近隣地方に騷動があったので、十月二十日になってヤット出發し、十一月十八日になってボハラへ到着しました。然るに驚いた事にはロシアの大軍來るとの報が頻々と來るのでジットして居れず、たった五日の滯在で越年しようと思ったボハラを立退き、隊商に連れられてバルフ、クルムバーミアンを經て一八二二年正月六日カブールへ來ました。カブールはチョーマに何の用もなく、又アルメニア人の云ふ所によると二人の歐州人がカブールとペシャワールの間にマホメット・アジム汗と共に居ると云ふので、好機をつかんで一月十九日カブールを立ってペシャワールへ向ひました。二十六日ダカで佛人に會ひまして、一緒にラホールへ行きました。

四

　折角中央亞細亞のボハラ迄行ったが以上の始末で、印度へ南下したのですから、今度はカシュミールから山越えに西藏へ出ようと考えたのですが、時季が惡いので一たんラホールへ來たのであります。ラホールへは三月十一日に着きましたが、二十三日にはこゝを立って、四月十七日にカシュミールに着いて好季と同行者を待って居ります。五月九日、四人の同行者と共に出發して、六月九日、ラダックの首府レーに來ました。ラダックは印度の西藏國で西部西藏とも小西藏とも云はれ、大西藏や中亞への交通のある所であります。所でこゝから新疆省のヤルカンドへ行く道は大變ヒドイ道で費用も要し、それに基督教徒には危險である事が分ったので、チョーマは又ラホールへ歸らうとしました。その歸り路でカシュミール州の境近くのヒムバブスで七月十六日ムーアクロフト氏に出會ったのでありました。チョーマは氏に彼の目的境遇を語って、同行を許されたのでありました。そこで氏を同行してレーへ戻ったのが八月二十六日です。九月にトレベック氏がピチから來た後でムーアクロフト氏は當時の西藏語學の大著ジョルジ師の「西藏文字」と云ふ本を與へて讀ましたのであります。チョーマは之を讀んで西藏や西藏文字の事を知り、殊に西藏語の異った語風に興味を持ったので、九月の末ムーアクロフトがカシュミールへ歸る時に賴んでトレベックと共に留まる事となり、トレベックは彼に西藏語とペルシャ語に通じた人を紹介してくれたので、そこでかなりよく西藏語を知る樣になりました。其冬はトレベックと共にカシュミールに歸って越年しましたが、其間に習得した西藏語を再考して愈々西藏語に沈潛して大藏經を通讀したいと發願しました。

　そこでこの事をムーアクロフトに申出て輔助を依賴したのですが、ムーアクロフトは彼の學術に熱心であり淸廉なる人格と不撓不屈の精神をよく諒解してゐましたから、この志願を後援完成せしめる事となり、あらゆる便宜を計ってくれました。當時英國としても印度とその四隣との關係を密接にする

學者を語る　　　　　　　　　　　　　　　　　　　　　　　　　　　111

必要を感じて居り、殊に未だ歐州には知られない西藏語の研究を後援して完成せしめる事は學術上は固より治政上にも極めて必要なる事でありますから、このチョーマの如き不撓不屈なる學者の申出を後援する事となるのです。チョーマはそこで一八二三年六月一日レーに歸りましてムーアクロフトの紹介狀等をラダック宰相に呈出しました。宰相はヤンラのラマへの紹介狀、旅行免狀などをくれましたので、チョーマはレーを出て、西南ザンカル地方へ向ひ、九日目にヤンラに着しました。

　このヤンラの寺で六月二十日から翌年の十月二十二日迄專心にサンジェ・プンツォグと云ふ在家學僧を師として西藏語西藏經を勉強致しました。こんな寒い所で四疊半程の所で火もなく燈もなく羊皮にくるまって冬を越し終日書物を勉強したと云ふから大變なものです。此冬はクル州のスルタンボルで共に冬越しをして藏英字典を作らうと約束して山を下り、スルタンボルから十一月二十六日サバトゥに來ましたが、約束のラマ僧は出て來ませんでした。チョーマはムーアクロフトが前に官憲に紹介して置いて吳れたから、これから先の研究の輔助もしてくれるだらうと思って早速到着を通じましたが、サバトゥのケネディ氏は快く奔走してくれますが、上屬官憲からは身分證明の爲め委細の事情を上申せよとか、面倒な事を云って、一寸スパイ嫌疑の有樣でした。彼の上申書には彼がムーアクロフトの御蔭で西藏語を研究する事が出來、この研究によって西藏を知らざる歐州學界に開拓の寄與をする外に他意なき事を述べ、政府の輔助が無ければ、又知己のムーアクロフトに賴らうと切言して居ります。英國官憲としては當時ロシア南下の策動頻々たる際ですから妙な男が出て來て妙な事を云ひ出したのですから、已むを得ない事情もあったんでせうが、高潔狷介なるチョーマはこの取扱には一生不滿を感じたのであります。然し、ムーアクロフトの紹介狀などが物を云ったし、英國官憲の西藏に對する關心が終にチョーマの研究を輔助する事となりました。

五

　一八二五年六月六日にサバトゥを立って、ベサル地方からザンカルに向ひました。カナムには西藏々經の甘珠爾丹珠爾があると聞いて寄って見たが、師とする人が無いので、ピチ、ラウルを通ってザンカルに入り、八月十二日に前のラマの村テーサに着きました。こゝはプクダルの寺の側であります。ラマは旅行中で不在でしたが、その歸るを待って十一月十日から仕事に掛りました。チョーマは今度は英國政府の輔助を得てゐるんですから、清廉なる彼としては之に報いる爲めに文典と字書とを完成して政府に提出したいと努力をしたのですが、自分が思った樣に進行しません。師であり助手であるラマはチョーマの樣に熱心でありませんから、不屈の彼もどうしようもなく、遂に一八二七年正月にはプクダルからサバトゥに歸って來ました。几帳面な彼はプクダルで空しく月日や金錢を費やした事を苦にして是非政府の恩惠には報いたいから、請來した文獻資料を賴りに隱れて仕事をしたい、此上の輔助を政府には請はないなどとケネディに通じます。せめて文典と字書丈は完成して、政府に呈上したい決心をして居ります。或は又、カルカッタへ行って仕事をしたい、それが許されなければ、先に立寄ったカナムへ行って藏經を參考出來たらいゝが、政府の許可があるなら何とか費用が出ないだらうかと、再びケネディに通じます。高潔なる彼は、非常に煩悶をしたのでありました。所が、もう此時にはカルカッタの亞細亞學會の學者達もチョーマの學識を充分認めてゐましたし、當時歐州で名高い東洋學者アベル・レミュザだのクラプロートだのも西藏語を研究して居りますが、皆資料が不足で困難して居り、印度英人學者の奮起を望んでゐました際ですから、チョーマを知る人々が奔走して、政府が輔助してチョーマのカナム研究を依賴する事となりました。九月十日の官報には出て居ります。

　そこで、三度チョーマは西藏へ入る事となりましたが、チョーマは前の失敗があるに關らず、政府が持って呉れる、好意に對し非常な責任を感じたの

であります。早速と云って正確な月日は分りませんが出發しました。多分、シムラからコトガルに出てカナムの寺へ着きましたらう。丁度一八二九年正月二十一日サバトゥ發のジェラードの手紙にはチョーマにカナムで會った事が詳しく出て居りますから、それで見ると二七年の末には來てゐたのでせう。例のラマが矢張り來て居りました。然し、責任を重んずる孤高狷介のチョーマは大變な生活をして居ります。

ジェラードは種痘普及でクナワル地方を巡回してゐたのですが、チョーマの生活には驚きました。狭い部屋に書物を積み重ね、その中で健康で勉強してゐたのはいゝが、冬四ヶ月などは毛布に頭からくるまって火もなく休養もなく、朝から晩まで讀書し續け、酷寒の時は頁を繰るのに手を出すのが苦痛だったと云ふ。然も、食事はバタと鹽とを入れた茶だけで濟まし、秋に葡萄などが採れる時も一片も口にせず極めて切りつめた生活です。病氣の時に一度葡萄酒をなめましたが、若し人に勉強せずに酒を飲んでると云はれるといけないからとて以後は絕對に口にしない。勉強も西藏語だけで新聞を貸しても、勉強しないでスパイをしてると云はれるといけないと云ふ。文典と字書、それから西藏の學問に專心して決して他事に心を動かさない。文典、字書等を完成し、政府學界に呈出し得たならば、死んでも幸福だと云ふ學者の喜びに向って精進してゐました。誠に古代の聖者の生活でありました。

このカナムに於けるチョーマの居た所を後年あの有名な探險家スウェン・ヘディン博士は探檢旅行の道すがら訪ねました。まだ覺えてゐた老人が居り、ガンデルベクの高風は傳へられて居りました。チョーマは旅行免狀にはエスカンデル・チョーマとなって居り、ガンデルはエスカンデル卽ちアレクサンデルの訛りです。ガンデルさんと呼ばれて居ったのでせう。まだガンデルさんの勉強室も遺って居り、使用した家具もあったさうです。ヘディン博士のトランスヒマラヤ旅行記第三卷にスケッチが出て居ります。英國はこの遺跡を保存する義務があると信じます。ほっとくのはいけません。もうこゝへは他の學者から疑問の質問も來る様に段々になってゐましたから、又ジェ

ラードの様に會って感服し切ってゐる人も出來てゐますから、モット彼を優遇しようとの運動も起りましたが、たゞ學術完成を喜びとする彼は獨立孤高必要以上の輔助を辭退しました。殊に個人的の給與は斷ります。ジェラードが別れに際し外套と米と砂糖を贈ったが、不要として受けない位であります。然し、己れの研究に必要な參考書類はこの限りではありませんでした。又自己の研究に益のない事は何もしません。然し流石にジェラードが立つ際に寒暖計を渡してカナムの溫度表を作る事を依賴したのは、友情の爲めに引受けたと見えて二年間續けました。後にカンニンガム將軍の著書に發表されました。

　かくてカナムに在る事全三年文典字書の原稿も出來たので、それと及び其他の蒐集した文獻資料を携えて一八三〇年の末山を出てサバツゥ迄戻って來ました。印度政府は旅費を給したので原稿書籍を持って一八三一年あこがれのカルカッタへ來ました。亞細亞學會はチョーマに輔助金をば與へようとしますが、仕事なしで貰ふのはいやで斷ります。そこで今度はホジソンがネパールから將來した西藏書物の書目提要の編纂を命ずる事として與へました。ウィルソン初め亞細亞學會の學者達はチョーマの文典と字書との出版を奔走しましたが、何分初めて活字を作らねばならぬ大事業ですから、問題になりまして、ウィルソンは丁度オックスフォード大學教授に轉任する際ですから、携え歸って英國で印刷しようかと云ふ樣なことも起りました。ウィルソンの後を次いだ學會幹事是亦有名なるジュームス・プリンセプはこの出版は自己の義務責任だと骨折ってとうとう政府の費用でカルカッタで印刷し、萬事チョーマが監督する事となりました。又一方チョーマは一八三四年一月卅日の亞細亞學會評議員會で滿場一致名譽會員に推薦されたのであります。彼は夙に學術に貢獻して不朽の功績を殘したいと念願してゐましたが、かく一世の碩學連から名譽會員に推薦されるに至りました。歐亞の諸學會もその例に倣はうとしましたが、狷介の隱聖は凡て辭退して受けませんでした。

六

　一八三四年に字書が先づ出て、數ヶ月後に文法が出ました。これが現今の西藏語學の基礎であります。尚ほこのカルカッタ滯在中も隱者同樣で、世間と餘り交際せず亞細亞學會の室で研究を續け、幾多の論文を學會の誌上に發表して、學界に知られざる西藏資料の紹介をしたのでありました。一八三五年十一月三十日にはプリンセプに手紙を書いて、印度諸語研究の爲め印度旅行の許可證を貰ってほしいと申出で、プリンセプの世話で十二月十四日付の免狀を入手し、カルカッタを舟で出發し、翌年一月二十日にはマルダに着きました。三月にはジュルピゴリに行って、プリンセプに專ら諸方言の研究をしてゐるから委細は歸ったら話すが、手紙は餘り書かないが惡しからずなどと書いてゐます。ジュルピゴリで三ヶ月程ベンガル語を研究したが、面白くなかったか、其後チタリアに一八三七年十一月頃までゐて梵語、マーラッタ語、ベンガル語を勉強してゐたらしい。ホジソンが山を越えてカトマンドゥへ來いと云ひましたが、ネパールから西藏へははいれないので止めました。二年程ベンガル東部に居って、十一月にはカルカッタへ歸って來ました。一八三八年にペムバートンがブータン行きに一緒に來ないかと云ひましたが、これもブータンから西藏へ這入れぬので斷りました。それから一八四二年迄はカルカッタで亞細亞學會の西藏書籍を整理したり論文を發表したり、基督教書籍の西藏譯をしたりして暮しました。矢張り、交際を嫌って勉強計りして、散歩も家の中を一寸する位でした。

　一八四二年と云ふと、チョーマは滿五十八、足掛け五十九歳でありますが、學術に對する熱心さは益々旺盛であります。もう十年は東洋で研究を續けて、それから故郷ハンガリーへ歸らうと計劃しました。西藏研究の開山と云ふ大變な功績を立てゝ居りますが、彼の素志である匈牙利の古代史、中世の歴史に對し、何もしてゐないのが心に慊らなかったのでありませう。西藏の史書を讀んで、種々トルコ・蒙古・支那などの事を知りましたが、西藏文

化の源泉たる印度文化を調査しても、蒙古・支那への關係がないと認めたのでせう。進んで、西藏の本土ラサへ這入って充分西藏で研究し、更に中亞へ這入らうと考へました。二月九日亞細亞學會へは此意を通じて飄然と出發しました。眞に飄然たる出發で、いつ何處を通ったか分りません。ガンジス河を遡ってテライを通ったらしい。ダージリンへは三月二十四日に着して居ります。それはダージリン英國駐箚署長のキャンベルの手紙で分ります。こゝからシッキムを經てラサへ行かうとしてゐたのです。所が何しろ當時テライ地方は非常な危險地だったものですから、チョーマは熱病にかゝってゐたのでありました。キャンベルは彼をシッキム王に紹介して凡ゆる便宜を計らうとしたので、チョーマも大變喜んで、ラサに這入れたら、歐州學者達はどんなに喜ぶだらうと勇んでシッキムからの返事を待ってゐる間に、四月六日には發熱し出して終いました。頑固ですから大丈夫と中々藥を飲まうとしません。翌日少し好いので、自分の研究を話し、學界に如何に寄與したかを話しつゞけました。さうして自分の終生の目的たるハンガリーは小民族ではなく、アラビア・トルコ・ペルシャ文獻に云ふウグル、ユーグルで、中亞の大民族であるといふ研究の事を希望を以て話したりしました。チョーマは寡默で、謙虚で、自分の研究を誇らない人ですが、どうも、此日は少しおかしい。少し死を豫感してゐたかも知れません。少し好いが、キャンベルは服藥を勸めましたが、相變らず頑固です。九日には醫者のグリフィスと共に訪ねると惡い。無理に藥を飲まします。十日は少し好いが、矢張り話し難い。夜に入って昏睡情態となり、十一日午前五時苦痛らしくもなく息を引とりました。清廉潔白なもので、遺品の中には政府からの輔助金五千ルピーもありますが、死んだら亞細亞學會へ寄附せよとあります。ダージリンで葬られて、亞細亞學會の記念碑が立てられました。近年 Csoma Archivum と題した東洋學雜誌が出ましたが、彼を記念したものでせうが、私は見て居りません。

七

　チョーマの樣な人は固より天才であります。然し、天才でもあの不撓不屈の努力によって眞價値を發揮したのであります。中年以後になって、困苦缺乏に堪えて語法の全然知られない西藏語に通じ、あの厖大なる西藏大藏經を讀破したなんかは、普通の天才型ではありません。眞に努力の結晶であります。百年たった今だに、西藏學はチョーマの跡を其通り進んでゐるのです。さうしてハンガリーの東洋古史の研究も、矢張り其跡を進んで開拓されて行きました。チョーマの成績として傳はってゐるものは、西藏の學問だけでありまして、彼の素志とは違って居りますが、誠に學界での功績は偉大なものであります。

　當時の西藏學がまだ進んでゐなかった例として面白い話があります。ロシアのピーター大帝の時に、ロシアの探檢隊がロシア東部からシベリアへかけて調査に續々出ましたが、其時にアブラキットの廢寺で西藏の經文を一葉拾ひましたので、之をピーター大帝に獻上しました。所が珍しい文字で讀めるものがありません。學者達がやいやいと研究して西藏の文字だとは分って來ても固より意味なんかサッパリ見當が着きません。そこでピーター大帝は侍從を派遣して、獨逸や佛蘭西の學者達に見せて廻ったものです。結局、この一枚の經文が歐州の西藏研究を惹き起した樣なものになりますが、中には、當時西藏へ行った基督宣教師が作った極めて語數の少ない、不完全な語彙を引張り出して拉丁語に直譯をした人も出ました。然し、その譯文は馬がどうしたとか云ふ樣な變なもので、何の事か見當も着くものではありません。それを又討論したりしてゐたものです。チョーマが初めて西藏學に接して讀まされたゲオルギウスの「西藏文字」と云ふ大きな本にも之を詳細に批判してゐますが、博引旁證大變なものであります。然し、何の事か分ってはゐませんのです。所がチョーマはこれは西藏大藏經の何部の何册目の第何頁で、譯はかうだと三、四頁の短い論文で片付けて了ってゐます。分って見れば何

でもないのでありますが、當時の歐州學界は、まだそんな狀態であったのです。それを彼の目的から云へば、寄り道でありましたが、彼の作った文法と字書とで一躍して西藏の書物を精確に讀める様になったのです。然も、それ等の本は百何十年後の今でも參考され得る權威を持ってるんだから驚いたものです。それ計りではありません、彼によって西藏佛教の内容が紹介されたので、佛教研究も急速に進歩したのであります。彼の素志たる東洋史に就いては、何等の寄與をし得ませなんだが、中にはチョーマは初めから見當違ひに氣が着かないと酷評した人も有ります。然し學問が發達しない間はそんなもので、道なき道を切り拓いて行くので見當違ひの苦勞を學者はするものであります。チョーマがボハラへ着いて無事に研究出來たら東洋古代史に大寄與をしたでせう。運命は彼を印度へ戻らせて西藏文獻を見せました。さうして彼なればこそ、かくも速やかにかくも立派に西藏學を建設し了へたのであります。彼に失して此に得たのですが、學界としては、世界的に感謝してゐるのであります。其後の東洋史學の發達を見ては、チョーマもさぞ滿足してゐるでせう。

　チョーマの不撓不屈の精神は稀に見るものであります。目的を立てたら、何處迄も邁進して已みません。六十近くになっても素志貫徹の爲めにラサへ入藏せんとした氣魄、西藏學建立で、世界の尊敬を身に集めても、更に入藏せんとした精神は驚嘆の外ありません。然し、かう云ふ精神力の人に有り勝ちな傲慢さは少しもありません。自分の學力を誇ったり、自分の成績を宣傳したりはしません。死ぬ二、三日前に自分の成績や期待を珍しくも長々と語ってゐるのは、恐らく彼でなく、神の業でしたらう。彼は常に謙虛で、自分が學界に役立つ事計りを喜んでゐたのであります。尤も、學問に對しては自尊心はあって、堅く自分の研究が學問に役立つ事を信じてゐました。それなればこそ、百難を犯しても精確にして審密なる研究を遺したのであります。たゞ學術にのみ精進して、決して報酬や名譽を望みません。世界の學者が擧って名譽や地位を贈らうとしても、恬として顧みず、たゞ研究に對して必要なる

丈しか受けませんでした。印度政府が與へんとした輔助も、必要だけしか受取らず、その輔助に對する十分以上の成績で、恩を返して居ります。その義務心、責任感は世に其類のない潔癖に近い清廉さを示して居ります。眞に尊敬すべき學者らしい學者でありました。それですから、英國の恩を受けたから、研究發表は皆英文で出したのでありました。さうして英國は西藏制霸の根柢を築き上げたのであります。

八

彼の大著字書と文法は次の如く表題を書いてあって、彼の人格もよく現れてゐます。

Essay towards a Dictionary, Tibetan and English. Prepared with the assistance of Bandé Sangs-Rgyas Phun-Tshogs, a learned láma of Zangskár, by Alexander Csoma de Kőrös, Siculo-Hungarian of Transylvania, during a residence at Kanam, in the Himaláya Mountains, on the confines of India and Tibet. 1827-1830. Calcutta: Printed at the Baptist Mission Press, Circular Road, 1834.

A Grammar of the Tibetan Language, in English. Prepared under the Patronage of the Government and the Auspices of the Asiatic Dociety of Bengal, by Alexander Csoma de Kőrös, Siculo-Hungarian of Transylvania. Calcutta, 1834.

今でも參考になりますから、文法は北京の文殿閣書莊から民國貳拾八年に影印して出版されました。論文は大抵ベンガル亞細亞學會の雜誌に出ました。有名なる西藏々經解題は三部に分れて居り、次の通りであります。皆 *Asiatic Researches*, XX に出てゐます。

Analysis of the Dulva, a portion of the Tibetan Work entitled the Kah-Gyur. Analysis of the Sher-Chin—P'hal-Ch'en—Dkon-Séks—Do-De—Nyáng-Dás—and Gyut; being the 2nd, 3rd, 4th, 5th, 6th, and 7th Divisions of the Tibetan

Work, entitled the Kah-Gyur.

Abstract of the Contents of the Bstan-Hgyur.

これが佛敎學者連に非常なる寄與であったので、佛蘭西のレオン・フェエルは之を譯補整理して便利なる索引を加へて Annales du Musée Guimet, Tome Deuxième. Paris, 1881 にて出版したのであります。題は次の通り。

Analyse du Kkandjour et du Tandjour. Recueil des Livres sacrés du Tibet, par Alexandre Csoma de Kőrös, Hongrois-Siclien, de Transylvania, traduite de l'anglais et augmentée de diverses additions et remarques par M. Léon Feer.

其他の一々の論文の名は差控えて置きます。ドゥカの別傳の附錄には、十七種簡約して出て居って大體は分ります。ドゥカのハンガリー文本は恐らく一八八四年生誕百年記念祭の時に出したハンガリー・アカデミーの記念出版で、多分チョーマの論文もハンガリー譯で附錄されてゐるでせう。又一九一二年の生誕百二十五年記念としてベンガル亞細亞學會で彼の論文集を再刊しました。十四種收まってゐます。

Tibetan Studies: Being a Reprint of the Articles contributed to the Journal of the Asiatic Society of Bengal by Alexander Csoma de Kőrös. Edited by E. Denison Ross. (Journal & Proceedings of the Asiatic Society of Bengal. Vol.VII, Extra No. 1911. Alexander Csoma de Kőrös Memorial Volume. Calcutta, 1912.)

其後ドゥカ別傳に紹介されてゐた飜譯名義大集の遺稿が整理されて出版されました。

Sanskrit-Tibetan-English Vocabulary: Being an edition and translation of the Mahāvyutpatti by Alexander Csoma de Kőrös. Edited by E. Denison Ross, Ph.D., F.A.S.B. and Mahāmahopadhyāya Satis Chandraa Vidyabhusana, F.A.S.B. Calcutta, Part I. 1910, Part II. 1916.

二册では完成してゐませんが、後が出來て完成したかどうか、私には分ってゐません。飜譯名義大集は梵語のものは出版されてゐましたが、梵藏合璧の

ものは出てゐなかったのであります。其後我國で梵藏漢和四譯對校のものを榊博士が完成出版されました。

　西藏とハンガリーと云ふと誠に緣遠い樣に聞えるのですが、實に西藏學の開山はこのハンガリー人チョーマであるのです。西藏の研究は今では我國でも隨分盛んなものであります。西藏大藏經も東京・京都・仙臺・高野山などに數部も請來されて居ります。チョーマの如き苦勞をする事もありませんが、あのチョーマの如き不撓不屈の熱心な研究者はまだ入用なのであります。

　右は昨年四月十二日關西日洪協會のハンガリー文化講座で話した原稿に書物の詳題なんかを補足したものであります。尙ほ右の原稿を簡單にしたものは昨年四月の「關西學院新聞」第百七十三號にも出て居ります。

（『日洪文化』第三號、1942 年 3 月、20–43 頁）

にぶき良心で

　我々の若き友人宮武正道君はこの八月に死んでしまった。死亡の電報を貰った時にはほんとうにビックリして茫然としたものである。この春に訪ねてくれた時には元氣に充ちた顏をしてタガログ辭書の編纂について何かと意見を話してゐたし、其後も必勝の信念を以て字書にかゝってゐるとの元氣な通信を寄せてゐたので、病勝な彼ではあるがかく急逝してしまふとは思ひもよらなかった。電報を手にして早速奈良まで行って急逝の事情を聞いても見たし、又せめて死顏でも見て別れを惜しみたいとの情も切であったが、若き彼を奪はれた悲しみの父君や夫人に會ふのもつらく、且は到底われ自身死せる彼に對面し得ない樣な氣もして、とつおひつ起ったり坐ったりして時間を過ごし、結局は死んだ後ならばいさぎよく諦めて靜かに葬式を待たうと實は餘り靜かならざる決心をしたものであった。さうしてなぜにかく若き友人達が我が周圍から次々と奪はれるんだらうかと所謂人道是か非かの歎を發したものである。熱意の島本一男、天生の原榮之助、皆早く此世を去り、今又宮武君を失っては、老いが身にしむわれには一しほ寂しい。

宮武君を知るやうになつたのはいつの事か忘れてしまつた。パラウ語研究の印刷物を貰つてゐるから君の二十歳になるかならん頃かららしい。まだ中學を出たか出ないかの時に既にパラウ語を研究するんだから、彼も亦天才であるのだ。大阪での我々の會合でよく忌憚なき談論に花をさかせた當時を思出さゞるを得ない。我々の會合は今は一年休會中であるが、休會中に彼を失つたわけである。

彼は或時私にかう云つた事がある。學問にはもとより良心がなければならないが、にぶき良心がいいのでないか。餘りするどい良心であると、一生何ものもしでかさないで、却て學問の爲めにならないのではないか。どうせほんたうに完成したやうな成績はさうあるわけではない。だから例へ未完成のものでも良心には少し咎めても何かの點に一歩を進めてゐるならば、完成は後來の增補によることとして、にぶき良心でぐんぐん仕事をして行く。その方が學界の爲めであると思ふ。だから自分は南方諸言語の研究もにぶき良心でやるんだ。彼の潑剌たる言葉を再現する力は私にはないが、こんな風の意味をまくしたてたのであつた。我々に對する諷刺であり皮肉でもあるのだが、私自身はかう云ふ云はゞ大阪式意見を大いに喜ぶものなのであるから、早速に贊意を表したものであつた。そればかりかこの警拔なる文句を其後私は盛んに使つて友人連を惱したものである。

事實彼は其言の通りの仕事を進めて行つた。パラウ語から始まつた南方語の研究はマライ語に、ミナンカバウ語に、ジャワ語に、バタック語に、タガログ語にと進んで行つた。さうしてタガログ辭書は、未完成の稿本の儘で遺されてゐる。にぶき良心の下に進められた研究と自信し自稱してゐたものではあるが、その眞價は大方の注意と批評とを得たいものである。久しくジャワに滯在して文化宣傳に從事し近頃歸朝したる武田麟太郎君が新聞紙上に一番役に立つたマライ語辭書は宮武氏のものだと書いたのを見て、私は我意を得たりと喜ぶと同時にこれを今は君に知らせるよすがもないのを悲しいと思ふ。果然にぶき良心の役目をはたして、我國のお役に立つてゐるのだ。

にぶき良心は良心がにぶってしまってゐるのではない。宮武君自身はにぶき良心で研究すると自ら稱してゐるが、その研究は歳を追うてするどくなって行った。世の中には其語の文章が讀めないに拘らず其語の辭書を對譯辭書からたゞ飜譯して誤譯したまゝ濟ましてゐるものがあると冷笑してゐた。又ある時ジャワ語の入門書を書くようにせがんでみたが、ジャワ語の複雑な敬語法の意味が味解出來ないから書けないと固く辭して聞かなかった。こんな調子だからたゞのにぶき良心ではないのだ。我々は内緒で、宮武君はにぶき良心でやれやれと人を煙に捲くが、だんだんと自分はするどい良心になって行ってゐるぢゃないかと、噂をするのであった。

　大阪の如き學問の便宜の少ない土地では何と云ってもにぶき良心で學問する外はない。然し學問すると自然と愼重になり、果ては何の成績も出難くなり勝である。にぶき良心で闊歩してゐた宮武君を今失ったのは極めて惜しい。我々の同人達は種々なる研究を心掛けてゐるが、にぶき良心でやらなければ何も進まんよと、笑ひ乍ら刺戟し催促する進行係の君がゐなくなったとすると、するどき良心のにぶき成績とならないとも限らない。此際彼の警句にぶき良心でも高唱して置かう。いや此際世間一般へこの警句を紹介して置くのも無益でないであらう。

（龍谷大學教授）

（『文藝春秋』昭和 20 年 1 月號、4-5 頁。）

アメリカの一東洋學者

　アメリカの進駐軍がボツボツその姿を街上に見せるやうになってくると、一枚刷りの米日會話の至極簡單なのが、幾種類となく市上に現れてきた。私も物珍しく一二を買ってみたんだがヒドイものもあって驚いたものである。
　ところが進駐軍の兵隊も小さい日米會話の手引きのやうなものを持ってゐると聞いて、どんなものかそれを一つ見てみたいと思って二三の進駐軍と話す機會のある人に賴んだりしたのであった。なかなか手に入らないで、今ま

でとうとう現物には御目にかゝる機會がなしである。

　見てみたいと思つたのは、そんなアメリカの軍隊日本語手引書が出來てゐるのなら恐らく吾が友エリセーエフ君などの力で出來たんだらうかと想像し、そんならどんな風に出來てるか一寸見てみたかつたからである。元より私は米英語をさう研究してるものでないから、見てみたいといふ希望もただエリセーエフ君が關係してやしないかといふ點だけだつたんだ。是非見たいといふ程の熱心のなかつたのも當然だらう。

　その後になつて『週刊朝日』を讀んでゐるとエリセーエフ君の名が出てゐるのに出くわした。その『週刊朝日』は八月二十六日號であるが、何分にもあの當時はさう出刊早々には見ることが出來なかつたもので、大分に日が經つてからであつた。その記事は「聯合軍進駐軍を前にして國民の心得ておくべき事ども」と題する座談會の筆記で、出席談話者の名は出てゐないが海外の生活經驗の深い人々の座談であつた。「アメリカ海軍の日本研究熱」の條下にこんな風に出てゐる。

　　Ａ　ハーバードだつたね。日本研究所を設けてゐたのは……あそこのエリセーエフといふ所長は、日本にゐた時は自分で落語なんかやつたらしいね。

　　Ｂ　ハーバードには支那と日本を研究する研究所があつて、僕も訪ねて行つたことがある。エリセーエフは東京帝大の國文科を出てから大學院に四年もゐて、Ａさんがいつたやうに手拭を肩にして、その歸りに落語を聽いて歸つてくるといふ位日本語の達者な男で、夏目漱石の弟子だよ。……一方アメリカでは數は百人以下でしたけれども、兎に角日本に關する專門家を養成するといふので、エリセーエフを筆頭にしてやつてゐる。云々。

　これを讀んで果してさうだつたと思ふと同時にエリセーエフ君を偲んだものである。アメリカにも日本語に通じてゐる人は澤山ゐて非常時に國家のために働いてゐることは例の『ブラック・チェムバー』[21]にも出てゐたことを覺

21　〔編者注〕Herbert O. Yardley, *The American black chamber*, 1931 を指す。Black Chamber はかつて存在した國務省に屬する暗號解讀擔當の諜報機關。

えてゐるが、今度も同じやうに總動員で大いにやったものらしい。進駐軍用の米日會話もエリセーエフ君自身が手を下したかどうかは分らないが、その指揮下に出來たに違ひない。アメリカに日本通は多いだらうが、學者としては彼れはトップにゐると思はれる。さうなると進駐軍の手引書もまた見たくなってくる。

　私が大學へ入學した當時は大學内で目を瞠った一つは外國人が和服を着て通學してゐることであった。ハッキリと今では覺えぬが何でも大島づくめの服装で赤の編上げを穿いた異人さんが夏目さんの小説に出てくる山上御殿附近を日本の學友と散歩してゐる風景は私をしてハッキリと愈々私も大學生になったことを意識せしめたし、自分の入學した支那文學科中にもさういふ異色があったら愉快だらうと羨ましがらせた。友達に訊ねるとそれがロシア人のエリセーエフ君だった。古い『東京帝大一覽』を出して見ると、文學科の明治四十一年入學のところに私の名もセルゲイ・エリセーエフも出てゐる。なんだ同年に入學してゐたんだ。彼れは國文學だし私は支那文學だしするから在學中には交際する機會もなく過ぎたのであった。

　その後私は大阪外國語學校へ露語の教師として赴任してきた日本學者たちと相知るに至ったが、彼等とよくエリセーエフ君の噂をしてゐたものである。然し彼れはあのロシア革命の際に同國を逃れ出てフランスに至りパリに住んだのであった。その逃亡記はたしか『赤露の人質日記』と題してあったと思ふが、日本文で日本で出版されてゐた。私はそれを持ってゐる筈だが、一寸讀直してみたいが今はどこへしまひ込んだか分らないのが殘念である。彼はパリに移り住んでから、メイエとコーアン監修の『世界の言語』の中では日本語、朝鮮語、アイヌ語の解説を書いてゐる。當時歐州ではこの方面の學者がほとんどゐなかったから彼の專門語外の語まで書くべく餘儀なくされたのであらう。それだけに西歐では彼も極東方面の學者として認められたことを示してゐる。

　大正十三年に私は内藤湖南先生に隨伴して歐州の漢文書籍を見て廻った

が、パリではペリオ先生が支那の敦煌から將來した有名な蒐集を調査するため二回に渉って暫く滯在した。その時に始めてエリセーエフ君と親しくするやうになった。先生の調査に便宜を與へるべく骨折ってくれて屢々顔を合はすことゝなった。日本語の流暢さは言ふまでもないが、外國人には分り難い洒落をとばすのであるから凄いものである。德川時代の民間文學に通じてゐて、なんでも北洲の研究をしたといふ。落語をやるかどうか聞いてみなかったが、話をしてゐる際の手つきなんかでは、どうやら踊りの一手二手ぐらゐは試みたものらしかった。漱石の弟子かどうかも知らないが、漱石は好きらしく、『世界の言語』の日本語の解說の例文には『三四郎』を引用してゐたし、當時ソルボンヌ大學でも漱石物をテキストに使用して講義をしてゐたやうだ。私等は漢文專門だから自然と漢文の話が出るのだが、彼れは日本流に漢文をも讀んで分るのだから話が極めて樂であった。ロシアの大學では日本學專攻の學生は日本流の漢文讀法を習ふんださうである。まことに外國人にはむつかしからうと思ふが徹底した研究法には敬服する。エリセーエフ君に言はすと、支那の本は漢文に句讀點や返り點がないから中々分り難いが、日本の刊本だとそれが詳しくついてゐるから品詞の理解に便宜がいゝなんかと言ふ。字を書くのも達者なもので、一度夕飯を共にしてから街上を散步したが、その時私だったか湖南先生の令息乾吉君だったか故鄉への通信に繪葉書を差出すので序でに一筆君にも依賴したら、人出の多い街上で立止まるなり萬年筆でサラサラとやってのけたのには湖南先生も驚かれたものである。私が出した葉書なら今でも家にあるかもしれない。細川護立侯かに隨伴してドイツに行くと言ふので私たちの滯在の終らない間に分れたのだった。

　其後支那事變の勃發した時だったか、エリセーエフ君は京都の都ホテルから手紙を寄せて會ひたいと言って來た。私はこの不意の知らせを大に喜んで京都へ行って久し振りに會った。奧さんにも久し振りだった。パリで君から招待されて先生等と君の寓所で御馳走になった時も奧さんにも兒達にもお會ひした事があったんだ。パリでも懷舊談やお子さん達の話の外に、君はハー

バードからの招聘を受けた話などするのであった。君はハーバードのアジア研究所の主任で、今度はハーバードの輔助してゐる支那各地の大學を視察しての歸途に事變に遭遇したので急いで我國へ引上げてきたのである。君はアジア研究を主宰してゐるから、多方面の研究に渉らなければならない困難を述べて、ハーバードから出す學術雜誌に寄稿して助力してくれと言ふ。私は英語が下手だからダメだと言ふと飜譯してあげますよと笑ってゐた。とうとう何も書かなかったが、今思へば何か書いた方がよかったかもしれない。彼れは今度支那からハーバードへ蒙古文大藏經を將來したから、將來者たる彼自身がその解説を書かねばならぬが、何かと教えてほしいと言ふ。彼れは蒙文大藏經に關して私が多少研究をしてゐたのを知ってたらしい。そこで私の二三の研究の論文別刷があったので届けておいた。彼れは歸國後ハーバードのアジア研究雜誌の創刊號を送ってくれたが、それには彼れの「梵網經と東大寺の大佛」と云ふ論文は載ってゐたが、蒙文一切經のことはまだ何も載ってなかった。其後の雜誌は見ないからどうか知らない。蒙文大藏經は今では我國にも將來されてゐるが、一つ若返ってハーバードへ行って私の研究を完成させやうかしらん。

『ハーバード亞細亞研究雜誌』はエリセーエフ、ガードナー、ウェアの三人の編輯となってゐる。このガードナー君だらう、エリセーエフ君の紹介で私は京都で會ったのは。日本語はまだ達者でなかったが、我國の學者の著述を盛んに蒐集に來たのである。今はどうしてゐるのだらう。

私たちは世界の學界から大分長い間孤立せざるを得なかった。そのため諸國の學者の消息も知らないし、諸國の學界の進歩も知らない。平和の時代にはもどったがまだ自由な交通の昔にはもどらない。たまたまアメリカのエリセーエフ君を思ひ出す機を得たが、この一文が縁あってエリセーエフ君の眼にとまり舊交を暖めることゝなれば嬉しいが、どうだらう。若しエリセーエフ君と舊交を暖めて、またアメリカの東洋學界のことども廣く知り得るやうになったら、それこそ孤獨でなくなる。さうなればどんなに愉快な明朗な

ことだらうと思ってゐるのだが遺憾ながらまだその時がこないのである。

(『東西』第一卷第三號、1946 年 6 月、4-7 頁)

遠方の友——殘雪軒夜話

　『歷史學研究』の復刊第一號と云ふのが本屋に出てゐたのを喜んで買ってきた。雜誌はどんどん創刊され復刊されるが、僕に緣のある學問の雜誌などは音沙汰もないので少からず寂しがってゐたのであるから、早速に飛びついたのであった。殊につだざうきち博士の「シナの史といふもの」だの、おかもとさぶろーさんの「ソヴェート・レンポーにおけるアジア研究」などと、僕の讀んでおかねば濟まないやうな論文が出てゐるんだから、どうしても買はざるを得ないわけである。それにおかもとさんの論文ではどうしてゐるだらうかと案じてゐる人々の消息もきっと多少は分るのではないかと思ふから、歸宅の道すがらにも貪り讀んだものである。僕は學問の都會でない大阪に住んで、家を離れ得ない事情もあるから、外人の東洋學者をさう知る機會にも惠まれてゐるのでない、たゞ元の大阪外語の露語教師であったネフスキーと交際するやうになったから、彼を通じてロシアの學者を多少知るに至ったのだ。ところがそれ等の人々のことも長い戰爭時代を經て手紙の取りやりは勿論のこと出來ないし、それ等の人々の消息を知り得べき雜誌類を見られなくなってしまひ、何もかも分らなくなってしまったのであった。これは別に外人ばかりでない、近頃は內地の諸先生のことも諸先諸知友に關しても同樣であったんだから、無理もない話であった。それでも終戰後のあはたゞしい月日がたってくると、そろそろ彼等はどうしてるだらうか、僕等には何も分らなくなってゐる間にあちらの學界ではどんな研究が行はれてゐたらうか、などといろいろ知りたい慾が心中に起って來たが、まだまだ何も分りさうな手づるも見付らない。そこへもってきておかもとさんの報告である。何かの一寸した消息もがなと貪り讀むのも當然であらう。

おかもとさんの文は濟まないが讀みにくかった。新しい文字遣ひで假名が多すぎるために、僕の如き老殘のものには讀むに骨が折れた。それでも新しい材料を使用されての報告だから、多少混雜して理解を碍げる所はあっても、大變に知識を益すを得たのは有りがたい。僕の當面の目的だった消息に役立つものは見付からなかったやうであったのも無理はなかった。大體おかもとさんは一九一八年から一九三六年頃までを記されたらしいから、その後の十年の間の消息を知りたい僕には役立たないわけであった。僕當面の目的に役立つと云ふやうな蟲のいゝことは儲ておいて、學界の實況が分るとありがたいが、學問の意義や役割や計劃の點ばかりに注意して、その實績との照應をわりに書いてないやうな氣がする。ソ聯邦文化の紹介にはさう云ふ風なものをえてして見受けるが、實行成績の方が僕には氣になってしやうがない。例へば、おかもとさんは『元朝祕史』の飜譯をコージンが擔任してゐることは報ぜられたが、『資料公報』第五卷第六號に福井保氏が譯出された「ソ聯邦の歷史學界」で見ると、これは一九四〇年には出版されたらしい。らしいと云ふのは福井氏の譯文がなかなか分りにくいので大に愼重にさう言っとくのである。これなどはおかもとさんが一寸注記しておいてくれたら、研究者にどれだけ便宜を與へるかしれない。も一つ例を擧げるを許されたい。學士院のアジア研究は大たい二つの部門におかれ、一つはソ聯の中の東洋であって、それに屬するなかにウイグルを擧げて「回紇―かいこつ」と注記してゐる。わざわざウイグルの古漢名回紇を附記されたのは親切とも言へるが、このウイグルは今名を擧げたものであるのは前後を見れば直ぐに諒解される。却て古漢名を注すれば誤解を招きはしないだらうか。又ポロフコフの新疆文獻の出版計劃をすゝめた所ではウイグルにまた新疆トルコ語と注してあるが、このウイグルはオルデンブルグ及びペトロフスキー蒐集の資料だから、恐らく古代新疆トルコ語卽ち回紇文語のことだらう。前後の注記を振替えた方が分りいゝと僕には思はれる。これについて思ひ出すことがある。『朝日新聞』で語學叢刊を出す計劃のあった際に、僕と川崎直一君の受持つ語學がないと

いけないと云ふので、僕はウズベク語、川崎君はキルギス語とどちらも中亞のトルコ語に暫定的に決めて計畫を進めてしまった。ところが愈々着手せねばならん時が來たが、よく似た兩語を別々にするのは無駄なことだから、兩者に分たないで一つのウイグル語として川崎君が擔任することゝした。さう決めて社へ申出たら、近代叢書に古代語はいかんといふ反對が出た。古代のウイグル語てふものを知ってゐたには流石に大朝日に人有りと感心もしたが、一九三〇年アルマアタの正字會議で新疆トルコ語をウイグル語と總稱するに決定した新しい事實を知らないのは新聞記者でなく古文獻學者に過ぎんじゃないかと、僕は憤慨して皮肉ったものであった。川崎君の原稿は出來あがってゐるが、今日の場合仲々日光を仰ぐわけにはいかんらしいのは殘念である。

　おかもとさんの文にネフスキーの名が出てこないのは遺憾である。彼が熱心に研究して解明した西夏語については、彼が露都學士院で發表した時にこれを聞いてゐた學士院正會員バルトリド先生が早速席を立ってきて彼に握手して「よくやってくれた」と稱贊したさうだ。ペ・カ・カズロフ探檢の一つの特種成績となってゐる西夏文書の大量がロシアに存するに拘らず研究者を出さなかったんだから、彼の研究を知ったバルトリドはこゝに人を得たことを非常に喜んだものと見える。彼のこの發表は中國語にも譯出されてゐるんだから、名前ぐらゐは出してやりたかった。彼には尚ほ臺灣のツォウ語の研究もあるが、これなどもロシアに於ける南洋語族研究の最初のものではなかったらうか。彼のことも氣になるが、又カズロフの西夏文書は今尚ほ完全に保存されてゐるだらうかが心配である。アジア博物館に保存されてゐたやうに聞いてゐるが、あのドイツ軍のレニングラード包圍攻撃中に損害を受けはしなかったらうか。詳細を知りたいものだ。

　さう云へば、北京に存在した西夏經典もどうなったらう。北京に居た友人連に聞き訊ねて見てもよく分らない。北京は破壞を受けなかったらうから、大丈夫殘存してゐるとは思ふものゝ果してどうだらうか。中國の西夏學者王

靜如君もどうしたらう。中法大學に居たが、其後どこかで突厥文字を研究してゐるとも聞いたと覺える。西夏文字研究から突厥文字の研究へ移つても惡くはないが、西夏經典を利用し得ない事情でも起つてゐるのかしらん、などと西夏經典の保全が氣に掛るのだ。矢繼ぎ早に『西夏研究』の大册を續刊してスタニスラス・ジュリアン賞を得た王君には是非その研究をも續けてみてほしい。

　旅順の羅君美君は西夏文の開拓者として世に知られてゐるが、今日どうしてゐるかしらん。令息の奉高君が京大で敎鞭をとつてゐたので知合つたが、奉高君を通じて君美君の西夏字の額面を懇望したら、君美君は早速「吉祥相」と西夏字で書いて贈つてくれた。僕は大に喜んで吾家を「吉祥精舍」とでも名付けてまた西夏語を研究しようと思つたが、まだ何かと戰後の俗務多忙でそこまでいかない。額もまだ作つてゐない始末である。西夏字の額なんか一寸世間に類もあるまいから、これを室にかけて諸朋友を驚かすのも一驚だらう。バタビヤのウェルトフレーデンに居たザッハ老博士もどうなつたらうか。彼は手紙の封筒に漢字で宛名を書いてよこしたりするほどの中國學者なんだが、西夏文字に興味を持つたかして、ロシアから西夏文のロートグラフを入手してこれを研究しようとしたらしい。それはあえて差支ないが、その一葉を送つて來て「この經文の漢譯を寫眞にとつて送つてくれ」には驚いた。その經文はすぐ金光明王經だつたかと分つたと覺えてゐるが、事變最中の寫眞の不便な際にこんなことを言はれては困る外はなかつた。手寫するのもおつくうだし、ぐづぐづどうしようかなどゝ考へてゐる内に、戰禍はバタビアへも及んだので老先生どうなつたかなと氣になつた。たまに爪哇(ジャワ)からやつて來た軍人に「俘虜の中にこんな人はゐないか」などと聞いても見たが、もとより分る筈もなかつた。終戰後爪哇はゴタゴタしてゐるやうだが、老先生はどうなつてゐるだらうか、まさか靜かに西夏經典の解讀に耽つてゐるわけにもいかんだらう。

　思はず西夏學社の憶ひ出ばかりとなつたが、あのウラジミルツォフ先生亡

き後のロシアの蒙古學の第一人者ポッペは果してどうなったらう。歐州から歸って來た守屋君の語るところによると、ポッペはカウカズ地方へ研究に派遣されてゐたところへ、ドイツ軍の進入にあって捕へられてベルリンに送られてゐたと云ふ。そのベルリンはロシアに占領されることとなったが、ポッペは無事に取返されて歸國したものやら、收容生活中にどうなったものやら。ポッペはよく著書の論文を贈ってくれたが、彼の論著を見るを得なくなってからも大分久しくなる。再び彼の文を讀み得る日が早く來ればいゝ。

ベルリンと云へば學士院會員のガバイン女史はどうなったらう。ガバインさんはドイツのウイグル學者で、續々とドイツのウイグル文の蒐集を整理發表してミューラーやルコック亡き後のドイツのウイグル學界を紹述してその光彩を落さしめなかった閨秀である。僕は女史から論著を贈られて一つには驚き一つには喜んだが、多分天王寺の梵學和尙出口常順先生がこの緣を結ばれたんだらうかと御好意を感謝してゐる。僕も拙き一小考を早速返禮として送らうと考へたのであったが、なんでも時勢が少しく難しくなった時だったので、送ったか送らずになったかも今は記憶もたしかでない。送ったとしても屆いたや否やがあぶない時だった。其後は何もかも途絶してゐるので分りやうがない。たゞ何かで女史の新著で女史の研究の結果とも見るべき『古代トルコ語文典』があり、有名な語學叢書ポルタ・リンアグァルム中にて出版された廣告を見付けて、こいつは是非入手せなければならんと大いに執心であったが、もうその時は中々不便な世になってゐた。ところが僕の緣家の海軍士官の潛水艦乗りが偶々の上陸で訪ねて來たことがあった。何も自分の艦の行動のことなんかは話さないのであるが、どうも話の樣子が遠い所へ行きさうな風に聞えてしようがない。丁度その時分にはわが潛水艦がドイツへ行ったとか行くとか云ふ噂が出てゐたものであるから、僕はこれはドイツへ行くんだなと勝手に判斷して、若し萬一にも君がベルリンへ行くことがあったとしたら、ガバイン先生を訪ねて僕からよろしくと傳へろと、まだその時にはなり得た一杯機嫌で無理矢理に彼の手帳へアドレスを書きつけさしたり

したものであった。それからも時たまには、ほんとにドイツへ行ったんかしら、などと思ひ出したりしてゐたが、ドイツへは行かなかったんだった。彼がどこでどう働いたか詳しくは知らないが、とうとうサイパン沖あたりで艦と運命を共にしたらしいとの事である。彼とは映畫「轟沈」に寫ってゐた肥った軍醫さんである。

　さういへばフランスのペリオ先生もどうしてるだらう。畢生の學力を傾倒して著述しつつあった『元朝祕史』の譯註も完成し得るだらうか。世界學界の期待を受けてゐるこの著は先生自身は勿論にしても、また苟も蒙古學の片端を窺った僕にしてもが、吾が世に於て見たいと願ってゐるものである。戰後のフランスにしてみたところが、並大抵の苦勞ではなからうから、原稿完成したとしても世に出るはいつの事にならうか。世變に遭遇して苦勞した學者の話を漢文の本でも幾つとなく讀んで痛心したのであったが、今は現世でそれを經驗してゐるのだ。ペリオ先生も感慨果して如何と問うてみたい。言ふに足りない僕の如きも無限の感慨が湧く。漢詩でも作れたらと何度思ふかしれない。漢詩なんかと笑はれるだらうが、拙くったってこれは漢詩に限るやうに思はれるんだ。それが漢詩を作れないんだから、お痛はしい限りだ。

　ペリオ先生の弟子のハンガリーのリゲティ君もどうなってるか。蒙古語大藏經の目錄を編纂して大約出來たと聞いてゐたが、果してどうなってるんだらう。蒙古藏經の目錄はまだ世界で出版されたことがない。どこの國で最初に出るんだらうと僕なんか好奇の眼をみはってゐたものだ。ロシアにも出來さうな話を聞かないし、リゲティのもどうなんか分らないしするから、近年になって我國にも兩三部將來されてきたので、僕が一つなんとかと野心を起したこともある。然し年寄りの物臭さではどうも難しからう。世變には會ふ。年は寄ってくる、生活は苦しくなる。いやもうこゝまで來ると、憶ひ出話も面白くない。もうよさう。

　　　　　　　　（『東西』第一卷第五號、1946 年 9 月、15-20 頁）

Erwin von Zach (1872-1942)

　ツァハ博士譯の韓愈詩集（*Han Yu's Poetische Werke*, übersetzt von Erwin von Zach 1872-1942, edited with an introduction by James Robert Hightower. Harvard-Yenching Institute Studies VII, Cambridge, Mass., 1952）が本學に寄贈なった。余はツァハ博士には面識はないが、論著の寄贈を辱くしたり又通信を交換したこともあるので、戰爭頃から先生はどうしているだろうかと兼々氣になっていたから、何かの手掛りもあるかも知れないと早速一閲した。開卷早々譯者名に生沒の年次が錄してあるを見てその旣に故なるを知って悵然とした。

　余は終戰の翌年に請われるままに貴司山治君編輯の文學雜誌『東西』の九月號に「遠方の友」と題する一篇を投じて氣掛りになっていた諸同學先生達を偲んだのであった。その中にツァハ先生もはいっていた。思出草としてこゝに錄出してみよう。

　「バタビアのウェルテフレーデン（Weltevreden, Batavia）に居たツァハ老博士もどうなったらうか。彼は手紙の封筒に漢字で宛名を書いてよこしたりするほどの中國學者なんだが、西夏文字に興味を持ったかして、ロシアから西夏文のロートグラフを入手してこれを研究しようとしたらしい。それはあえて差支ないが、その一葉を僕に送って來て「この經文の漢譯を寫眞にとって送ってくれ」には驚いた。その經文はすぐ金光明王經だったかと分かったと覺えてゐるが、事變最中の寫眞の不便な際にこんなことを言はれては困るの外なかった。手寫するのもおっくうだし、ぐづぐづどうしようかなどと考へてゐる内に、戰禍はバタビヤへも及んだので老先生どうなったかなと氣になった。たまに爪哇からやって來た軍人に「俘虜の中にこんな人はゐないか」などと聞いても見たが、もとより分る筈もなかった。終戰後爪哇はゴタゴタとしてゐるやうだが、老先生はどうなってるだらうか。まさか靜かに西夏經典の解讀に耽ってゐるわけにもいかんだらう。」

爪哇なんかに隱居しているから余は和蘭人かと思違いをして俘虜收容所の軍人に聞きたゞしたりしていたんだが、この思出草を書いた時分には既に逝世していたんだ。

余は多少の交際はあったとは云え實は履歷は知っていなかった。そこで短い弔傳でも書く爲めに早速見得る人名辭書百科事典など探索して見たが殆んど名が載っていない。只大ブロックハウスの補遺に短いのがあった。それによると、ウィーンの人で一八七二年四月十八日生れ、一九〇〇年から二十年までオーストリアの領事職勤務、バタビヤ住居、撰著は中國語滿州語の字書學と李白韓愈杜甫などの詩の飜譯がある。(Cf. *Der Grosse Brockhaus*, Ergänzungsband. 1935, S. 765a)。こんな程度である。我國のものでは流石に博學の石田杜村先生の筆は老先生に及んでいる。「バタヴィアには今ホン・ツァッハといふドイツ系の老學者が官途に在るが、この人は昔から支那の文學や滿州語の勉強をした人で、よく歐人の編んだ支那語辭典に丁寧な批評を試みたことがあり、惡くいへば缺點の指摘に少しく急なるが如く思はれるがその方面からの貢獻も少なくはない。近頃は「文選」の研究などをやってゐるらしい。(石田幹之助著、歐米に於ける支那研究、昭和十七年東京創元社刊、七四頁を見よ。) 今度の哈佛燕京韓退之詩集譯の校定者ハイタワー君の序にはもっと詳しい傳があるかと豫想したが是れ亦簡單であった。「極東に於けるオーストリアの領事職を十九年間勤務して、一九一九年にバタビヤに隱退して飜譯や他人の譯の校定や、より認められ又より幸運な地位に居る支那學者達と手嚴しい批評の交換に餘生を送った」と云うに過ぎない。地味な學者だから別に特記することがないのかも知れない。或は歐米の雜誌にもっと詳しいのがもう出ているのかも知れないが余に便宜がない。

論著については古い所は H. Cordier, *Bibliotheca Sinica*[2] に著錄されている。それにブロックハウス及びハイタワー序なんかに記載された書名、更に『通報』等に出た札記書評等を補添すれば一應の論著目錄を作製し得るかもしれないが、それでも隨分手數をかけねばならず、今の所余にはその閑暇を

持ち合さない。誰か便宜を有する人々に期待することとする。

　彼の學界への貢獻は支那文學の飜譯であろう。韓愈詩集の如き全集譯を世に貽ったことは歐米學界でも珍しい。殊に理解に難しかろうと思われる韓詩を全譯するが如き試みは餘程の自信と努力なくしては出來ることではない。序で乍らこのハイタワーの校定本は韓愈詩集とのみ題してあるが、內容は韓詩全集の外に唐代詩人十一人の詩の選譯も含んでいるので、白樂天などは五十四首に及んでいる。彼は別に李太白杜子美の大部分を譯出しているのだから正に唐詩の通である。彼自身が唐詩の譯出に苦勞したから他人の譯には嚴しい批評をする改譯をする。蓋し支那語の理解に苦勞した結果は人の小い過失も見過し兼ねるようになったのだろう。老漢學先生が若輩書生の讀みぞこないを見過せないのと同じであろう。然し詩の飜譯は難しい。詩の本旨を異民族の言語に移し換えるにはいろいろの難點が纏綿する。ハイタワー氏はツァハ譯は漢詩研究者の爲めの譯で獨逸詩としての譯でないと辯護している。それはそうであろうが、それだと言って嚴しい批評が出れば他の譯者から異論の出るのも致し方もない。譯詩には附き纏う難題である。我國の如き直譯の讀み方でも詩ではいろいろになるわけである。ツァハの批評改譯では中々面白い論戰が起ったものである。然しツァハが續々と支那の詩を譯出して歐州學界へ貽ったことは支那學界への大なる寄與であることには疑いない。

　ツァハ老先生の自信に滿ちた批評改譯は詩ばかりでなく支那學の各方面に及んだ。遂には當時歐州支那學者の大宗たる伯希和先生の善惡因果經の譯文の批評となって『通報』第二十五卷第五册に出た（Einige Bemerkungen zu Pelliot's Sūtra des causes et des effets）。ペリオ先生はこれを『通報』誌上に揭載するに當って一々詳細なる補注を加えて辯難論議したもので、一時の盛觀であった。杜村先生が缺點の指摘に少しく急なるが如く思はれるがと評されたのもよく分るようだ。急なるがために大變な反駁に會わねばならなかったのである。引き續いて『通報』第二十六卷第二三合册の Notes bibliographiques でペリオ先生はツァハ老先生を追撃して皮肉の言葉で彌次ったものである。そのせいかどうかしらんが其後はたしか『通報』にはツァハの文を餘り見かけんようになったと思う。然しこんなに精密に他人の論著を讀んでくれる人のあった歐州の支那學界は祝福さるべきであった。

　ツァハ先生の滿州語學はザハロフの滿露字書の批評札記以外には發展しなかったらしい。又西夏文への關心もベルンハルディ夫人との共著の一文に止まる。それも漢字構造の六書の知識の應用であって同時に出た羅氏兄弟の成績があっては世に顧みられなくなるわけである。あの深い支那文獻の知識も支那語學には發展しなかった。先生は恐らく言語學には興味がなかったんだろう。所詮は唐詩を愛する漢學者であったんだ。

　余は圖らずも先生を弔する一文を草したが一面の識もない余に眷觀を賜った先生に對し禮を失したかを恐れる。今後若し先生の論著を熟讀するの機會を與えられるような事があったら謹んで札記一篇でも撰して靈前に呈そうか。蓋し先生の志であろう。

(『關西大學學報』第 250 號、1947 年 7 月、2-3 頁)

四、書評と紹介

釋經小記

一、文殊師利一百八名梵讚

　昨年榊亮三郎教授は「佛説文殊師利一百八名梵讚の研究」の題下に『藝文』第六年第二號誌上に於て、法天音譯と西藏譯文とに據りて、本讚の梵文還元を試みられ、次で同誌第六號に於て、智慧譯文と西藏譯文とを比較せられたり。而して本讚の梵文還元は嘗て Baron A. von Staël-Holstein 氏によりて試みられたる事あり。卽ち露國翰林院出版の『佛敎文庫』第十五卷なる氏の著『犍椎梵讚』に附載す。同書は詳かに題して曰く、Kien-chui-fan-tsan (Gaṇḍīstotragāthā), soxranivšijsja v kitajskoj transkripcii sanskritskij gimn Açvaghoṣi, Tsih-fuh-tsan-pai-k'ie-t'o (Saptajinastava) i Fuh-shwoh-wǎn-shu-shi-li-yih-poh-pah-ming-fan-tsan (Āryamañjuçrīnāmāṣṭaçataka)、而して一千九百十三年の出版に係る。本讚の對照研究は同書の八四～一〇〇頁に、其還元梵文は一〇一～一〇四頁に、其注記は一五四～一六〇頁に載せらる。其所據を記せるを見るに、法天漢譯本は序論十四頁、縮刷藏經成帙第十なり。對校には、明藏本、黃檗本、縮刷東京本、及び附點京都本の四種を用ゐたるが如し。西藏甘珠爾本は序論十三頁、ナルタン刊本祕密部第十五套百二十六～百二十七葉所載と、北京刊本祕密部第十五套百五十五～百五十六葉所收卽榊敎授の所依との二種を對校したり。又法天本と西藏本と出入ある事はスタエル・ホルスタイン氏も之を注記序論十三頁せられたり。兩氏の梵文の比較は余の爲し得る所に非れば、以下少しく本讚に關する二三を記せん。本讚は普通に法天譯と傳へらるゝも、『至元法寶勘同總錄』卷第十には記して施護譯とせり。そは何れにしても、以て宋代の譯となすべく、『大藏聖敎法寶標目』卷第十にも宋朝新譯の下に「文殊師利一百八名梵讚、右讚十九篇皆梵文」と記せり。然るに是より以前唐代にも音譯の一本ありたるものと見え、慧琳『一切經音義』卷第七十六の目錄に「梵音文殊一百八名讚經一卷、無」と見え、中に「梵音文殊讚一卷、

讚中自有音訓」とあり。佚亡したるものと見ゆ。また榊教授の檢出せられし智慧譯は座右の頻伽藏經によりて索むるに、成帙第十三册の元釋智譯『聖妙吉祥眞實名經』の末尾に智慧譯として附せられあり。縮刷本は今之を檢するを得ざれども、唯其目錄に據れば亦頻伽藏と同じきが如し。因に、こゝに元釋智譯とあれど、清の朱記榮が『增訂彙刻書目』所載の『釋藏』清藏本の目次第十九册四十八葉を檢するに「元釋智慧譯」と出せば、『聖妙吉祥眞實名經』の譯は元釋智慧譯とすべきにて、慧の字を脫せるに非るか。教授は第六號一八頁藏帙第九卷にも元釋智譯として出づと云はれたれど、頻伽藏には他一本無きが如く、唯藏帙第九册には法天本に次ぎて「聖者文殊利發菩提心願文、巴看落目瓦傳、元甘泉馬蹄山中川守分眞師姪智慧譯」と云へるあるのみ。之を縮刷目錄に見るも亦同じきが如し。或は誤記に出づるや、異日縮藏を目覩して判せん。以上瑣屑を雜記するのみ。

千臂千鉢經

　高楠先生は『宗敎界』第十一卷第七號に「慧超往五天竺國傳に就て」と題する一文を載せられ、其中に「千臂千鉢經の譯者を明藏以下不空と云へるは誤にして金剛智なり」と論ぜられたり。誠に其の金剛智譯なるべきは本經の慧超の序記、『續開元釋敎錄』下卷、『海印寺麗藏目錄』下十九張左によりても明白にして、『續貞元釋敎錄』の如き旣に「其經首序記分明」と注し、議するの地無し。然るに元代に至りては遂に不空譯と誤れるが如く、『至元勘同總錄』卷第六、『佛祖歷代通載』第十八卷唐穆宗建中庚申の條は不空譯と記し、延いて明藏以下に及びしと見えたり。最も怪むべきは『佛祖歷代通載』にして慧超の序文を引けるに尙不空譯となせる事是なり。其引ける序文を閱するに稍異同ありて、「不離三藏奉事經于八載」の離の字を空の字に作れる、「於大興善寺大師大廣智三藏和尙邊」の於の字を再至の二字に作れる如きは、不空譯と誤るべき異同なりと云ふべし。或は是れ先生の說かれし如く、『宋高僧傳』の金剛智歿年の誤記より終に明瞭なる序記の文をも誤りて引きしものか。便宜を以て附記すれば、請來

に關しては、眞常の『諸儀軌禀承錄』第六 ^(八葉學會校刊本) に既に「此經不載請來錄、祕錄不見、不空譯故、陀羅尼許授之」とあり。（大正五年二月九日夜寫）

（『東亞研究』第六卷第四號、1916 年 4 月）

「回鶻文女子賣渡文書」に就いて

「回鶻文女子賣渡文書」といふのは、今年五月に出た『東洋學報』第六卷第二號に載ってゐる羽田亨氏の考釋の事を意味するのである。然し、何も茲に自分の如き門外漢が失禮な批評がましい事をする意では少しも無い。唯考釋中の極めて瑣細な事に關しての疑を質したいが爲めに、敢て寡聞を省みずに茲に其疑を記して見やうと思ふので、第一には išan を nišan と讀んでは如何かと云ふ事、次に、露國學士院藏の康熙年間書寫の『金光明經』は縱記ではないかと云ふ事、只是丈を記すに過ぎない。

išan については、羽田氏は信記と譯して、注六に於て「išan は信（Glaube）の意にして、今日尚ほチャガタイ語として用いらる」と述べられた。然し信の意の字を信記と引伸するのは稍無理な樣に思はれる。又今日尚チャガタイ語として用ゐらると云ふのは、信の意で用ゐられてゐるのか、信記の義でなのか分り難いが、前者の意ならば引伸は矢張り穩かで無いし、後者の義ならば疑問の餘地も無くなるのだが、典據を示される事を希望する。自分の頗る貧弱な文籍で探ってみると、Hermann Vámbéry の *Čagataische Sprachstudien* には iśaṅ—Zutrauen, Glaube (Seite 235a) があり、W. Radloff の *Versuch eines Wörterbuches der Türk-dialecte* では ïsan—galuben, vertrauen (Band I. Spalte 1387); ïšan—Glauben, Zutrauen haben (B. I. Sp. 1400); išan—glauben, Zutrauen haben, hoffen auf (B.I. Sp. 1550) などがあるが、皆信の義であって信記とは致し難い樣に見える。

自分が之を nišan と見ては如何かと氣付いたのは、Le Coq 博士の吐魯番出土蒙古文書にある niša, nišan に想到したからである。G.J. Ramstedt 氏

は之を Stempel と譯して其の考釋に次の如く述べてゐる。Das Wort *nišatu* oder *nišan-tu* kommt in den modernen Dialekten meines Wissens nicht vor. Ich sehe darin ein Wort *nišan* (Stempel), das zwar in Zacharows Mandschurischem Wörterbuch (S.231) sich findet, aber im Mongolischen nicht belegt ist. (Ramstedt, Mongolische Briefe aus Idiqut-Schähri bei Turfan. *Sitzungsberichte der königlich preussischen Akademie der Wissenschaften*. 1909. XXXII. S.842). 然し次に引く F.W.K. Müller の同書の注で見ると其源流がよく分かる。*nišan* und *badman*, beide—mittelpersisch, sind, viele andere iranische Wörter, durch das Medium des Uigurischen in das Mongolische gelangt. *nišan*, belegt in den Dokmenten bei Radloff, Altuigurische Sprachproben aus Turfan. S.58, 64 (ibid. S.847-8). 是で見ると回鶻語にも同じ語がある事は分るが、自分はミューラーの引いたラドロフの論著を見るを得ないので殘念だ。そこで又ラドロフの字書を探ると、nišan — das Merkmal, die Marke, das Zeichen, das Bräutigams-Pfand とあって終りの所に、altun (al, kk̈) nišan (Dsch.) — goldenes (rothes, blaues) Siegel auf den von Chanen ausgestellten Dokmenten (B.III. Sp.701) と見えてゐる。そこで、自分は以上三人の記述を根據として、此の回鶻語を信記・印記の義なる nišan と讀まうと思ふ。それで原文字にも不都合は無い樣に考へる。

　第二の疑問は此の文書に關係した事ではないが、羽田氏が考釋中 註 に回鶻文の縱記橫書に關して言及された所に、「康熙年間に於る金光明經の寫本の如きも(露西亞學士院所藏)、また實に之を橫に書けるを見る」と云はれた其寫本は果して橫書なるかを質したのである。康熙年間書寫の『金光明經』と云ふのは、現に Bibliotheca Buddhica, XVII として V.V. Radlov 及び S.E. Malov の兩氏によって校刊されつゝある *Suvarṇaprabhāsa (Sutra zolotogo bleska), Tekst ujgurskoj redakcii* の事ではあるまいか。自分は一千九百十三年發行の分と一千九百十四年刊行の分との二册丈見たので、然も兩册共に未だ一葉の原本の寫眞版も載ってゐないから、隨分臆斷なのであるが、若し果して是の

事だとすると、縦書であらうと思ふのだ。現に校刊本も丁數や行數等の附け方から見れば勿論縦讀さすつもりらしいが、茲に證と見られるのは、第四卷及び第五卷の初め（s.201, 345 參照）にある小い佛畫である。この佛畫は必ず原本通りに寫されてあるのであらうから、其畫の向きに從って縦記したものと自分は考へる。如何であらう。原本を見て來られた羽田氏に對して頗る禮を失するわけであるが、一寸疑を述べて置く。（五、九、一、寫）

（『藝文』第七年第十號、1916 年 10 月）

于闐出土梵本法華經考を讀んで

『宗教研究』の第二年（因に第五號には第二卷とあったのが何故か第六號からは第二年と改まってゐる）第七號に於て、本田義英氏は「于闐出土梵本法華經と妙本との關係」と題する論文を發表されて、ルドルフ・ヘルンレ博士（Dr.A.F. Rudolf Hoernle）編纂の「東方土爾其斯坦に於て發見されたる佛典古寫本斷簡」（*Manuscript Remains of Buddhist Literature found in Eastern Turkestan.* Volume 1. Oxford, 1916）所載の法華梵本の斷片を妙本に比較せられた。僭越な事乍ら、門外の私が少しく知る所を記して、尚他の斷片との比較をも勸めたい。

本田學士は同書に載せられた三種の斷片計りを使用せられたが、學士が講演のあった時（大正六年三月十六日、『宗教』研究』第二卷第五號一九〇頁）迄に發表されてゐる西域出土の法華梵文の寡聞に上ってゐるものが尚二度ある。共にスタイン第二回蒐集品中のもので、『大英亞細亞學會雜誌』（*Journal of the Royal Asiatic Society of Great Britain and Ireland*）に、一はプサン教授（Prof. L. de la Vallée Poussin）によって、一はヘルンレ博士によって報告されてゐる。プサン教授の證定したもの（*JRAS*, 1911, pp.1067-1077）は、Farhad Beg au nord-ouest de Khadalik の出土（ibid. p.761）で、見寶塔・勸持・安樂行・從地湧出・如來壽量の五品に涉って連續せるものらしいから頗る注目すべきものだが、羅馬字譯で發表されたのは見寶塔品と勸持品の各一部だけである。而して教授は其本文に就

ては、Nos lectures concordent souvent avec celles des fragments de Kashgar と注してゐられる。ヘルンレ博士の證定に係るもの（*JRAS*, 1916, pp.269-277）は、Khadalik 出土で法師品と常不輕菩薩品の各斷片であって、法華の古本ではないかとの注意の下に紹介せられたのだ。私は本田學士の論文を讀んで、豫報的のものではあるが此二つを併せて考證に資せられ無かったのを不思議に思ふが、それは偖おき、尙一つ殘念と思ふことは、特に尼波羅本との比較の一例として引かれ詳細なる考證を試みられた勸持品一節が、プサン敎授の豫報には出てゐないのを、ヘルンレ氏が直接之を校合した註記が同氏の書（*Manuscript Remains*, p.175）にあるのを看過してゐられる事である。此の註を見られたらプサン敎授の論文にも及ばれたらうにと殘念に思ふ。例令紹介的の發表であっても採用せられるに差支は無かったらうと考える。

わたくしは勿論難しい梵文校勘の事なぞは到底出來ないが、門外漢にも分り易い一二の點を試みに記して見やうと思ふ。

提婆品は漢本では、正本には或は之を別品とし或は之を七寶塔品中に入れ妙本にはもと闕けてゐて（南條泉氏共譯『新譯法華經』緖論七頁）（『西域考古圖譜』下卷佛典八の赫色勒古洞出土の『妙法蓮華經』普賢菩薩勸發品第二十七とあるものを參照）後人之を別品として補入し、又添本には之を見寶塔品中に攝してあるのだが、梵本でも、カシュガル本には別品として存在したらしく（ケルン『梵文法華經』刊本の二七四頁註一 四又二九六頁註六又三一四頁註七を參照）スタイン本には全く存せず（*JRAS*, 1911, p.1067 and 1074）、ヘルンレ本には別品として無かったらしく（『宗敎研究』第二年第七號一三〇頁）尼波羅本では見寶塔品中に攝してある。是で見ると、漢譯本は大抵其通りの原梵本があったので、無暗に之は譌奪之は衍竄と云ふわけには行かぬので、梵本も數本流傳してゐたのだから、よく之を分別してかゝらないと危險である。ヘルンレ氏はスタイン本に提婆品の無いのを apparently due to some inadvertence by its scribe などと註してゐられるが（*Manuscript Remains*. p.175）蓋し早計と云ふべきであらうか。

本田學士が尼婆羅本とヘルンレ本とを比較せられた勸持品の一節はカシュガル本（P）もヘルンレ本（H）もスタイン本（S）もあるのだから、私見で此西域三本を尼婆羅本（N）と對校して見る。

書評と紹介 145

(I)

    H. ārocayāmi te yaśodhare

    P. ārocayāmi te yaśodhare prativedayāmi te

    S. ārocayāmi te yaśodhare prativedayāmi te

    N. ārocayāmi te yaśodhare prativedayāmi te

(II)

    H.　　　　　　　　itaś cavitvā strībhāvaṁ vivartayitvā

    P. tvam api　　　　itaś cavitvā strībhāvaṁ vivartayitvā

    S. tvam api yaśodhare itaś cavitvaā strībhāvaṁ vivartayitvā

    N. tvam api

(III)

    H.　　　　　　　daśānāṁ buddhakoṭinayutaśatasahasrānāṁ sāntike

    P. yaśodhare　　　　　　buddhakoṭinayutaśatasahasrānāṁ sāntike

    S.　　　　　　　daś=anaṁ buddhakoṭinayutaśatasahasrānāṁ sāntike

    N.　　　　　　　daś=anaṁ buddhakoṭisahasrānāṁ antike

(IV)

    H.

    P.

    S.

    N. satkāraṁ gurukāraṁ mānanāṁ pūjanām arcanām apacāyanāṁ kṛtvā

(V)

    H. bodhisatvo dharmabhāṇako bhaviṣyasi

    P. bodhisatvo dharmabhāṇako bhaviṣyasi

    S. bodhisatvo dharmabhāṇako bhaviṣyasi

    N. bodhisatvo dharmabhāṇako bhaviṣyasi

偖て小異同はあるが、西域三本の同一系統の本なる事は直ちに看取される。而して第二句に於て妙本の「汝於來世」に相當するものは西域本には皆ある

ので、「汝」の字に相當するものゝ缺けてゐるのはヘルンレ本丈であった。第四の句は尼婆羅本丈で、然も尼婆羅本も此の處後人の補寫だと云ふのだから勿論疑問のものだ。序に摩訶波闍波提授記の所の同じ樣な文句を、カシュガル本、スタイン本、尼婆羅本の對照を揭げる。カシュガル本の斷片は tas から始まってゐるものとして置く。

(I)
  P.   tas tvaṁ cyutā
  S. api tu   gauttamī itas tvaṁ cyutāṁ
  N. api tu khalu pumas tvaṁ gauttamī ita upādāy

(II)
  P. samānā anupūrveṇa saparivārā istribhāvaṁ vivarttayitvā
  S. samānā anupūrveṇa saparivārā istribhāvaṁ vivarttayitvā
  N.

(III)
  P. aṣṭātriṁ śatāṁ buddhakoṭinayutaśtasahasrāṇām antike
  S. aṣṭātriśānāṁ buddhakoṭinayutaśtasahasrā sāntike
  N. āṣṭātriṁ śatāṁ buddhakoṭinayutaśtasahasrāṇām antike

(IV)
  P.
  S.
  N. satkāraṁ gurukāraṁ mānanāṁ pūjanām arcanām apacāyanāṁ kṛtvā

(V)
  P. bodhisattvo   dharmabhāṇako bhaviṣyasi
  S. bodhisattvo   dharmabhāṇako bhaviṣyasi
  N. bodhisattvo mahāsattvo dharmabhāṇako bhaviṣyasi

こゝの第四の句も後人の補寫のみならず、西域本には無いから疑問のものである。最初の所は西域本と尼婆羅本とは大に相異してゐる。又第三の中で、

書評と紹介　　　　　　　　　　　　　　　　　　　　　　　147

　カシュガル本は sahasrāṇām antike とあるが、カシュガル本の通例から云へ
ば、此は sahasrāṇāṁ sāntike とあり相に思ふが、或は斷片不完の所か。わた
くしはカシュガル本に關する文獻を詳しく知らないから、よく分らないが、
大切なカシュガル本を刊本で校訂に使用するに當って、其の存文を何所から
何所迄と明確に記入されてないのは甚だあきたらない。校定本には必ず校勘
記の精細なのを附する事が必要な事だ。

　常不輕菩薩品で、妙本の「命終之後、得値二千億佛、皆號日月燈明、於其法
中、說是法華經、以是因緣、復値二千億佛、同號雲自在燈王」云々とある所の佛
號の日月燈明、雲自在燈王に相當するものは、正本では雷鳴音王、雷音王の二
つだが、梵文ネパール本では三つとなってゐて、即ち月聲王 Candrasvararāja、
雷音王 Dundubhisvararāja、雲聲王 Meghasvararāja（ケルン梵文刊本三八〇頁南條/泉南氏和譯本四二三頁參照）と云ふ。
因にケルンの英譯本では第一が異なって Candraprabhāsvararāja となってゐ
るが（The Sacred Books of the East. Volume XXI. Oxford, 1909, p.358)、梵
文刊本には異讀を示してゐない。第二第三は同じである。所でスタイン本
（JRAS. 1919, p.275）では、第二は尼婆羅本と同じく Dundubhisvararāja だ
が、第三は不完全であるが異なってゐて dhārarāja となってゐる。第一は又
Candrasīryapradīparāja となってゐて頗る妙本の日月燈明に近いのが注目さ
れる。

　リューダース教授が法華西域梵本の研究を特にしてゐられる樣だが
（大英細亞學會雜誌一/九一六年分二七〇頁）、ケルンがカシュガル本に就いて云った樣に（梵文刊本序/論玖及十頁）是非
共漢譯諸本との精細なる比較研究が必要なんだから、本田氏の如き法華經に
細心の注意を拂はるゝ方々によって、此の方面に最大の寄與をせられん事希
望に堪えない。失禮の段御斷りを申上る。（大正七年五月三日寫）

　　　　　　　　　　　　　　　　　（『藝文』第九年第七號、1918 年 7 月）

カールグレン氏原支那語考

Bernhard karlgren, Le proto-chinois, langue flexionnelle. *Journal Asiatique*. XIe série, tome XV, no.2.–avril-juin, 1920. pp.205–232.

　B. Karlgren 氏は、千九百十八年に Göteborg 大學にスカンディナビアでは始めての東亞の言語及び文物に關する講座が設置された時に之を受持った人で、支那音韻學に關する研究を以て名がある。本考の外に下の樣なものが發表されてゐる。

Études sur la phonologie chinoise. (Archives d'études orientales. Vol. 15.)

A Mandarin phonetic reader in the Pekinese dialect with an introductory essay on the pronunciation. (Archives d'études orientales. Vol. 13.)

Prononciation ancienne de caractères chinois figurant dans les transcriptions bouddhiques. *T'oung Pao*. Vol. XIX, No. 2).

本稿は原著の骨組を探って作った抄錄に過ぎない。抄錄者はたゞ抄錄したまでゞ、別に何の意見があるのではない。批評は他に專門家があらうと信ずる。誤解してる點もあらうから叱正を得るなら幸いである。抄錄者識るす。（大正十年正月十四日）

　支那語が西洋諸語とは特に相異している點は、其言語が單綴であると云ふ事と、其語法が別々に孤立的で其語を變化せしめず、語根と同一のまゝで置くと云ふ事とであると從來云はれてゐた。

　所が、此の二點もどうやら怪しくなってきた。A.Conrady 氏が Der altchinesische Fragesatz und der steigende Ton (*Mitt. Sem. Or. Spr.*, Berlin, 1915) で古文には可なり二綴語が存在した事を論證したし、又、發聲や平仄の變化――それは原支那語に於ける古い前添辭の遺物であるが――それが使役相（causatif）や擬名詞相（dénominatif）の轉化語を構成する役目をする事などは前から認められてゐた事だ。歷史的に見て支那語は不變だと云ふ事は多大の讓步がなければ受け取れない。

今こゝで支那語に名詞にでも動詞にでも眞の語尾變化（une flexion réelle, soit déclinaison, soit conjugaison）が古文に存在したと證明し得たら、それこそ支那語が西洋諸語に近い事となるだらう。實際、語尾變化の古い形跡があるのみならず、周代に或地方では當時名詞的變化（déclinaison）が存在して居ったと云ふ事實をも確定し得る樣だ。

◇　　◇　　◇　　◇　　◇

事實、支那語は助詞があって名詞動詞の變化の役をしてゐる。即ち、古文では「人」とあれば拉丁の homo, homines に、「人之」は hominis, hominum に當てゝ宜しいので、『書經』舜典には「帝之」（imperatoris）とある。此の事實が直く古代支那語には發達したる格の意味を持ってゐた事を示すので、だから最も嚴密なる語意の語尾變化、即ち種々なる範疇を表はす爲めに同じ語の内に種々の變化（例へば tu: tibi: te, vir: viri: viro: virum）がある例があると云って驚くわけはない。

こう云ふ風にして支那古文を研究するには、どうしても他の外國語の知識を借用せねばならぬ。言語の中では代名詞が最もよく範疇を保存してゐるもので、例へば佛蘭西語は大變語尾變化を失ふてゐるが其代名詞はかなり澤山の例を含んでゐる。

そこで古代支那語の代名詞を見ると直く一種の變化があるのに氣が付く。それは最も嚴密なる語意の名詞的變化ではないが、助詞を伴へる變化、即ち補足的變化（la déclinaison supplétive）に近似してゐる。例へば拉丁の ego: mihi: mē、又英語の she: her の如く、支那語では主格（nominatif）「伊」（is）（多く省略せらる）、屬格（génitif）「厥」「其」（ejus）、補格（accusatif も datif も前置詞の後も皆含めた régime）「之」（eum）がある。

古代支那語の第三人稱代名詞に補足的變化があるのは甚だ興味ある事だが、第一人稱第二人稱にも注意すべき現象がある。

古文には第一人稱の代名詞は「予」「朕」「我」「吾」の四つある。これは凡て全然同意語の樣に取り扱はれてゐるが、それは古典を皆一緒くたに取扱ひ

支那文學は古代方言の差異を示さぬから同じ一つの語を書いたものと思ふからで、大變な誤りである。先づ第一に『論語』を檢索して見る。『論語』には第一人稱代名詞は大變澤山にあるが、其の四分の三は孔子の言で、他は其弟子達であるから、先づ同質の一つの言語と見られる。

『論語』を調査すると決して無造作に第一人稱代名詞を使用してゐない。ちゃんと法則があってそれが格の變化と見られる。

「朕」の字は無いし、「予」の字は極く少ないから略して、「吾」と「我」とを調べる。

主格としての「吾」は九十五回出てゐる。

[例]　吾與回言終日。　　爲政第二第九章

屬格としての「吾」は十五回出てゐる。

[例]　吾道一以貫之。　　里仁第四第五章

補格としての「吾」は三回であるが、大した價値は無い。

[例]　以吾一日長乎爾、毋吾以也、居則曰不吾知也。　先進第十一第二十五章
　　　雖不吾以、吾其與聞之。　子路第十三第十四章

以上の内二例は同一のもので一つの役にしか立たぬし、又三例共に「吾」が動詞の前、卽ち主格の常位に在るし、又特に此の二文章中では「吾」が主格の位置に置かれてあるから、皆同化作用（assimilation）の例と云って宜しい。「吾」が直接又は間接の完語（un complément direct ou indirect）として正しく動詞の後に置かれたり、又固より無からうが例へば「於吾」と云ふ樣な前置詞の補語になってゐる例が無いのに注意せよ。

そこで「吾」は主格として非常に多く、屬格としてもかなりあるが、補格としては存在しないと見て殆んど差支ない。

次に、主格としての「我」は十六回ある。

[例]　我欲仁斯仁至矣。　　述而第七第廿九章

然し此等の例の中には、同文章中に「我」が補格として使用されてゐて、その爲めに同化せられたと見られる例が隨分ある。例えば爲政第二第五章の

「孟孫問孝於我、我對曰」の樣だ。同樣な同化の例は公冶長第五第十一章、子罕第九第七章に見える。

属格としての「我」は四回ある。然し子張第十九第三章の二例は同句法でもあり、又屬格助詞の「之」の字があるし、餘の二例の内述而第七第二十一章の「必有我師焉」の例は他動詞の後にあるし、述而第七第十一章の「竊比於我老彭」の例は前置詞の後にあって共に補格代名詞の常位にあるから間接同化の一種となる。〔抄録者云ふ、この例は古本には「竊比我於老彭」とか「竊比於我於老彭」とかに作ったのがあって屬格の例にならぬから、原著者には都合宜しからう。〕

補格としての「我」は二十六回で其の内動詞の後へ來るのが十八回、前置詞の後へ來るのが八回である。

［例］　從我者其由與。　公冶長第五第六章

　　　　善爲我辭。　雍也第六第七章

『論語』の「我」の例は「吾」程多くないが、「我」は補格が一番多くて、次が主格で、属格は極めて稀れだと云ふ事は分る。

そこで論說に於ける此の二字の要領を次に示す。

主格　百十一例の中で九十五例が「吾」で、十六が「我」

屬格　十九例中で十五回が「吾」で而して「我」が四回（然も其二例は他の理由で說明が出來て、他の二例には屬格助詞の「之」がついてゐる。）

補格　二十九例中で二十六例まで「我」で、而して「吾」が三回（然も他の理由で皆説明がつく。）

結局かう云ふ事になる。「吾」は主格としては極めて優勢であって、屬格としても特有らしい。卽ちこれが兩格に對する正しい形であるので、兩格間は意義上から關係があるから尤もだ。「我」は補格に殆んど限られた形だから、此の格の正形だ。

此の結論の證據として同文章内に在る二語を對照し得る數例を擧げる。

如有復我（補）者、則吾（主）必在汶上矣。　雍也第六第七章

大宰知我（補）乎、吾（主）少也賤。　子罕第九第六章

回也非助我（補）者、於吾（屬）言無所不說。　　先進第十一第三章
　　　如有用我（補）者吾（主）其爲東周乎。　　陽貨第十七第五章
　此の數例を見れば「吾」が主格及び屬格の形で、「我」が補格形なるを疑ふ事は出來ぬ。
　然し「吾」は補格形へ擴がる傾向を示さないが、「我」は之に反して漸次主格形（そして多分又屬格形へも少しは）へ侵入し始めてゐる。補格形が甚だ旺盛であって、主格形に勝ち始めたと云ふ事は大變に面白い事で、丁度印度歐州語族中にもよく此の現象は見受けられる。
　此の現象が印歐語族中のと一致する事は、若し其補格形が主格に侵入して行く道程を調べて見れば尙ほ著しくわかる。佛語の moi の場合と全く同じく「我」が主格「吾」に代り始めたのは強調（emphatique）の爲めである。或は此の事から「吾」と「我」とは格の差異でなくて、「我」は強調の語であると云ふかも知れない。然し孔子の例でも「吾」が強調の場合は澤山ある。
　［例］　周監於二代、郁郁乎文哉、吾（moi）從周。　　八佾第三第十四章
　　　　　吾（moi）斯之未能信。　　公冶長第五第五章
　　　　　如用之則吾（moi）從先進。　　先進第十一第一章
　又他方「我」が補格で強調されてゐぬ明瞭な例がある。
　［例］　加我數年五十以學易。　　述而第七第十六章
　　　　　從我於陳蔡者。　　先進第十一第二章
　加之、上の統計が出る爲めに主格は正しく強調されず、補格が常に強調されてゐたとは思へない。下に引く『孟子』や『左傳』の統計が明らかに此の說を排斥する。偖て、孔子で「我」が主格に表はれた十六例の中で三つは同化作用で說明される事は旣に云った殘り十三の內で十二は明らかに強調の場合である。尙殘る一例（述而第七第二十九章）も強調としてよく解せられ得るらしい。
　［例］　爾愛其羊我（moi）愛其禮。　　八佾第三第十七章
　　　　　惟我與爾（toi et moi）有是夫。　　述而第七第十章

有不知而作之者、我（moi）無是也。　　述而第七第廿七章
　　　我（pour moi）則異於是。　　微子第十八第八章
　孔子や其弟子達の言語が第一人稱の人代名詞に就いてかゝる格例變化を表はしてゐるのだから、これは決して其の場限りの現象ではなかったのだ。それより後の文書を調査して見ると、果たして孔子の言語に關する吾人の結論を證定するのみならず、又上記の名詞的變化が數世紀後迄も榮えてゐた事を明らかにする。
　先づ『孟子』を調べて見る。
　「吾」の主格は七十六回、屬格は四十七回、補格はなし。
　「我」の主格は六十八回、屬格は十四回、補格は五十三回（內動詞の後が三十五回、前置詞の後は十八回）
　言ひ換えると、『孟子』では
　主格は百四十四例中、「吾」が七十六で、「我」六十八
　屬格は六十一例中、「吾」が四十七で、「我」が十四
　補格は全五十三回、皆「我」で、動詞の後でも前置詞の後でも一つも「吾」で表はされてゐない。
　この面白い事實から次の事が分る。
　a 「吾」が主格屬格の形で、「我」が補格形であると云ふ『論語』の統計から出た結論が正當なもので、「吾」が補格と見えた特異の三例（實は二例）は全然何事をも提言する資格がない。
　b 印歐諸語の如く補格の形が主格形に打ち勝つ事が同じく認められる。「吾」が全然補格へ這入らないが、「我」は段々廣がって孔子の時よりは一層普通形にならうとしてゐる。主格では「吾」に追付く程頻出してゐ、屬格でも著しく侵入はしたが、そう大した事にはならなくて、「吾」は尙ほ屬格の正位を維持してゐる。次の二例を見よ。
　［例］　我善養吾浩然之氣。　　公孫丑上
　　　　彼以其富、我以吾仁。　　公孫丑下

「我」が補格で、「吾」は主格では輕く優勢で、屬格では全然優勢である事の比較が『孟子』で明瞭に見られるのは次の例である。

　　［例］　吾（屬）王之好鼓樂、夫何使我（補）至於此極。　　梁惠王下
　　　　　　舍我（補）其誰也、吾（主）何爲不豫哉。　　公孫丑下

最後に『左傳』を調査して見ると、次の二件を敎へて呉れる。

一つには、此本は大部であるからして、『論語』や『孟子』よりはもっと決定的な貴重なる統計を供給して呉れる。

「吾」主格、三六九例；屬格、二二三例；補格、四例。

「我」主格、二三一例；屬格、一二六例；補格、二五七例（内二一一は動詞の後で、四六は前置詞の後。）

言葉を換へると、『左傳』は

　　主格　六百例中、三六九が「吾」で、二三一が「我」。
　　屬格　三四九例中、二二三が「吾」で、一二六が「我」。

『論語』の時でもさうであるが、『書經』や『詩經』を引用したものは數へない。『左傳』でも「侵我北鄙」と云ふ樣な經文の文句は數へない。文體が『書經』と同一だからだ。

　　補格　二六一例中、二五七は「我」で、「吾」は四回。然し此の補格の「吾」の四例は特別である。

　　［例］　賂吾（屬）名、故不吾（補）遠。　　昭公二十六年　同化作用
　　　　　　子假吾（屬）名、故不吾（補）遠。　　昭公廿年　同化作用とその位置が動詞の前（主格の正位）なる事
　　　　　　不吾廢也。　　昭公二十七年　補格の位置が動詞の前。
　　　　　　何不吾諫。　　哀公十一年　同上。

以上、「吾」が主格屬格に全然限られてゐて、補格は「我」の獨占である名詞的變化の現象は、孔子孟子の時と明らかに同じである。又、『左傳』にても『孟子』と同樣に「我」が「吾」を押し退けて侵入してゐる。尤も「我」の屬格は主として『書經』の誥や誓の樣な文體に限って用ゐられてゐる。例え

ば成公十三年には三十三回あり、襄公の十四年には十例、二十五年には十二あって、大體「我先君」と云った樣な句法である。勿論文體の影響と云へるから上の統計の「我」の屬格は過多である。

も一つには、『左傳』著作年代の考證に資する事が出來る。支那では、『左傳』は左丘明の著で孔子と同時代の多分弟子であらうと傳へてゐる。歐州の支那學者は大抵之を採用してゐる。W.Grube 氏（*Geschichte der chinesischen Literatur.* 1909）は、『左傳』は孔子自身の著作だとの新說を出したが、近頃 B.Schindler 氏（*Das Priestertum im alten China.* Leizpzig, 1919）は之を辯駁した。何しろ本文上で反對說を立てゝも、それは竄入だとくるから中々始末が惡い。然し今は代名詞と云ふ確實な試金石がある。まさか言語の點からは彼此矛盾があるわけはない。

そこで『論語』と『左傳』との兩統計を比較してみる。孔子の場合では主格の「吾」が絶對多數で、「我」は百分の十四・四しかなく、屬格は「吾」の獨占であった。所が『左傳』では主格の「我」が百分の三八・五で、屬格の「我」が百分の三八である。

孔子が『左傳』の著者でないのは一目瞭然だが、然し又孔子の同時代の人の著と云ふ古說も壞れる。左丘明は孔子の語よりはもっと變化した言葉を使ってゐたと丈は想像する事が出來る。上の統計から見るとどうやら O.Franke 氏（Das Problem des Tsch'un-ts'iu und Tung Tschung-schu's Tsch'un-ts'iu fan-lu, *Mitt. Sem. Or. Spr.*, Berlin, 1918）の『左傳』はもと『春秋』の傳ではなくて、周末に出來た別の歷史だと云ふ說を傍證する樣に見える。

先づ是れで『論語』『孟子』『左傳』では「吾」が主格屬格の兩形に限られ、「我」が補格の正形（段々後には他の格まで這入って、『孟子』『左傳』になると「吾」に匹敵する程になってきたが）だとして、之を音韻上から調べると又面白い。今の所西紀第六世紀より以前の古音を復活さす事は出來ないが、先づそれでも結構である。それによると、「吾」は nguo で、「我」は nga と發音せられる。四聲の相異はあるが別に差支はない。そこで、nguo: nga と云ふ變化として見

ると ng- と云ふ發聲語基があるから、嚴密なる意義の眞の名詞的變化と云ふものがあると云ふ事を否定できまい。尚ほ古文の「䎽」だの、周の石鼓文の「𢀩」だのがあるが、「吾」の異字で、確言は出來ぬが多分方言的差異の痕迹であらう。

此結論を有力に確證する同種語の例が尚ほ第二人稱代名詞に於て見出せた。

孔子の言語には第二人稱に「女」（又は「汝」）と「爾」とがある。支那では禮儀上第二人稱を餘り使用せぬので統計が貧弱である。然し第一人稱の結論を傍證として見ると、隨分確かな議論も出てくる。先づ『論語』で、

「女」（「汝」）主格、十四回。爲政第二第十七章の「由、誨女知之乎」の「女」は「知」の主格とも見られる樣だ。補格、二回。だが湯貨第十七第二十章の「於女安乎、曰安、女安則爲之」の二回の「女安」は主格であるが、「於女安」の「於」は多分誤寫ではないかと思ふが、誤寫でなければ「於」の後の「女」は同化作用の爲めだと云へる。實際確實な「女」の補格は只一ヶ所^{陽貨第十七}_{第八章}である。

「爾」主格、九回。屬格、三回。補格、六回。（二回は動詞の後、四回は前置詞の後。）

今度は『孟子』、

「女」（「汝」）主格三回、屬格二回。

「爾」主格五回、屬格二回、補格三回。

材料が貧弱だがかう見る。

「女」（「汝」）は本質上主格（及び例が少なくて不明瞭だが多分屬格も）の形である。補格は孔子に一つ不確實な例があるが、『孟子』には更にない。

「爾」の補格は孔子に六回、『孟子』に三回だから、是が正形であらう。「我」が「吾」に代って行く樣に、孔子から『孟子』迄の間に、「爾」も「女」に打勝ちつゝあった。

第二人稱では第一人稱よりも早く補格形が優勢になって行ったのは不思議

書評と紹介　　　　　　　　　　　　　　　　　　　　　　　　　　157

でもない。話し手から考へて見れば、tu: te の間の關係より je（動作が話者から出る）: me（動作が話者へ來る）の間の方が心理的に大變大きい對照關係がある。だから面白い事には印歐諸語中でも je: me の組はあるが、tu: te の組は表はれてゐない。第二人稱が早く變化して格が亂れてしまったのは『左傳』を見ればよく分るので、「女」と「爾」とは全く無關心に使用されてゐる。（これで見ても上述の通り『左傳』の年代の新しい事が認められる。）

そこで孔孟の時には格例では「吾」は「女」（汝）に「我」は「爾」に相當して次の表が出來る。

	第一人稱	第二人稱
主屬	吾	女（汝）
補格	我	爾

〔抄錄者云ふ、こゝに音韻の精細なる研究があるのだが、種々の活字を使ふ煩はしさがあるので略して結論丈を掲げる。〕

「女」と「爾」とは、發聲が同じで、語尾が「吾」「我」と同じく、–uo, –a と歸納せられ得る形式になるのだ。音韻上からも第一人稱と第二人稱とが同樣の變化をすると見られる樣になる。

『論語』が支那の最古書なら、これで古代支那語に語尾變化が有ったと云へるのだが、こゝに『書經』と『詩經』とがあるので問題は非常に複雜になる。

『詩』『書』の代名詞は『論』『孟』『左傳』のそれと大變な對照をする。「予」と云ふ字があって中々重要である。『爾雅』によると「予」と同音異字の「余」がある。「予」と「吾」との語源的遡源は未だ分らぬ。それから「朕」の字がある。

先づ『書經』の統計を出す。今の『書經』は後出のものであるが、それも沙畹の佛譯『史記』の說によると內三十三篇は伏生の所傳で確實なもので、他の二十五篇は剽竊して作ったものだ。編纂は僞で後出だが、材料は古いから價値はある。然し統計には伏生三十三篇を別に採って調べて見た。結果は上記の事實を確證するので、代名詞の率も全く等しい。

虞書夏書

主格　予二十三、朕三、　我一。

屬格　予六、　　朕十三、我五。

補格　予四

商書

主格　予三十六、朕九、　我十。

屬格　予五、　　朕十三、我三十三、吾一。

補格　予十四、　朕二、　吾二。

周書

主格　予九十三、朕十八、我七十八、吾一。

屬格　予三、　　朕二十、我七十。

補格　予十七、　朕〇、　我二十三。

以上の結論は次の通り。

a 『書經』には格に就いての區別はない。

b 「吾」は存在しない。たった二回あるのは、『書經』は諷誦を以て傳へられたから、後世になって「吾」の形が誤って這入ったのだ。

c もと罕れであった「我」が段々蔓延して行った。

『詩經』は『書經』程古くないが、孔子より古い。そして國風は十五國から採ったのだから、諸方言とする事も出來る。國風を統計とると、

主格　我五十四、予十七。

屬格　我百〇三、予十一。

補格　我百十一、予九。

卽ち、

a 格について區別はない。

b 「朕」と「吾」とは存在せぬ。

c 「我」が一番優勢である。特に「我」計りを用ゐる國も多い。周南、召南、鄘、秦、檜、曹がそれだ。邶、衞、王、齊、魏、唐、陳の諸風では「我」が正位であるが、「予」もあちこちと見える。例えば邶風では「予」は二回だ

書評と紹介

が、「我」は五十三回もある。鄭鄘二風は「予」が大分に多い。鄭風では二十九の「我」に對して十四の「予」で、鄘風では三十四の「我」に對して十の「予」だ。國風の三十七「予」の內二十四が鄭鄘で、他の國々で只十三である。

『詩經』の雅頌の所は國風と全く同じ樣である。

以上は『詩』『書』と第一人稱だが、第二人稱も同樣である。『書經』では「女」（汝）と「爾」とは區別なく、尙ほ「乃」（主として屬格）と云ふ字がある。『詩經』にも「女」（汝）と「爾」（或は「而」）とあるが、「我」が「吾」より非常に多い如く、「爾」が第二人稱の常形となってゐる。

以上の事實を說明するのは中々複雜だが已むを得ない。

先づ或は之を三期の階段を經たる一古語として見やう。

a 最古の時代で「予」が最も多いが「予」「朕」「我」の三語が竝び存してゐた。

b 第二期は「我」が「朕」に代って「予」も大分消滅した。

c 第三期は孔子以後で、「吾」が「我」と竝び存した。

此の解釋は種々の理由からダメである。

先づ『詩經』は『書經』の後半と丁度同時代に作られてゐて、其大部分は丁度「周書」と同時代である。然るに「周書」は上述の如く「予」百十三と「朕」三十八を「我」の百七十一に對して示すのに、『詩經』は「我」が殆んど擅場である。

又、『書經』の新しい部分は孔子に殆んど先立って居らぬ。孔子の場合には主格屬格形として非常に夥しくて普通であった代名詞の「吾」が、『書經』（『詩經』でも）に全く無いのは、「吾」が比較的新しいもので有機的に漸次語中に侵入して來たからだと考へるなら、頗る不思議なもんである。此の澤山の「吾」が、若しも (a) 予、朕、我、(b) 我、(c) 我、吾と有機的に進化したものだとするなら、『書經』や『詩經』の大部分にも這入っていなければならないだらう。

然らば是れは時代の差異でなくて、方言の差異であらう。『書經』も一の方言であり、『詩經』も他の一方言であり、『論語』も亦他の一方言であらう。

然し此解釋にも始めから中々重大な困難がある。即ち、『書經』は約千五百年間の文書の輯錄であるのだし、『詩經』の國風は十五ヶ國から採集したもので、然も其數國は孔子の祖國魯の近隣でもあるのだ。

此難點は容易く免れ得る。希臘語史が解決の鍵を與へてくれる。A.Meillet 氏が *Aperçu d'une histoire de la langue grecque*, pp.149-150 に書いてる所によると、各文體には、其の發達した土地と發達の特別の事情とによって、各々の文語があるので、文體が特有の言語を持つので、作る人々の方言とは別のものである、と。

古代支那でも確かに同樣の情態が在ったのだ。記錄文とか布告文とかは、固から「予」「朕」「我」を有する一方言で書かれて、後世までが忠實に之を保守したもので、それらが『書經』となったのだ。『詩』は特に「我」と云ふ語を持つ種類語で作られて、何國の詩人でも皆此體から離れ得なかったのだ。そして只極めて罕な場合にだけ「予」が詩文に這入ったので、鄒や豳では割合自由であったから澤山使用されたのだ。最後に、孔子の弟子達が孔子との問答を輯錄した時には、一には師の語を尊敬する爲めに、二にはかゝる問答體は全く新しい文體であったから、その語を忠實に存したのだ。孔子は當然魯の郷土語で話したらう。然し彼は又「予」をも所々に使用したが、あの學歷から見ると不思議にも餘程少ない（凡て十八例あるが格には關らない。）が、よく彼の言語を純粹に保存し得たものだ。

此の解釋は二つの事から尙ほ立證される。

先づ、支那の學者によく此議論をし得る傳說を傳へた人がある。大朱熹は云ふ。「舊說に二南は正風爲り、所以に之を閨門、郷黨、邦國に用ゐて而して天下を化す、十三國は變風爲り、則ち亦領して樂官に在り、時を以て存肄し、觀省して而して監戒を垂るゝに備ふる耳と。

又『春秋』が確證する。孔子の生國魯の『春秋』は魯の記錄から孔子が自

ら編纂したもので終りの部分は孔子と同時代である。然し『春秋』の文體は正しく『書經』と同じである。魯の言葉は屬格常形として「吾」であるのに、『春秋』は常に「侵我（屬）北鄙」等の語法である。事實を記す歷史家でも孔子で分る通り魯の言語を用ゐないで、記錄體の語を用ゐたのだ。

そんなら明らかに人代名詞の變化を有する孔子の言語は『書經』や『詩經』とは別の方言として置いて、まだ答へねばならぬ疑問がある。卽ち、魯の言語は他の方言が長い間失って了ってゐた原支那語の痕跡を保存してゐたものだらうか、又は新しくこんな變化を創造した比較的近代の語なのだらうか。

年代から見ると後說が成り立つ樣で、紀元前二千年頃の或る方言には旣に亡んでゐた格例變化が周末孔孟の時迄他の方言に保存しられ得樣とは考へ難いが、そんな遠慮は不要である。交通便利で且つ義務小學校のある現代諸國に於ても尙ほ音韻現象上にも語尾變化上にも近隣諸方言で數世紀も消えてゐた古い痕跡を殘留してゐる事がある。瑞典の Dalarna 諸方言や現代アイスランド語や那威方言の樣な例がある。古代支那の封建時代及び其前では政治的統一と文化的統一とは相關聯してゐたから、他の方言に對して一古方言を特有する事も、長い間之を維持する事も十分に出來たらう。この難點はだから打勝ち難いものでは到底ない。

尙ほ孔子の代名詞變化中に原支那語の痕跡があると云ふ强い決定的な理由がある。

孔子の場合で若し主格形 X と屬格形 Y との間の對照であると云ふならそれは疑へぬ事もない。元來が語尾變化のない支那語で助詞「之」の助けで屬格變化を先づ發明し（『書經』の「帝之」を見よ）、そして魯語が之に倣って遂に主 X 屬 Y の一組を作ったとは言ひ得る。然るに孔子の語尾變化は主格屬格の一對でなくて、主格（吾）補格（我）の對である。支那古文では主格補格の對照を助詞を伴ふ變化で表はしたものは無いのだから、魯語が倣ふて主（吾）補（我）の組を作り樣がない。某方言が主補の組合せを作って而もそれを名詞に應用せず、je, me 及び tu, te の二人代名詞に限って用ゐ、そして其現象

が全然他の諸方言に知られなかったなぞと想定する事は全く不可能な話である。言語の生命に關する吾人の知識及び西洋諸語の進歩せる研究の教訓の凡てによって一原理が斷言する。佛語が決して自身で je: me, tu: te の對照を創造したのでなく、そして又其名詞は主格（cheval）と補格（cheval）との間の區別を持たぬ如く、同じく魯語の主屬（吾）補（我）の對照は新造物であるわけはない。

◇　　◇　　◇　　◇　　◇

孔子の言語は佛語と完全に平行する。拉丁語に於ての如く、原支那語に於ては格例變化が存在してゐた。支那語の發達は佛語と同じ順序であった語尾變化が壞れた。或は助詞的變化が代用された（拉丁. imperatoris: 佛. de l'empereur: 支. 帝之）。或は少しも代用せられなくて、そして異なる格を持った（主. imperator: 補. imperatorem）のが同一になった（主及び補. empereur: 支. 帝）。惟だ獨り代名詞が保存者であった。數世紀の長い間、他では全く失はれた語尾變化を守った（佛. 主. je; tu; 補. me, te: 支. 主. 吾, 女; 補. 我, 爾）、そして時世遅れの記念物として今こそ變化は無いが、元は一種の語尾變化があった古い時代を回想せしめてゐる。

（『支那學』第一卷第六號、1921 年 2 月、67-77 頁；第一卷第七號、1921 年 3 月、68-73 頁）

『訪餘錄』一册　島田翰著　東京文求堂大正十年一月刊

島田翰は字を彦楨と曰って篁村博士の次子である。幼より古籍を愛し校勘を喜み長じて井々博士に就いて學を問ふた。祕府の書を縱覽するを得るに及んで、慨然目錄校勘の學に意在り、遂に古文舊書考群書點勘の二書を撰述した。其後江浙名家の藏書を徧く觀たが、病の爲め世を避け終に未了の緒を抱いた儘何時の間にか急いで此世を逝って了った。

彦楨の學は獨り目錄校勘の學に止まったが、其の精該は比倫し得るもの稀れであった。古文舊書考の第一輯が民友社から世に出た時に兪蔭甫は曾文正

が贈った眞讀書人の四字を移して彼に贈り黄仲弢は使乾嘉諸老見之當有入室操戈之歎と推稱したものであって、師井々博士も其校勘之精雖視錢竹汀顧澗蘋未知如何蓋亦不在狩谷棭齋市野迷庵之下也と許してゐた。たしかに明治の支那學界に古文舊書考を有するのは誇りとして宜しい。

　此の訪餘錄は江浙訪書の際の訪餘錄の殘稿に遺文數篇を附加して彼の遺文集としたものらしい。三十葉にも足らぬ僅か十數篇の小册ではあるが、校勘學者として目錄學者としての彥楨の一斑を窺ふには固より十分で敢て多言を要しない。世の古文舊書に意在る人は是非之を一覽して不幸數奇な彥楨の短い一生を偲び、運命の惡戲に感慨を致しても宜しからう。

　中の根本博士論語講義書後を見ると一寸面白い。此れは嘗て根本博士が王仁所獻の論語を以て講義したと云ふ大層も無い本に對し贊否の聲が喧しかった時に、國民新聞紙上で狂生の名を以て痛切なる批評を加へて世を驚かした寄書の原稿である。根本說を贊成したものは禮の新聞紹介で勿論取るに足りないが、當時批難を加へた連中も餘り香しく無かったらしく、あわてゝ講義の再版から卷末に古寫本論語考を加へた同書の校訂者さへも、此等を考證淺薄取るに足るもの稀だと輕蔑してゐて、たゞ獨り國民紙上に於ける狂生の寄書は頗る見るべきものだと驚嘆した。以て世の學問の程度と彥楨の學識が時流を拔いてゐた事とを知るに足らう。

　然し彥楨の其他の遺稿は果して如何なったものだらう。韓非を箋注せんとしたとあるが恐らく之は何程も出來なかったらう。古文舊書考の續輯も終身手を脫し得なかったらしいが、積年の心血を注ぐ所必や殘卷遺篇の收錄すべきものがあったらう。同じ姉妹篇の群書點勘は稿本が董授經の處へ渡ってる樣にも側聞したが、其刻は未だ知るべからざるらしい。此二書などは來者に敎ふる所必ず多いだらうに惜しんでも餘りあるものだ。何とかして早く世の光を見せ得られるものなら彥楨の幸のみではあるまい。（曇隱）

（『支那學』第一卷第七號、1921 年 3 月、79 頁）

Albert Grünwedel, *Alt-Kutscha: archäologiische und religionsgeschichtliche Forschungen an Tempera-Gemälden aus buddhistischen Höhlen der ersten acht Jahrhunderte nach Christi Geburt.* (Veröffentlichung der Preussischen Turfan Expeditionen), Berlin, 1920.

　ペリオ氏の敦煌壁畫寫眞集第一册の紹介が本誌に現はれて驚く間もなく第二册が矢つぎ早に押掛けて來る。未だ其の第二册の圖版を一覽もし了らない内に又もや今度はグリュンヴェーデル氏の古龜茲の美本が殺到して來た。誠に忙しない眼福だとあっけに取られる。

　グリュンヴェーデル氏は佛教學西藏學では有數の大家であって、殊に二回迄もプロシャ訪古隊を率ゐて新疆に遠征して目覺しい收穫に世界を驚倒さした西域古學者軍中の驍將である。既に第一回の探檢に對しては極めて詳細なる報告を早くも出し、佛教美術史上の貴重な著作と推賞されてゐる。

　新出の本書は第二回探檢の際に訪ねた庫車西方八十里の Qyzyl の古蹟諸洞窟中の壁畫を原色複製した二十五葉の圖版と氏が得意の佛教美術史學の該博なる知識を持って之を解說研究した論著とより成って居る。佛教美術史上の寄與は甚大なるものがあらう。當に我國の佛教學者の精讀細評に價すべきものだ。我々は先睹の快を以て一言之を紹介し得れば足る。印刷製版の善美は今更乍らにえらいもので、瘦せても獨逸は尙ほ霸を稱するに足る。然し時勢の非なると有朋の凋落を歎ずる此の碩儒の序を見ると痛ましい。

　西域古學は歐州大戰の終了を待ち兼ねた際に活動を始めてゐるスタインの新著も出た樣に聞いてるし、又スタイン蒐集のカロシュティー文書の考釋も出た樣だし、ペリオ、ルコック、コノフ、ミューラー、ジーク其他中亞考古學軍の猛者達の新出報告論文の題目を見てさへ動心駭目のものが極めて多い。多年抑壓のうっぷんをはらさんずる勢すさまじい。我國も相應じて少しは何かの寄與をしたいものだ。（曇隱）

(『支那學』第一卷第七號、1921 年 3 月、79-80 頁)

王蘊山氏注音字母論

王蘊山演稿「注音字母與漢字」『中華教育界』第十卷第八期

「國語研究號」民國十年二月

王蘊山氏は名は璞、直隸宛平の人である。北京の注音字母傳習所長として所謂國音及び注音字母の專門家として名高い。王氏の本稿は今更抄譯を作る必要のある程のものでないのだが、有數の支那國語學者の意見を知るのも興味あらうと思ったので抄錄したまでゞある。意味の通り難い所があったから、誤解が多くはなからうかと恐れる。指教を得たいと思ふ。大正十年三月十七日　抄錄者記す。

わたくしは此の度京師を出て南北幾多の地方を通過して來たが、世人は注音文字に對して仍ほ一種の杞憂を抱いてゐる事に氣が付いた。卽ち字母が盛んに行はれると漢字が廢せられるだらうと云ふ。わたくしは此問題に對しては、漢字は當然廢止せらるべきものだと云ふのと、漢字は決して廢止する事は出來ないと云ふのとの兩樣の意見がある。漢字が當然廢止せられねばならぬと云ふのは、伏羲が八卦を畫してから漸々と六書が出來て、その後篆から隸へ、隸から草、草から楷にと漢字が一度ならず二度ならず變化して今の樣なものになったので、もう六書とは符合しない。將來とても變らぬとは云へない。また世界各國を見ると、歐米の文字は二十六字母を出ず、東亞の日本も亦五十音に外ならぬ。音韻綴字の法も希臘拉丁から始まったので、我等が今學ぶ英文も漸く十五世紀からのものに過ぎない。だからわたくしは漢字も希臘拉丁と等しく特別の人々が研究保存したらよいので、普通一般の人民には極く簡便な極く學び易い文字が出來るのは自然の勢ひではなからうかと思ふ。

どうして漢字は決して廢止する事が出來ないか。我國數千年來の名聲文物は總て漢文に載せてあるから、それをたゞこんな頗る簡單な音符で代えやう

としても、どうしてそんなに容易く此事が此の世の中で出來やう。「蘇州碼」と云ふものが有る。中下流社會を通じて用ゐられてゐるが、然し蘇州碼があるが爲めに漢文の數目の字を廢しはしなかった。この注音字母も蘇州碼も同じで、どうして漢文を廢止し得やうか。又之を日本に徵してもわかる。日本にはもと國字が無く漢字を借って國字に當てゝ、後に假名が出來たが漢文を廢止はしない。漢文は元來我國固有のものだから、字母があると云って漢字を廢止することが出來やうか。是が分れば漢字を廢止すると云ふ心配はいらない。

注音字母の由來

　甲午の敗戰以後、我國人は漸く少しは覺醒して大多數の人民が凡てボンヤリしてゐては世界に存立する事が出來ない事を覺り、人民を覺醒して知識を與へる方法を考へた。此時に王炳耀先生が一種の字母を作って廣東に行ひ、蔡錫永先生も一種の字母を作って福州に行ひ、後に勞乃宣先生も一種の簡字を作って江南に行ひ、王小航先生も一種の官話字母を作って江北に行った。この四家は最も名高いが其外尚數十家の字母が有って各地に行はれた。民國元年になって蔡孑民先生が教育部に長となって讀音統一會の提議があり、民國二年二月に成立した。此會で我國二十二省蒙藏回の各派代表二人宛と音韻學者方言學者を入れて三十餘人が三個月餘りも研究してこの注音字母が出來上った。

注音字母の效用

　以上の通り注音字母は一個人の私造したものでなく、全國の公製になったもので最も價値がある。して其效用は、

　　言語の統一
　　教育の普及

の二つであるが、是は元來一つの事である。「言語を統一せざれば教育は決して普及する能はず。教育を普及するを要せば、先づ言語を統一するに非ざ

書評と紹介

れば可ならず」とはわたくしの勝手に言ふたのでなく、實は各教育大家が公認する所である。然しわたくしは今二つに分けて話す。

　今言語を統一しやうと云ふのは言語が統一せられてゐないからだ。我國の言語の統一してゐない原因は何か。或人は云ふ、是は土地上の問題である。我國は四千年前には一小部落に過ぎなかったが、現在では世界有數の大國となった。土地の大は俄かに出來上ったのではなく、者ならず漸次に積んだのだから所屬の人民種族は一樣でなく、言語も異なるので是は當然の理だ。或人は云ふ、是は地理上の問題だ。水に近い人々の發音は輕く、山に近い人々の發音は重いから、輕重一ならずして聲調が同じとはならない。或人は云ふ、是は氣候上の問題だ。熱地の人の言葉は脆にして清、寒地の人の言葉は直にして濁、清濁同じでないから語氣は自然一樣でない。又或人は云ふ、是は交通上の問題だ。我國の汽車汽船は近々二三十年來の事で全國に普及してなく、一生家門を出ない人や世間と往來しないものもあるから、交際がなく、どうして言語が混合して一となり得やう。

　以上の四原因を綜合して見るに云ふ所に道理が無い事はないが、主要原因はそこにない。主要原因は範圍の二字だ。範圍と云ふのは例へば英佛日等の語を學ぶにしても先づ學ぶべき範圍があるそれだ。もしその字母を捨てたなら、どうしてその言語を學べやう。我國の今の言語は決して黃帝の時のと一樣ではない。言語はどれ程變遷したか知らないが、我國言語の變遷は社會自然の變遷に任せて、それを檢査し範圍をつけて大同に歸せしむべき何物も無かった。だから我國の現在では言語が亂雜の極點に達してゐる。

　原因が分れば統一の必要は何處にある。わたくしが世界の各强國英米佛獨日等を見るに、一國の人は一つの言語を話して言語が統一してゐる。又世界の各弱國土耳古印度等を見ると國内の言語が亂雜で我國と同樣である。言語と國家と甚だ關係ある事が分る。然も各强國の言語の統一してゐるのも、最初からさうだったのではなく、獨逸の如きは聯邦だから是迄各小邦は一樣の言語であったが、聯邦以前の第一政策として言語を統一しやうとて各小邦を

して凡てプロシャ語を學ばしめたが、數十年もならない内に成功甚だ著しく國勢日に強くなった。近く東邦の日本も最初は南北の言語は相通じはしなかったが、明治維新以後第一の政策として言語を統一し各府縣に東京語を學ばしめた處、數十年ならずして成功大に著しく國勢日に強くなった。言語が國家の強弱に關する重且大なるを知るべきである。

　次に教育の普及であるが、教育を普及するを要するのは、教育が普及しなかったからだ。教育の普及しなかった大原因は固より言語が統一せずして文字が教育普及の障礙であったからだ。我國の文字は貴族的で平民的でない、專門的で普通的でない、一字に數音あり、一音に數義あって、少年から老年まで學んでも中々卒業しない。一生かゝっても卒業しないものを一般人民に普及せねばならぬと云ふ樣な道理はない。だから必ず一種極く簡便な極く學び易い文字を作りだして補助に用ゐ、そして後教育普及を強ひても手掛りがあるわけだ。

　又我國は漢滿蒙回藏の王族の人民から組織したもので、内地二十二省は言語は同じくなくても文字は一樣であるが、蒙回藏と云へば但に言語の同じくないのみならず、文字も亦同じでない。世界中で言語は同じくなく文字も異って、そして一國を成して同胞と云ふ樣なのは昔から聞いた事がない。今後我等が統一せぬつもりならそれでいゝが、若し統一するなら我等五族の言語文字は何を用ゐたら宜しいか。故に注音字母を推行するのが當今の緊要な事だと云ふのである。

　　　　　　　　　（『支那學』第一卷第八號、1921年4月、71-75頁）

支那苦力の歌謠

Chinese Coolie Songs, taken down from the lips of Chinese Coolies with the B. E. F. in France, and translated by A. Neville J. Whymant, late Lieutenant of the Chinese Labour Corps. 1919. *Bulletin of the School of Oriental Studies*, London Institution. Vol.

書評と紹介

I. Part IV. pp.145-166. 1920.

　原著者に就いては抄録者は何も知らぬ。たゞ Ph.D. 等を持ってる人で歐州戰爭には Lieutenant of the Chinese Labour Corps として支那苦力隊掛りであったことを知り得るに過ぎない。

　題して支那苦力の歌謠と云ふが、いろいろの種類のものがあるので、格言諺語から子守歌に謎々に又は單なる語呂丈の Jingle もあると云ふ調子である。總數は文首にある番外のをいれて九十一篇出てゐる。

　これ等の歌謠を蒐めたのは、著者が佛國で歐州戰に苦力隊付で從軍中、苦力が退屈しのぎに時々歌ふのを聞いて好奇心を興して書き取ったものである。中には少しは文字のある苦力の組頭といった樣なものから得たものもあるから高尙風雅なものもある。あまり下卑なのはこゝに收めてない。

　固より俗謠の事であるから誰が作ったものやら何時出來たものか分らないので、苦力が故鄕の父老から聞き傳って歌ひ傳へてゐるのだ。其の言語は官話半分俗語半分ではあるが、よく研究して見ると其の半分の俗語と云ふのも實は官話が訛ったり誤ったりしたものが多い。苦力の中には、自分自身歌ふてゐながら其の意味を知らない樣なものも澤山ゐる。只幼時からの聞き覺えを唄ふ丈なのだ。だから中々之を漢字で寫さうとしても寫し得られないものがある。

　著者はこれ等の俗歌は苦力心理の闡明の貴重な鍵であるとか、支那の歌謠音樂の起原の研究にも資する事が出來ると云ってゐる。抄錄者は支那俗謠の知識がないから何とも云ふ事は出來ぬが、それなら飜譯丈でなしに少なくとも書き取られた原文や或は音譜などをも發表せられん事を希望する。どうも飜譯丈ではほんの內容位の事しか分り難いもので、形式や押韻などすら中々分らない。況んや其以上をやだ。或は其の內續いて發表になるのかも知れない。

　見本として左にほんの少しばかり例を擧げる。抄錄者の拙劣なる重譯を試みるよりは著者自身の譯を揭げる方がましであらうと思って英譯の儘にして

置く。

21. Word-play JIngle

One, two, three, four, five,

Five tomes five are twenty-five.

How heavy is my task,

How long the time to dinner!

これ丈は音譯文が附載してあるから併せて揭げておく。

I, êrh, san, ssǔ, wu

Wu shihi wu shih êrh shih wu.

Chung chung wo-ti lao

Man man wo-ti fan!

28. A Lullaby

Sleep, baby, sleep, baby!

Hush of breezes, softly swaying bamboos;

Stars are winkling smiles to baby,

Sleep while mother sings;

Shui-chiao (睡覺), shui-chiao,

Softly comes the night upon thee.

33. Canton Street-song

Dog, cat, and dragon-fly. Why will catch the other first?

Round and round and up and down,

Chasing a wind in a storm.

37. A Riddle

It is not the Feast of Lanterns,

It is not my birthday feast,

Nor has any moon arisen;

Yet I have a gift to-day—

A little baby boy!

    61. Analects Wisdom

Money is difficult to obtain;

Jewls and jems are of great price,

But, with little effort,

Great wisdom may be obtained

Which is above gems in value.

Seek out the knowledge of the Lun Yü (論語);

The superior man is composed and serene,

The mean man's desires are without end.

    62. Warning

Do not over-step your high ambition.

Too high land can hold no water.

嘗て北京大學で全國近世歌謠を徵集して中國近世歌謠の彙編と選粹との二書を編輯刊印すると云ってゐたが、果してどうなったかしらん。此の苦力の歌謠などは蓋し編中に入るべきものだらう。（大正十年四月二十一日）

（『支那學』第一卷第九號、1921 年 5 月、69-72 頁）

沈兼士氏文字學研究法

沈兼士「研究文字學『形』和『義』的幾個方法」『北京大學月刊』第一卷第八號、47-50 頁
民國十年二月（表紙には四月とあり）

沈兼士氏は北京大學文科教授で專門は文字學國語學の方面らしい。矢張り胡適之一派の文學革命に共鳴した一人で新詩を作って『新青年』などに投じた事がある。然し數は少なかった樣だ。

教授の論著には本論の外に『北京大學月刊』に出たものに

  文字學之革新研究（字形部）　　第一卷第二號

   文論集要序　第一卷第八號

廣韻聲系敘及凡例　第一卷第八號

などがある。又其外本論に引いたもので

文字學講義

語法編纂大旨書

などの著がある樣だが憾むらくは未だ見ない。以上を見ると皆文字學に關したもの計りだ。本抄錄は原文が特に紹介の價値あるとて作ったのではなく、新派學者の文字學研究の一斑を見るが爲めに作ったまでゞある。尙ほ新派學者の文字學の文籍には錢玄同氏の『文字學音篇』、朱宗萊氏の『文字學形義篇』があると聞くが未見で知らない。大正十年五月十九日　抄錄者しるす。

　文字の「形體」を系統有り科學に合する方法で研究した人は從來まだ無いから、今わたくしの想ひ付いた研究方法數種を記して參考に供する。

（A)「造字原則」發生の順序と古代人類思想發展との關係

　意符的（Ideographic）文字を調べると單に言語の符號として發生した計りでなく、實際上言語と同じく思想を直接傳示する方法としてもその起源があると云ふて宜しい。卽ち一面には音聲を以て思想を表示して口から耳に傳へ、一面には何かの形を以て思想を表示して手から眼に傳へる。だから意符的文字發達の順序を研究して見ると又古代思想發展の順序を曉る事が出來る。獨逸の史學家 Lamprecht が定めたる人類思想發達の五時期を拿って造字原則發生の順序 <small>抄錄者云ふ六書の順序の事を云ふ</small> に對照する。

　一、象徵主義（Symbolismus）。指事の字「上」「下」の類。たゞ一種の記號である。

　二、模型主義（Typismus）。象形の字「日」「月」の類。記號から進化して象形となる。

　三、因襲主義（Konventionalismus）。借象の字 <small>借象の定義は文字學講義にある</small> 「屮」「釆」の類。實物の形狀に因って作者の意思を代表する。

　四、個性主義（Individualismus）。複象の字或は象形に會意を兼ねた字「鹵」「寒」の類。漸次實物標本の束縛を脫離して作者が自由に各象形體を合併

して其の意思を發表する。前條よりは範圍が稍々廣い。

　五、主觀主義（Subjektivismus）。會意の字「武」「信」の類。主觀的に各個文字間の關係を有機的に看て之を化合さして作者の意思を表現する。こゝ迄くると意符の區域の最大限に達したので、次に漸次「音符的」（Phonetic）の區域に這入って「形聲」の原則が出來てくる。

　ラムプレヒト氏は此の五時期を一切文化發達の一般形式だと認めてゐるのだから造字原則發生の順序もまた當然この形式に違背せぬ事は疑ひ無い。

(B)「造字原則」應用法の研究

　わたくしは數學の組合法でこれを解決した。「文字學之革新研究」を見よ。

(C) 字體最小分子の研究

　わたくしは各字體を獨立の極小部分に解剖して再び歸納法でその作用と分類とを斷定した。「文字學之革新研究」を見よ。

(D) 龜甲文と說文「重文」との研究

　龜甲文と鐘鼎文・說文の重文と比較研究をして整理する。これはC・Eと極めて密接の關係がある。

(E) 中國文字の史學的研究──文字形態上の中國古代社會進化觀

　六年の冬に『新青年』で錢玄同君に與へた手紙を發表した時^{抄錄者案ずるに民國七年二月發行の『新青年』第四卷第二號の通信欄に「新文學與新字典」と題して出たもの}文字上の中國古代社會進化觀の題目に言及した。其後朱邁先君馬幼漁君が文字學の一部分を引き拔いて史學の中に一學科を設けやうと建議した。我が主張の理由の大槪は次の通りだ。

　象形會意の兩原則を應用した文字は大抵直接か間接かに古代の道德風俗服飾器物……等の印象を傳示してゐるのだから直ちにそれが最古史だと云っても誤りでない。

　歷史は徵實を貴ぶ。古今の史書は有意で作られたから主觀的偏見的文飾的の疵がないものは殆んどなからう。文字だけは無意中に事實を表現してゐるので客觀的直寫的裸體的の價值があると云へる。

　この學科の研究方法は「說文」「鐘鼎」「龜甲」の諸文字を參校訂正してそ

して後某字の形義と當時社會の思想事物との關係を假定するのだ。これには必ず博く周秦諸書を考へて佐證の有無を看、また社會學の原則を應用して當否を判斷する。

　この研究が成功すると說文や古史に記する所の字形と事實との幾多の誤謬を反って證出し得る。

（F）縱橫兩方面の訓詁研究法

　從來の訓詁を講ずるものは兩派を出でぬ。一派は『經籍纂詁』式で專ら臚列を尙んで系統の言ふべきものがない。一派は『通訓定聲』式で系統は僅にあるが古典的舊文學的で應用的新文學的でない。それでは完全ではない。わたくしは大學で訓詁研究の範圍を擴張して新文學の發生と關聯せしめるがよいと思ふ。

　訓詁學を三部分に分けて研究しやうと思ふ。

訓詁學 ｛（一）訓詁學冬論──これは總論。
　　　　（二）粗代文語沿革考──これは縱の昔究
　　　　（三）現在方言學──これは雁の昔究

　訓詁學槪論は源流・要義・研究方法を論ずる。「變易」「孳乳」「引申」「通假」の諸定律は研究すべき重要事項である。

　歷代文語沿革考は總論の方法を應用して、目で古籍に依據して歷代文語變遷の奇迹を探り尋ねるこの研究は將來編輯する「語法外編」と大關係がある。「語法編纂大旨書」を參考せよ。

　現在方言學は總論の方法を應用して、耳で現代各地方言語變轉の狀況を研究する。この研究には先づ表式を用ゐて方言を徵集して、その後歸納法をを用ゐて整理し分類して一種の爾雅式字書を編纂する。

　今日我等が方言を考究するのは從前の『新方言』などの書とは根本の同じくない點が一つある。從前は『說文』を以て根據としたので『說文』に本字のある字に限られた。言葉を換えると形を以て經とし音義を以て緯と爲した。今は却って音義を以て主と爲すのだ。

(『支那學』第一卷第十號、1921 年 6 月、71-74 頁)

Henri Cordier, *Histoire générale de la Chine* et de ses relations avec les pays étrangers depuis les temps les plus anciens jusqu'à la chute de la dynastie mandchoue.

I. Depuis les temps les plus anciens jusqu'à la chute de la dynastie T'ang (907 après J.C.).
II. Depuis les cinq dynasties (907) jusqu'à la chute des mongols (1368).
III. Depuis l'avènement des Ming (1368) jusqu'à la mort de Kia K'ing (1820).
Paul Geuthner, Paris, 1920.

　佛の碩學コルディエ氏に久しく支那通史編修の企てがあって其の原稿とも覺しき論文が屢々『通報』などに見えてゐた。所が愈々完成と見えて前三册は今や既にわれ等にも見得る事となった。

　通史の編纂の難しいものであるのはどこの國でもいゝ通史が少ないのでも知られるが、そしてその必要なる事は一般向にも專門向にも同樣なのだ。殊に西洋の支那學の進步はどの方面からも頃合な然も確實で新しい支那通史の供給を迫ってゐたのだ。

　西洋の支那通史の編纂ではコルディエ氏程適當な人は少なからう。目錄の學に精通してゐて東洋諸國の夥然たる藝文志を編纂してゐるし、又貴重なる東洋紀行類の該博なる補注もあるし支那外交史の大著もある。其他支那東洋に關する重要なる幾多の論文は屈指するに勝えぬ。そして大册も小篇も皆永く學界の感謝に値するものである。殊に其の對外關係史料に通ぜる事は壇場とも云ふべきか。多士濟々の佛蘭西支那學界とは云へ支那通史の編纂はコルディエ氏の繩張であらう。

　既出三册の中第一册は古代より唐末迄、第二册は五代より元末迄、第三册は明初より淸の嘉慶帝迄を收めてゐる。豫定は標題通り滿州朝の終末迄行く

のであらうから尚一二册はどうしても出るのであらう。先づ卷頭に支那民族の起源論を說明し、次には支那史の資料を解說して愈々支那史に入り、所謂三皇五帝から歷代各朝を順次に簡單に記述して行く。然し表題が示す如く外國との關係事項にはは特に念を入れて博覽の學識を約說してある。時には特に章を設けて纏めたものがあって、それらは氏の得意の所で他の書物では見られぬものだ。例えば第一册第一章の支那起源論史、第十六章の北魏の彫刻、第二十五章の巡歷僧列傳、第二册第二十二・三・四章の元代の外國宣敎師と旅行者、第三册中の葡西英蘭の東洋進出を詳說した數章などがそれだ。

　本書は西洋の支那史の智識の梗槪を示したものとしては誠に最上と許して宜しい。西洋支那學界の業績は出來得る限り利用し網羅し盡してゐて流石にと感服させられる。然し我國の支那學から云へば支那の歷史は Mailla の通鑑綱目も譯を骨子として出來た此の本からさう大した期待をする必要もないが、その對外關係の件々卽ちコルディエ氏得意の場所の記述は吾等には得難い好手引となる者である。それこそ我國の專門家、支那史のみなく東洋史又は佛敎史等それぞれの專門家にも又一般世人にも精讀も通讀も勸めたい。何しろ博覽多識で細心周到な老儒の撰述とて近年に於ける歐米支那學界の燦爛たる成績は殆んど一々示してあるから便益を得る事極めて多大である。西域古學が敦煌其他で得たる豐富なる結果は固よりの事、殷墟より出でたる龜甲獸骨の卜辭の重要なる事迄一言してあるのには全く其の忠實さに驚かされる。兎に角專門家も普通人も本書を讀んで西洋の支那學の成績に驚きもし感じもするがよいと思ふ。謹んでこの大著の完成を祝する。

(『支那學』第一卷第十號、1921 年 6 月、76-77 頁)

『黎錦熙的國語講壇』 民國十年三月上海中華書局印行

　これは黎劭西が昨年江浙地方へ國語敎育の視察に出かけた時あちこちでした講演の筆記などを輯めたもので、皆上海の新聞雜誌に出たものだそうな。

何はともあれ教育部中の音韻學者で國語問題注音字母論の當局者の談論であるし、それが一纏めになってゐるのだから極めて參考に便利である。國語概論に關するもの三篇、學理討論に關するもの三篇と附錄三篇、國語教育に關するもの二篇と附錄二篇併せて十三篇あってザット一通り凡ての問題に觸れてゐる。然し序文に、言は一端に非ず、義は各々當るあり、我が今度の各處の講演は大半は稍々時と地に隨っての補偏救弊の話なのだから、概括的主張確定的批評だと思ってはいかぬとあるが、これは何處も同じ當局者として誤解を嫌っての御丁寧な注意書きだらう。南方迄盛んに注音字母を推行しつゝある今日、國語國音問題の權威である劭西の講演集は必ず我が國でも亦讀まれて然るべき筈だ。又其内に討論會での討論集も彙刊しやうと云ってゐるが、それは本書の姉妹篇として是非闕くべからざるものだ。成るべく速に出すやうにしてほしいものだ。

(『支那學』第一卷第十號、1921年6月、78頁)

Ernst Leumann: *Buddhistische Literatur, nordarisch und deutsch*. 1.Teil: Nebenstücke. Abhandlungen für die Kunde des Morgenlandes. XV. Band, Nr. 2. F.A. Brockhaus, Leipzig, 1920.

西域古學が收穫し得た燦爛たる成績の一つには何と云っても和闐學がある。千年既に絶えてゐた渙那の古語を解讀して、一時盛を極めた佛敎の豊富なる文學の内容を直接に尋ね、遂に尉遲氏の舊事を考ふるを得せしめたのは誠に人を驚倒せしめる。古于闐の語、獨逸では北方アーリア語、佛蘭西では東方イラン語などと稱せられてゐたが、今は先づ和闐語(コータン)と呼んで置かう。佛敎學の中心地を以て任じなければならない我國は此の重要なる新學問の業績に對しても熱心なる注意を拂はねばウソだ。斯の師承の無い絶學を開拓した尊敬すべき學者中の元老エルンスト・ロイマン翁の一新著を紹介するを喜ぶ。

印度學者としてのロイマンは、ロイマンを通じて獨逸派の梵語學が我國に榮えてゐる今日、今更やかましく紹介の要はない。このロイマン翁は中亞發見物中に見出された既滅語に關しては最初から注意して研究したものだ。殊に彼の所謂第二種語北方アーリア語に精力を專ら注ぎ、彼の愛弟子我が渡邊海旭師の助力を得て斯學の解明に努力した。そして其成果は數篇の論文となって世に出で斯學の先河となった。

　今紹介せんとする書は、ヘルンレ、ペトロフスキー、スタイン蒐集中の斯語佛典の殘葉斷片の解讀考證を輯めたもので、斯學の基礎と云ふべきものである。本輯は大體に於て此を二篇に別ち、內篇には北方アーリア語で最初から書かれたものを採り、外篇には梵語から飜譯されたものを收める。そして茲に先づ外篇を第一卷として發刊したのは、飜譯物は梵漢蕃等の異譯を對照して早く解讀の途が開けたので、研究成績の順序に從った迄である。因に後に出づべき內篇には二千頌に涉る佛教綱要とでも云ふべきものを收めるとか。

　既刊の第一卷外篇に收むる所では、僧伽吒、維摩、金光明、首楞嚴三昧、藥師瑠璃光明の樣な經部もあり、出世無邊門、智炬の樣な密部陀羅尼もあり、觀世音や釋迦牟尼や毘首羯磨(ヴィシュヴァカルマン)の讚頌もあり、其他長行釋論の樣なものもあって、然もそれもほんの斷片丈でなくて僧伽吒や金光明などは十數葉もある。皆丁寧に羅馬字で寫して獨逸譯を爲し得るに至った著者の精進には驚くの外はない。固より本書は語學的研究が主であって、他科には及んでゐないが、之が和闐學の基礎である。かくして荊棘の路は開かれていったのだ。

　斯學の元老ヘルンレは道山に歸したとは云へ、リューダース、ステン・コノフの俊秀は頻りに重要なる論文に世を驚かしつゝある。佛教學は固よりの事、大月氏や貴霜などはよく我國の史學會でも論じられるのだから、我國にも和闐學の必要は迫ってゐないとは云へないのだ。

（『支那學』第二卷第三號、1921 年 11 月、79 頁）

『于闐國史』 寺本婉雅著　大正十年京都丁子屋書店發行

　寺本師に本書のある事は嘗て何かの雑誌(『新天臺』か)に先づ載せられた其の序文によって夙に知ったので、出るのを待ってゐた。今年の春に愈々出刊との廣告を見て大變に喜んだが發賣延引で漸く半年程もしてから見るを得る事となった。原本の寫眞版も出てゐるし地圖も附してあるし、本文は第一に『于闐國懸記』の和譯、第二に『僧伽婆爾陀那懸記』の和譯があって、次に婉雅師の和「闐國佛教史の研究」と題せる前二書に關する研究雜錄を百餘頁も附した中々の大著である。然しわたくしは原文を見ないし、又見るを得ても分らないが、折角の此著述に對して疑問と遺憾とを少からず持つものである。

　ロックヒルは是等の西藏文の材料を利用した最初の人であるのは周知の事である。師は自序で發見の幸榮が師に在る如く書いてゐられるが少しく妙である。全譯を試みた最初の人とは云へやうが發見者では穩當でなからう。ロックヒルの著は古いものだから補訂を試みた人もあるが、然し今でも中々役に立つ書物なのだ。抄錄だからと云って發見の幸榮を奪ってはいけない。

　ロックヒルの記す所によると、彼が西藏所傳の于闐古史を書く爲には四種の材料を利用したので、其價値に順って名を次の通り擧げてゐる。第一『于闐國歷史』(Li-yul-gyi Lo-rgyus-pa)、第二『于闐國懸記』、第三『僧伽婆爾陀那懸記』、第四『牛角懸記』。初めの三つは丹珠爾に在って終りの一つは甘珠爾に收まってゐる。(Rockhill, *The Life of the Buddha*. p.231) 寺本師は第二と第三とを譯されて、何故かロックヒルが第一に擧げた懸記でない歷史の方を略されてゐる。ロックヒルの文に明記してあるのだし、又三書共に丹珠爾に而も連續して存在してゐるものを氣付かれない筈は無いだらうに不思議なわけである。或は師は之を無價値として止められたのかも知らないが、文中一言も之に及ばれないのは尚更不可思議で遺憾千萬な事である。殊に師の和譯『于闐國懸記』の第二章六「于闐史の傳說」と題する項下に「于闐の歷史

（Li-yul-gyi Lo-rgyus）に據れば」とあるのは此の第一から引いたものとも見られるから（Rockhill, p.232-3 を參照せよ）到底無關係として看過し難い樣に思はれるが如何か。第四の『牛角懸記』は所々に引用してゐられるから、勿論選擇取捨せられたものだらう。欲を云ふのかも知れないが實際四つ共全譯して頂いてあったら何たる幸福であったらう。

　それから師の研究の部分はかれこれこゝでわたくしは云はうと思はないが、遺憾な事がかなりある。上述の通り『于闐國歷史』の事を一言も書いてないのが不思議だが、ロックヒルが『于闐國歷史』を批評した文を引いて『于闐國懸記』の批評だとしてゐられる（七十一頁を見よ）のもおかしい。又よくヘルンレの文を引用してゐられるが頗る怪しく、例えば六十九頁から七十頁へかけて引いてあるものなどは全く誤譯してあってどうもおかしい。こゝの丁數の指示も誤ってゐる。實際西域古學があげた成績を如何云ふ風に理解してゐられるかと不思議に感ずる。著者は概ね西藏所傳を基として于闐佛教史を研究されて其の及ぶ所遂に西域考古學者の論著に迄涉られたので感謝には堪えぬが遺憾な點が多い。殘念な例を擧げて見れば、フランケ氏の研究論文「印度碑文」をナンかとあるが（九十一頁）、これでは有名な印度學の否西藏學の重要な論文も時々掲載される大雜誌の名を知らない樣ではないか。誤植や誤記も多いせいかも知れないが、文句も分り難いのが多い。例へば言語文字の兩語を區別して使用されないものだから思想にも混雜がある(第六項を見よ)。此上餘り書かなくても宜しからうが兎に角遺憾な點が多々あるので固より問題が難物とは云へ甚だ失望せざるを得なかったと白狀したい。妄評多謝。

　以上わたくしは本文と研究との兩方に對し疑問遺憾の有る事を敢て少し述べたが、各國に先んじて二懸記の全譯を得たのは喜ばざるを得ない。隴を得て蜀を望めば頁數も僅なものであるし、原文は誰人にも得易いと云ふものでないから原文を羅馬字で寫してなりと附錄してあったら如何に便利であり有益であったらうと思ふ。最後に附加して置きたい。ペリオ教授の報告によると第九世紀の前半に甘肅で翻譯された『于闐懸記』の漢本が有るさうで、こ

れで蕃文もよく校讀出來又從來不分明の蕃漢名字の正確の對比も出來ると云ふ（*Journal Asiatique*, 1920. série XI. tome 16. p.354）。眞に學界の一大發見と稱して宜しい。漢藏兩學に精通せる教授の研究發表は今から待ち遠しくてならない。（曇隱）

（『支那學』第二卷第四號、1921 年 12 月、77-78 頁）

書後

　寺本師の『于闐國史』に敢えてなした小評に於てわたくしの申し述べた疑問や遺憾な點に對し師は懇切に說明せられたと側聞したから早速一覽して蒙を啓きたいと願った所、幸ひ支那學社諸兄の許容により先睹の榮を辱くし反覆熟讀して益を得る所寔に鮮少でない。後學を教ふるに吝ならざる師に謹んで感謝の意を表する。わたくしは西藏學にも佛教史學にも西域史學にも何等專家の造詣あるものでないから、師に對し敢て論難などしやうとも思ってはゐない。たゞ師の盛意に負かざる爲めこゝに讀後の札記を作って、わが見る所の誤を正し、わが聞く所の略を述べたいと思ふ。

　先づわたくし自身の誤謬を正したい。わたくしは『新天臺』か何かの師の序文が出たと書いたのは誤で、『親鸞と祖國』第一卷第四號（大正八年四月發行）に「西藏文于闐國史について」と題した「自序的紹介」が出てゐたのであった。今本の序と大同小異の文であるのは云ふ迄もない。それから『于闐國懸記』漢譯本のペリオ教授の短い記事がもっと早く *Journal Asiatique*, 1914. série XI. tome 4. p.144-5 にもある事を後に知った事だ。是等は是非正して置きたい。

　次に大體師の文に隨って愚見を短く書く。第一はロックヒルの所謂『于闐國歷史』に關する事だが、師の依られた赤字大版本には存在せぬとの事。この示教によって早速同じ北京殿版の佛文目錄 *Catalogue du fonds tibétain de la Bibliothèque nationale* par P. Cordier. IIIe partie. Index du Bstan-Hgyur. p.433 を調べてみると、『于闐懸記』の所に、Histoire du Li-yul; fol. 449b, 2-3,

Li-yul gyi lo-rgyus danṅ / gtsug-lag khaṅ / daṅ dge-hdun-sde gñis-hyi graṅs ni (=Chronique du Li-yul, énumération des Vihāras et des sectes religieuses, début apparant d'une seconde partie, puis ne forme toutefois nullement un ouvrage distinct. と既に注意してあった。學を爲すの難きに今更驚かされる。このコルディエの注はロックヒルの記述に對するものに相違ない。所でロックヒルの使用した丹珠爾が何本なりやは明記が無い様だが、甘珠爾は The East India Office copy とあるから（The Life of the Buddha. Introduction, p.vi）丹珠爾も恐らく同局のものだらう。India Office の丹珠爾にはナルタン板があるから、ロックヒルはナルタン本を利用したと見てよからう。F.W. Thomas がロックヒルの補注に使用した丹珠爾は矢張り同じ印度局本だらうが、矢張り寺本師の本とは一致してゐない（Stein, Ancient Khotan. Vol. II. p.581ff. Appendix E）。よって考ふるにロックヒルの使用した丹珠爾では『于闐國歷史』と『于闐懸記』は別本になってゐて、北京殿版では之を合して一本となってゐるらしい。誠に注意すべき肝要な事柄である。わたくしの不思議と思った點は解決されてくるが、文中一言も之に及ばれなかったのは矢張り遺憾だと云ひたい。これに關した其他の件、例へば發見者の異義とか、わたくしがロックヒルの于闐史略の記事全部が單に第一の『于闐國歷史』の材料のみで書かれたものと誤解してゐるとか、又口氏の『于闐國歷史』の批評を引いて『懸記』の批評としたのを難ずるのは無意味だとかいふ件々はどちらでもよい事だが、世の見る所に任せて、今は失禮ながらそれに對して御再考を願ふと云ふに止めやう。次はヘルンレ引用の件だが、これもわたくしは Wei-chih を尉遲と漢譯すると云ふ事（貴著の百四十九頁第二行にも例がある）丈を擧げて答に代えておかう。次は「印度碑文」の件だが、これも師の云ふ如く「誌」の一字を脱落したばかりでなく、「研究論文」の下に「を發表せる」の五字の誤脱もあったらしいから、わたくしの評もあながち理の無いものでも無かったと信ずる。次は第六項の件だが、文字と言語とを區別し得ない古人の原文の事をわたくしは云々するのではないので、例えば「于闐語は印度の毱多書體にして……」

書評と紹介　　　　　　　　　　　　　　　　　　　　　　　　　　　　183

とか、「西藏語は于闐語の輸入なりと論じて」とか等は隨分區別した方がわかりよささうだし、今回の文の「リー語卽于闐文字が「于闐語固有語」であるを闡明」も稍々明瞭を缺く。最後に、わたくしがよく遺憾と云ふのは西域古學に重要な此の如き書物の翻譯研究であるに關らず關係文獻に對する研究が少し粗略ではないかと云ふのが大體である。複雜困難な問題を含めるものなるが故に文獻研究の精細を期待したのだ。意見の相異からヤタラに之を評したものではなかった。

　以上たゞ責任上自分の批評の立場丈を簡單に釋明したので、徒らに前言を墨守するが爲でない。寺本師の御示教に學ぶ所の多かりしを感謝すると同時に、支那學社諸賢の寬大にも紙面を割き與へられたるに御禮を申上る。紙上尙曇隱の名を以てしたる失禮の罪は幾重にも師に謝し、此上は直接に御敎正を請ひたい事を附記して筆を擱く。

　　　　　　　　　　　　　　　　　　　　　　　　　　　　曇隱謹記

　　　　　　　　　　　　　　　　　（『支那學』第二卷第七號、1922 年 3 月、81-83 頁）

ファイスト氏「トカラ人問題の現狀」

S. Feist, Berlin. Der gegenwärtige Stand des Tocharerproblems. *Festschrift für Friedrich Hirth zu seinem 75. Geburtstag.* Oesterheld & Co. Verlag, Berlin, 1920. S.74-84.

　わたしがこの無雜なる抄錄を作り畢った所へ新刊の『東洋學報』第十一卷第四號が手許へ届いた。そしてその中にはモリソン文庫の石田幹之助學士の「フリードリッヒ、ヒルト博士第七十五回誕辰祝賀記念論文集二種」の紹介があって、ファイスト氏のこの文も特に他に比して入念に大要を指示せられてゐた。最も適任なるべき學者によって紹介されてゐるのだから、事々しくも抄錄なんかは全く不必要と云って然るべきであるが、折角作ったものだから大目に見て貰って掲載を許された。然しわたくしはトカラ問題に關してはこの論文に註引せる文獻の過半數も遺憾乍ら未だ見ざる所なので、滿足に抄錄し得たるや否やを恐れてゐる。石田氏は諸家の論竝にその引く所の論著原文の大抵を一瞥してゐられるさうで大に羨しい。因に、實につまらない事で指摘するでもないが、參照（10）の所で諸家の論著の近時の刊行に係り本邦の學界に未

だ廣く紹介せられざるものを數種擧げられて其他はファイスト氏の脚注に引く所殆んど之を盡せるの觀ありと注せられたが、其他はとあっては何だかファイストにも出てゐない樣で誤解の恐れがある。石田氏の擧げられたものは皆ファイスト氏が引いて明記してあるものだ。ファイスト氏の論文以後出たもので（勿論ヒルト祝賀論文集所載以外で所載のものに就ては石田氏の紹介を見よ）わたくしの知ってゐる關係のものは Wilhelm Schulze, Tocharisch tseke peke (Sitz. d. Ppreuss. Akad. d. Wiss., 1921, XV) と王靜安君「西胡考」（『亞洲學術雜誌』第一期）位のものである。尙ほシュルツェには Über das Tocharische と題する論文があって同じアカデミーから出てゐる樣だが未だ見ない。　抄錄者記す

　前世紀の終りに始めて中亞の古寫殘片が歐州印度へ送られ、今世紀の初めにスタイン、グリュンヴェーデル、ルコック、ペリオ其他の人々の組織的探險によって東方トルキスタンの諸地方から尨然たる資料が歐州の博物館へ送られて來ると、其中に未知又は十分分ってゐなかった中亞言語のものがある事が分った。中にも吐魯番、庫車、Dulduraqur、敦煌地方から出た古寫文書に二種の方言を有せる未知の言語があって E. Leumann は先づ之を第一種語と名付け、E. Sieg と W. Siegling とは之に印歐語系の特色ある事を看破した。次でウイグル文書の二つの奥書によって F.W.K. Müller は之をトカラ語 (Tocharisch) と命名した。即ち『彌勒下生經』(Maitrisimit) の二つの奥書には此經文は印度語（一つには änätkäk とあり、一つには kuišan, küšän）からトカラ語に、トカラ語からトルコ語に譯したとある。此名が見付かったのでクラシック作家の著述に關係がついて來た。先づストラボンにトカラ人の名が出てゐるので、希臘のバクトリア國を破壞した蠻人中に Ασιοι, Πασιανοι 等と並んで Τόχαροι と呼ばれてゐる。次には Trogus Pompejus のフィリップ王史の Justinus の抄錄にスキタイ族中に Asiani, reges Thogarorum と出てゐる。其他にも希臘拉丁作家は同じ名を記載してゐる。ヘロドトスはスキタイ族については多くを記してその波斯名サカを擧げてゐるが、確かにトカラ人を知ってゐなかった。彼以後になってトカラが史上に表はれたか又は他の名前であったのだらう。

　ミューラーがこれをトカラ語と名付けたら直ぐ A. von Staël-Holstein は反

對して、之は寧ろ和闐地方に行はれてゐたロイマンが所謂第二種語、後には北アーリア語として知られたるものに命名せられるべきであらうと云った。固より玄奘の『西域記』によると于闐の東方六百里エンデレ附近の城址を覩貨邏の故國と云ってゐる。この古覩貨邏國は何も分らない。然しロイマンが所謂北アーリア語の文書はこのトカラの故地から出ないで西方和闐地方から出たのだから、H. Lüders の論ずる如く西暦第一世紀に印度西北地方に國したシャカ族に屬するものであらう。ロイマンは以前にA方言の文書がカシュガル地方から出たから之をカシュガル語と名付けたが、現今カシュガルのトルコ語方言と混雜するから贊成が無かった。E. Smith が第一種語を疏勒語としたが之も誤解で贊成がない。遂に又ミューラーとジークとがウイグル語とトカラ語との『彌勒下生經』を比較研究して、ウイグル文中には純トカラ語及びトカラ語的音韻變化をせるサンスクリット語がある事を論證した。これには Sten Konow も同意を表して、支那トルキスタンの東北部から出た印歐語はトカラ語と云はねばならぬと認め、ウイグル人の云ふトカラと云ふ語は種々の民族が種々の時代に使ってゐるとさへ云った。

ペリオの持ち歸ったものは殆んど皆B方言のもので、庫車及び敦煌地方から出たものだが、S. Lévi と A. Meillet は最初は先づ矢張りトカラ語と名付けてゐた。然しレヴィがB方言の隊商の旅行券を研究した結果紀元第七世紀の初頃のもの龜茲語と名付くべきで、A方言はロイマンがカシュガル語と云った樣にカラシャル語だと云ひ出した。然しこれでは佛語を巴里語と云ふと同じ事になる。

所へジークが一新材料を發見した。從來はウイグル人が隣國の印歐語分子を有せる言語を Toχρι と名付けてゐた事を知って、それで紀元第一世紀の終り頃支那トルキスタンの東北部に住める民族がクラシック所傳のトカラ人だと認めてゐたので、このトカラ人が自國語を何と云ってゐたかは分らなかった。所がトカラ韻文譯の『彌勒譬喩懸記』の序文や奥書の斷片類中に其名が出て來た。飜譯者の自記によると彼は此詩を Ārśi 語に譯したともあり、尚

又譯文は自國語で次の如しともある。尚ほ Ārśi の複數屬格形 arśiśśi もあるが、これは此國民の義だ。アルシは疑もなくこの住民及び言語の名で實に A 方言に對するものだ。B 方言の文書には未だ之が出て來ない。

此の語の發見からいろんな事が分る。先づ Ārśi と云へばストラボンの Ἄσιοι、トログスの Asiani, reges Thogarorum を連想する。勿論 r 音の有無の相違があるからと云って、この比定を躊躇する必要はなからう。アルシと云ふ名が希臘人に達するのは蒙古又はトルコタタールの仲介にまったとすれば張音 r の脱落は説明がつく。

で愈々 Ārśi がἌσιοι, Asiani と同一だとすると Asiani をトガラの諸王と注せるトログスの文からしてアルシが統治階級であってトカラ人は被征服民族で其言語を採用してゐた事が分る。かう云ふ事情は何處でも印歐語族の中にてもよくある事なれば、トカラ語が遠く離れてゐ、又非印歐語的分子を含有してゐる事も不可思議ではない。

歷史上からトカラ人の兩階級を見ると、前述の如く西紀前第二世紀のクラシック傳では未だ印歐化してゐないらしいトカラ人が出て來る。支那の宗教史上では西紀後第四世紀になって始めて出てくるのはレヴィの示した通りである。其地は天山の南の西方トカラ國でタリム盆地の南エンデレ附近の玄奘の覩貨邏故國ではない。其名は梵名 Tukhāra に照して Tu-kha-rak（兜伕勒？）と呼んだ。『魏書』に出た吐呼羅が支那正史では始めだ。

トカラ人が何處から來たかはよく分らない。とにかく異った二ケ所に其名が出て來るので、南方では一國を形成はしたが第六世紀頃迄に亡び、北方では第九世紀頃に滅亡した。ストラボンによるとトカラ人を含める遊牧諸民族がヤクサルテスの向岸今日の露領トルキスタンから出て來て希臘のバクトリア國に打勝ったと云ふ。でトカラ人はインド人種ではない筈だが、又アルシ語に印歐語の痕跡があるから、然らば蒙古又はトルコタタール起源だらうか、フィノウグル起源だらうか。

從來よく之を支那史の月氏に比定したが、何等決定的の證據はなかった。

月氏は『史記』によると、紀元前百七十六年に匈奴の冒頓單于が漢に書を遣った時に、月氏を夷滅し、樓蘭、烏孫、呼揭を定めたと報じてゐるが、冒頓が未だ立たざりし時には、月氏は彊くて匈奴を輕んじた。當時月氏は敦煌祁連の間に居た。匈奴に破られてからは遠く去って Ferghāna を過ぎ、西の方大夏を撃って之を臣とし、遂に Oxus 河の北に都して王庭と爲した。其餘小衆の去る能はざる者は南山の羌を保って小月氏と號した。卽ち南山の敦煌からパミール迄の間の數千里の地に西藏民族と一緒に居住して此地を分擔してゐたのだ。玄奘の云ふエンデレの覩貨邏故國とは小月氏のことではなからうか。

　『史記』の諸民族中匈奴は Deguignes 以來 Hunnen と比定され先づ是認されてゐる。樓蘭や呼揭に就ては其外何も分らない。然し烏孫は月氏と共に匈奴に破られたが殲滅せらるゝには至らなかった。西紀前四世紀には瓜州及び南山の西北支脈の所に住んでゐた。後月氏と共に祁連敦煌の間に居た。後月氏は烏孫と爭って其地を奪ったので、亡びて匈奴へ走らねばならなかった。月氏が匈奴に破られてからは、烏孫も月氏を襲ふて之を西方に壓迫した。月氏も困ってバクトリアの方へ漸次移った。『漢書・西域傳』の注には「烏孫於西域諸戎其形最異。今之胡人靑眼赤須狀類彌猴者本其種也」とある。此の紀事稍々不明瞭ではあるが、烏孫の容貌が支那人種とは全く異って吐魯番出土の壁畫にある靑眼赤鬚の人物に大變よく似てゐる。多分あれは印度スキタイ卽ちトカラ種族だらう。J. Charpentier は烏孫を Ἄσιοι-Asiani と比定してアラン人オセット人は其後だと云ふ。其後烏孫は天山地方にて西は Issig-köl 迄擴がり、北は準葛爾砂漠に、南は庫車に境した。西紀四三七年以後は支那人の視界から逸し去った。是は東方トルキスタンの民族、多分は親類筋の月氏の中へ融和され終わったのだらう。

　西へ西へと徙った月氏は如何。先づ其名を調べて見やう。

　月氏（支）は今の北京音では jüe-tši であるが、之で古音はどうとは云へない。漢代の音は中々分らぬが『康熙字典』を參照すると、唐代では ngwiet

或は ngüet である事は分る。O. Franke は月氏の古音を日本音を參考して ngüt-si と定めて Jüt 又は Get なる民族名を含めるものとして Geten 或は少なくともヘロドトスの Massageten と比定せんとした。又月氏は希臘人の所謂スキタイ人とも見られ得る。そこで J. Marquart は Schlegel に從って Get-ti 又は Goat-si として之をストラボンの Πασιανοί（正しくは Γασταvοι だとして）に相當するもので、ストラボンの Ἄσιοι、トログスの Asiani の一名だと見た。それで又 Ptolemaeus の Ἰάτοι, Ἰάπσοι(?)、Plinius の Jatii をも說明する。スタール・ホルスタインは古音を Gur-ši 又は Kur-ši と見て Kuši, Kuša の支那所傳だとする。ミューラーの硏究によると漢蕃兩傳の Kuši 又は Kušana はガンダーラ又は Kabul-Tal に置かねばならぬが、月氏はそこへは來なかった。ミューラーは寧ろシャルパンティエに加擔して安南音、朝鮮音を參照して此二字をアルシに引寄せて月の古音を (ng)uər, (ng)uət と斷じた。

　最後にフランケは月氏（支）の古音と月氏アルシ問題とを硏究して、先づペリオの月氏古音考を注意し之を一步進めて月の漢音は ña(o)t であって、外國音 ār を頗るよく寫すとし、此の月氏の古音と ār-śi との對比は支那音韻學上からは何等不都合がないと主張した。

　以上ミューラー、マルクワルト、フランケ三氏の硏究でトカラ人の自國名アルシを月氏と一致せしめた。そこでトカラ人は兩階級から成立してゐて、統治階級アルシはストラボンの Ἄσιοι、トログスの Asiani reges Thogarorum で大抵トカラの印歐種族であったらうが、トカラ人自身は推察し得る限りどうも印歐語族には屬せない。トルコ起源も考へらるゝが、トカラ語の音韻には不思議な事がある。印歐語の尾音は四種あるが、トカラ語は其內只一つ Tenuis のみがあって、それで Media の代りもする。所が諸言語中只一つ比較すべきものがあって、然もそれは Tenuis のみと知られてゐるフィノウグル語である。果してトカラ人を此語族のものとしても、西紀前二世紀にバクトリアの希臘國を征服した明らかにクラシックに出てゐるのだから、ではいつアルシ月氏がトカラを臣屬せしめたか。バクトリア侵入前か後か。輕々しく斷

書評と紹介   189

定出來ない。バクトリアでトカラ文書が出土したならば其時には出來もしやうが。

　尚トカラ語は高部獨逸の音韻變化を連想せしめる樣な現象もあり、謎が未だ幾つもある。トカラ語はインド、ペルシャのアーリア語又はアルメニア語のご近所であるに關らず音韻上からは却って此等印歐語に屬せない。此等のアジアの印歐語はスラヴ語と同じく所謂 Satem 族であるのに、トカラ語は西歐の印歐語と同じく Kentum 族で口蓋音を保持してゐる。

　だからしてトカラ文書が發見されると直ぐトカラ語は歐州語族の一支脈で亞細亞へ推し出されたものと說かれた。此說はジーク、ジークリンク及びピッシェルがトカラ語と印歐語との間には語彙上に驚くべき一致があると云ふのに基づいてゐる。卽ち他の者と云ふ語は、トカラ A 語では ālyek、B 語で alyek̠ で、拉丁の alius、希臘の αλλος、ゴートの aljis、アーリア語では n を用ゐて古インド語の ányas である。又トカラの「火」por̠ は希臘の πῦρ、「牛」okso は獨逸の Ochse だ。尚又トカラ語の歐州起源說に對する一證とすべきは、トカラ語は拉丁や希臘と同じく r で mediopassiv 形を作る（toch. B. cmetar "wird geboren"; lat. nascitur; air. gainithir）事だ。これ等を根據としてシャルパンティエは簡單にトカラ人はケルト族の一支族で亞細亞へ移ったものとしたが、これは頗る大膽な議論で、動詞の r 形は何もイタロ・ケルト語のみならずアルメニア語にもあって、單數二人稱三人稱はさうして作られる上に、尚メイエの注意する所によれば、トカラ語で始終出てくる l の分詞形例へば yāmal̠（行く）なども同樣にアルメニア語に在るのだ。さうすればトカラ人を中亞へ移住したアルメニア人とかアルメニア人起源の定說に考へてトラコフリギヤ人とかと見ても差支無いわけだ。J. Pokorny は現に此立場を採って兩語を比較研究して見た。尚印歐語の Tenuis を Media に變ずるのも兩語に共通の現象だ。

　然し此等の一致と云ふのもイタロ・ケルトでも、アルメニアでもトカラでも皆根本原語に在った萌芽を育て擧げたので、例へば動詞の r 形なども各自

に發達したものらしい。それはトカラ語の口蓋音の發達から考へても疑はれないので、だからしてこそアジアの同族語から孤立してゐても西部歐州語に近いのだ。又メイエが尤もにも注意した樣に、Kentum 族と見られて、Satem 族ではないと云ふ丈でトカラ語の所屬を定められない。何となればアーリア、アルメニア、スラヴバルト、アルバニア等の Satem 語の呼吸音も印歐語の或る共通なる言語時期から來てゐるのでは無くて發達の程度は各々別なのだ。古印度語の c(=tś), j(=dž)、アルメニア語の c(=ts) は根本語が各國語に分離する以前には少くとも合成摩擦音の時代に達してゐた事を示すのだ。多分東方印歐語の晩期に柔げられた爲めであらう。又トカラ語も前口蓋音 k が口蓋音 k になるのは容易であったのだらう。

　然し又トカラ語には Labiovelare が無いので、西部印歐語のラテン、ケルト、ゲルマンなどゝ一列に見る事も出來難い。今迄發表されたトカラ文書には、ラテン quis、ゴート hwas に相應すべき音が見出されない。只一語ラビオヴェラーレ子音を伴ふ印歐語根に出會ったが、u 又は w の痕跡がない。卽ちペリオ蒐集のトカラ B 語でレヴィとメイエが調べた中に印歐語根 kwel(altind. cakrás, griech. χύκος, altbulg. kolo, angelsäch. hwēol "Rad") に對する kaklau (=ai. nivṛttas "weggegangen") と云ふがあった。でトカラ語は從來知れてゐる印歐語系のどの語族に屬するとは云へないで、寧ろ同語系中に特別の位地を占めるものなのであらう。卽ちトカラ語は印歐語系の遺物で發達に於ては隨分進步してゐ、語彙及び語法上の形に於ては外國起原の分子の多く含有せるもので、從來の印歐諸語族中に屬せざる一種獨特の種類を作るものだ。ジーク及びジークリンクの解讀せる文書が一般に利用せらるゝに至ればトカラ語の位地に關しても尚ほ一層研究されるであらうが、期待に堪えない次第である。

（『支那學』第二卷第五號、1922 年 1 月、71-80 頁）

書評と紹介

Casimir Schnyder, *Eduard Huber, ein schweizerischer Sprachengelehrter, Sinolog und Indochinaforscher. Sein Leben und seine Briefe, seine wissenschaftliche Bedeutung, nebt einer Auswahl seiner Arbeiten*. Orell Füssli, Zürich, 1920.

　千九百十四年の初めに三十五歳で世を去った瑞西の天才、フランス極東學院の教授 E. Huber の傳記である。三十ヶ國にも及ぶその該博なる語學力と斯道の先輩を驚倒せしめた創見に富めるその學術は、僅かに片鱗を世に示したのみであったが、彼は諸國の碩學に如何に期待されそして如何に惜まれた事であらう。彼れ自らにしてもが彼の前に横たはってゐる幾多未開の學術處女地に對して、資料も準備も略々備はり、只手をさへ下せば豐饒なる未曾有の收穫が得られる計りになってゐたのに、不意に熱病に襲はれて早くも世を捨てやうとは、當に千秋の遺憾は盡くるの期はあるまい。

　彼は支那學者、印度支那學者として名を傳へられてゐるが、彼の支那學への貢獻は主として佛教學に於てゞあって、その自在に漢譯經を探り得る力量で諸先輩を補助したのは眞に目覺ましい事であった。彼の師レヴィが、若かりしも必用の際補助を請はざる可からざる有爲の人物と評したのも通途の贊辭ではない。印度支那學者としては印度支那地方の諸語に精通した上に漢文資料を參見し得る便宜から、言語に金石に地理に歴史に調査研究を進めたもので、不意の客死は殊の外に痛ましい。

　この傳記はその材料を主に彼自身が家族へ送った書翰を基礎として編輯し、よくある編者の不要な筆をあまり入れてないので頗る氣持ちがよい。插畫も四十枚もあって、尚更に興味を助ける。殊に彼が河内(ハノイ)へ赴任してから死ぬ迄の所などは殆んど自筆の研究日誌と云った風で、故人を偲ぶに極めて面白い。フィノーの撰した立派な彼の學傳其他も獨譯附載されてゐて大變に難

有い。著作表は略されてゐるが、此れは有った方がよかったと思ふ。而して後半は彼の論撰の獨譯選抄で、彼の支那學、佛教史學に關するものを大抵蒐めてゐる。一、『皇清職貢圖』の大西洋合勒未祭亞（Helvetia）省夷人婦。二、張洪の『使緬錄』。三、彼の緬甸旅行の報告。四、范成大『吳船錄』の繼業印度旅行。五、佛教文學史研究數篇、ディヴィャアヴァダーナの研究が主である。以上の通りである。この傳の撰輯者はどんな人かよく知らないが、隨分よく骨を折ってあると思ふ。この稀有なる學者の生涯を尚廣く世間に、殊に瑞西人に紹介しこの語學天才を記念するのが本書の目的だと云ってゐるが、それなら本書はよくその目的を達し得てると信ずる。

(『支那學』第二卷第六號、1922 年 2 月、80 頁)

ペリオ氏吐谷渾蘇毗考

Paul Pelliot, Note sur les T'ou-yu-houen et les Sou-p'i. *T'oung-Pao* Vol.XX. No.5. pp.323-331. 1921

ペリオ教授の本考の前篇は教授の前考（Les mots tibétains des T'ou-yu-houen et des Ouïgours. *Journal Asiatique*. Xe série, tome 20. pp.520-523. 1912）を推考したもので、敦煌將來の蕃漢合璧本に基を置いてゐ、後篇も同じく敦煌將來の漢譯本と蕃本との對比に本づいてゐる。兩本共に未だよく世に紹介されてないが珍貴な材料である。石室の祕本が何かの方法で世に速かに流傳するに至らん事は希望に堪えない。抄錄者記す。

吐谷渾

　吐谷渾は西紀第四世紀の初めに青海地方で西藏人の羌族の間に國を立て、六六三年になって西藏本土の吐蕃に擊滅されて了ったのだが、吐谷渾自身は西藏族ではなかった。總ての史籍の語る所では鮮卑族で遼河地方から二五〇年頃に先づ甘肅の北方に來り、それから砂漠を南へ越えて進んで洮水を渡っ

て靑海へ來たので、其の都城は靑海の西十五里に在ると云ふ。

　吐谷渾は唐末には退渾又吐渾とも稱せられてゐるが、支那文書以外には是迄見出されなかった。勿論嘗て Laufer は西藏史書 rGyal-rabs から『新唐書』に對比すべき文を引證したが、それには吐谷渾は西藏文で Thu.lu.hun と出てゐる。然し rGyal-rabs は十四世紀の著だから、これは漢本に據って記載したものだらう。吾人の知ってゐる吐谷渾の藏名は Thu.lu.hun でなくて 'A-ža である。

　この 'A-ža と云ふ名稱は支那文書にもある。『宋書』卷九十六 の鮮卑吐谷渾列傳には冒頭に「阿柴虜吐谷渾遼東鮮卑也」とあって、そのさきに又「西北諸雜種謂之爲爲阿柴虜」と記してある。阿柴の古音は A-žai か A-ĵai だらうが、疑ひも無くこれはその西北の諸雜種が吐谷渾に與へた名であって西藏本土の語では 'A-ža なのだ。

　阿柴虜は『宋書』以外にも『北史』卷九十六、『魏書』卷百二 にも同じ字で出てゐる。『晉書』卷九十七 にも同じく出てゐて、その上に「或は號して野虜と爲す」とある。そこで思出すのは『魏略』の貲虜で「匈奴は奴婢を名づけて貲と爲す」とある。支那では語頭の阿はよく省略せられるし、柴と貲とは字形もよく似てるし、又西藏語の 'A-ža が阿柴に相當する事から考へると、或は『魏略』の貲は譌誤ではなからうか。然し譌誤としても古いもので、『南齊書』卷五十九 は明らかに『魏略』に據ってゐて貲虜としてゐる。然し支那でも『魏略』の貲虜を吐谷渾の阿柴虜に比定したらしいのは、『通典』卷百九十 には吐谷渾を阿柴虜とせずに阿貲虜と書いてあり、次で『太平寰宇記』卷百八十六 がこれを襲ふてゐるので分る。そこで余の考ふる所では、吐谷渾の西藏名 'A-ža とは第三世紀初頭に遡り得る名稱で、吐谷渾起源でも西藏起源のものでもなく、吐谷渾が西方移轉の途中で征服した甘肅北方の諸雜種が之を呼んだ名である。

　では吐谷渾は何語を話した民族か。Parker、Chavannnes、Franke はツングース族だと云ひ、Rockhill、Laufer は蒙古族だと云ふ。余はこの問題は鮮卑の言語如何によるので、鮮卑族は蒙古語族で唐末の室韋、そして唐代に室

韋中に蒙兀部が出來て、其名が後に傳はり終に成吉思汗の蒙古となると思ふ。

吐谷渾語の遺物がこの說を證據立てる。

初め庶長の吐谷渾が正嫡の弟と別れて西へ本國を去った時に、弟は後悔して使者を遣して渾を呼還さした。吐谷渾は「では連れて行ってる馬が還るなら戻らう」と云ったら、使者は喜び拜して「處可寒」と云った。虜言の「處可寒」は宋言の「爾官家だ」とある。所が馬は東行を厭がったので、使者は力屈して又跪いて渾に「可寒よ此はどうしても人事ではありません」と云ったと云ふ。この『宋書』の傳說中に吐谷渾語が二つある。

「爾」と譯される「處」は第二人稱の代名詞に相違ない。第二人稱代名詞はトルコ語では sän、その屬格は säniṅ、複數主格は siz。蒙古語では či、屬格 činu、複數主格 ta、複數屬格 tanu。滿州語では si、屬格 sini、複數主格 suve、複數屬格 suveni である。

「處」の發音は二樣であるが、先づ ču か čü を表すと見てよい。トルコ語は sän だから省く。蒙古語では -i の前では č-<t- であり且つ複數が ta であるから či<ti と考えられ、又隨分古くから長く此變化はあったと思はれる。だから吐谷渾の ču（čü）は滿州語の si よりは寧ろ蒙古語の či に比定すべきものと思ふ。

「可寒」は官家と譯されてゐて、後に突厥が用ゐた qaγan に勿論相當する。然し之を以てトルコ起源と云ふ事は出來ない。第三世紀の前半には甘肅の鮮卑で吐谷渾の別派なる乞伏部が統主を稱して可汗としゐ、次で第五世紀の初めに蠕蠕でも、又第七世紀の初めに吐谷渾でも竝びに可汗と稱してゐる。蠕蠕も蒙古人であったらしく、そしてオルコンの突厥は彼等から可汗の名稱も其他官制位階の大部分を採用したのだ。第三世紀以來知れてゐた可汗のこの稱號によっても吐谷渾はツングースよりは蒙古に關係があると思へる。

吐谷渾語で尙殆んど總ての史書に出てある一語がある。「兄」と云ふ語で、「阿干」或は「阿于」と出てゐるがどちらかが誤りなのだ。トルコ語の兄は古くは äči、eči、後では apa、aγa で、蒙古語では apa、滿州語では ahun（女眞

語：阿渾溫）だ。明らかに吐谷渾では阿干 a-kan=aqan で、語尾の n は蒙古語でよく消えるから蒙古語の aqa と比定せられる。

　今一つ吐谷渾の諸傳に見える語は「父」を云ふ莫賀で稱號中に見える。これはオルコン突厥の時にも漢譯字が見えるので baγa tarqan がさうだ。baγa はトルコ語で説明出來ぬので Bang は蒙古語 baγa（小）を持ち出した。この稱號も突厥が蠕蠕から採用した一つで tarqan の蒙古式複數 tarqat も蠕蠕に源溯せしめ得る。然し余は蠕蠕も吐谷渾も baγa なる語を持ってゐたので蒙古語 abaγa（伯父）の語頭を缺いだ形と見たい。

　又第七世紀に出てくる吐谷渾の二可汗は共に何々豆可汗とある。其名稱全體は未だ比定し得ないが、この「豆」は蒙古語の形容詞的後添辭の-tu だらうと思はれる。

　以上の論證で余は青海で西藏種族の間に國を立てた吐谷渾氏は多分蒙古語を話す民族であったらうと結論し得ると信ずる。

蘇毗

　吐谷渾の西南、西藏本土の東北に第六七世紀の交に一西藏種國があって、支那史では之を普通蘇毗國と稱し女國の一とした。余が敦煌將來品中に第九世紀前半に屬すると思はれる『于闐懸記』の法成の漢譯本があるが、其中にこの名が出てゐる。この漢本を Thomas が發表した西藏原文の抄錄と對照して見ると、蘇毗は西藏文の Sum-pa なる事が定められる。これは『新唐書』の蘇毗傳を參照すると尚確證される。それによると蘇毗は本西羌の族で Lhasa の西藏族吐蕃に幷されて孫波と號した。孫波は西藏文の Sum-pa に違ひ無い。羌族は多分西藏語を話したらうが、拉薩の西藏語とは可なり差異ある西藏語であったらう。蘇毗は羌語形で、孫波は吐蕃語形であらう。Sum-pa と云ふ名は今でも西藏北部諸州の一つに殘ってゐる。

（『支那學』第二卷第七號、1922 年 3 月、68-72 頁）

『國語月刊』
中華民國國語研究會編輯　上海中華書局印行每册一角

　國語國音に關する運動は愈々諸方面に擴がって行くやうだから、その方面專門の雜誌が出來てもよかりさうに思ってゐたら果して右の通り題した月刊雜誌が今年二月から『教育雜誌』や『中華教育界』が度々國語の特別號を出したし、又各雜誌共に槪ね一二篇の關係ある文章を毎號揭げる程だから本誌の出現は固より時勢の要求に應じたわけであって、斯の方面の研究者には多大の便益を與へる事になる。今迷陽の寄する所によって第一卷第一期第二期の兩册を見るを得たが、內容は國語國音國字は固よりの事、延いて稍々白話文學に迄及んでゐる。寄稿者には王璞、黎錦熙、陸費逵から胡適、楊樹達、錢玄同、黎錦暉、陸衣言などの御歷々が列んでゐる。國語問題立役者の論說だから極めて有益だ。やがて隨分と國語國音の研究宣傳の中心となり得るに違ひない。かの『官話注音字母報』の如き只童幼通俗向きのものと異って、これは研究批評と云った樣な學術的のものが中心となってゐる。だからわれわれとしてはこの『月刊』によって國語運動の問題情況を窺ひ得るのが喜ばしい。願はくば公平に廣汎に諸般に涉っての議論新聞を供給してほしい。特に卷末に毎月のこの方面の文獻目錄などをも編纂して載せられたら研究者に非常に便宜を與へるだらうと思ふ。

(『支那學』第二卷第九號、1922 年 5 月、77-78 頁)

Mélanges Asiatiques, tirés du Bulletin de l'Académie des Sciences de Russie. Nouvelle Série. 1918 et 1919.

　苟も東洋學に從事する人なら露國翰林學報の『亞細亞選集』の名を知らないものは恐らく無からう。十九世紀歐州東洋學の進展に際して英佛獨諸國の目ざましい研究戰場裏に在って堂々たる武者振り勇ましく印度に支那に中亞

書評と紹介

に近東に兵を進めて地を開いた翰林學士連の奮鬭は追想するだに心は躍る。殊に西藏蒙古滿洲西伯利亞あたりに占め得た牢乎たる地位は敢て他の窺伺を許さず、當時駸々たりし東方經綸の基礎の堅固さを思はせたものだ。これ等翰林院の業績は皆『亞細亞選集』に錄入されたもので、今だに諸儒の依據する所である。惜むべし一八九四年以後は『選集』は中止の火運に遭ひ、一九〇一年には再興の議もあったに關らず其儘流れて了った。其間に於ける例へば新疆省での卍字靶繪の霸權爭ひにオリデンブルグ、ラドロフ、ザーレマン、スタール・ホルスタイン、イヴァノフ、ミロノフなんどの老若諸將が見せた太刀筋には流石諸國の豪傑共も翰林の典型を今尙見ると恐れ入ったものだ。然し其等の武動も厖大なる『翰林學報』から搜し出すより外ない不便は我も人も同じであった。『學報』の名が改まり impériale の字が姿を消してこゝに千九百十八年からは再び新輯の形に於て毎年『選集』を編する事となった。『選集』復興の噂を知ったものゝ中々御目にかゝるわけに行かなかったが、やっと今年一九一八年と一九一九年分の兩册を机上に飜閲するを得て喜んだ。歐州大戰以來露國東洋學の論著を見ることを得ないで久しく歎を抱いてゐた自分はその喜悅に復興の祝詞を紹介に代へたい、例令遼東白豕と通人の笑を買っても。

　體裁は固より從前の『學報』通りなるは勿論だ。唯惜むらくば紙と云ひ印刷と云ひ圖版と云ひ以前の善美は尋ね得べくもない。これは國情柄致し方もないのだらう。隨分近來は露國學界槪況が報ぜらるゝ樣だが、プロパガンダ式のもので眞を知り難いし、今でも中々學界は虐待され勝とも聞くから痛ましい。一九一八年分は大小合せて四十二、一九一九年分は十七程の撰著が載ってゐる。その内から支那關係の題目を抄出して內容一斑としたい。

一九一八年分
『亞細亞選集』中止中の論文目錄
　オルデンブルグ　ワシリエフと佛敎論著
　バルトリド　ワシリエフの地理歷史の著

イヴァノフ　支那學者としてのワシリエフ

イヴァノフ　西夏遺文小志（これは嘗てペリオが紹介したので余も本誌にそれを抄出した）

バルトリド　ヴェセロフスキー傳

ローゼンベルグ　敦煌千佛洞將來ソグド文佛經殘卷の一（これは『賢愚經』の善事太子入海品に相當するもの）

オルデンブルグ　ラドロフ傳

ヴラディミルツォフ　ルードネフ蒐集蒙文書目

オルデンブルグ　アレクセエフ著作錄

オルデンブルグ・バルトリド　シャヴァンヌ傳

一九一九年分

コトヴィッチ　十七、八世紀オイラート關係の露西亞文書（これは三篇に渉る注意すべき大著だ）

ヴラディミルツォフ蒐集蒙文書目

　先哲の流風餘韻は終に地に落ちない。新輯も亦舊輯に劣らぬ學界の記念物となるだらう。永く盛んに續かん事を祈る。

（『支那學』第四卷第一號、1926 年 8 月、124-125 頁）

Rocznik Orjentalistyczny. Tom I i II.

　この『波蘭東洋學年報』は第一卷はコトヴィッチ等諸學者の手によって編纂せられ Kraków でその第一册（一九一四～五年分）第二册（一九一六～八年分）は出版された。次で一九二二年に Lwów で波蘭東洋學會（Polskie Towarzystowo Orjentalistyczne）が成立して、コトヴィッチが會長、ガヴロニスキが副會長となり、この雜誌も同會の機關雜誌として現はれる事となって（この會の事は第二卷三三六頁以下の記事を見るといゝ）、第二卷（一九一九～二四年分）一册が世に出でた。そして序言に於て同臭の者のこの『年報』を弘く世に布かん事を欲して

書評と紹介

ゐるから、自分はその言に從はうと思ふんだ。然し別に筆を廻して提燈持をしなくとも『年報』自身がその價値を語る。我等に關係ある題目二、三を抄出すればそれで足りる。

　第一卷第二册
　コトヴィッチ　カルマク蒙古語の格調法
　第二卷
　リヒテル　漢字音譯法
　リヒテル　卜彌格傳
　グラボフスカ　ソグド語考
　コトヴィッチ　蒙古の年月日記載法
　コトヴィッチ　蒙古回鶻關係の新資料
　コトヴィッチ　契丹とその文字（新資料が出てゐる）

これ等の論文を見ると英米獨佛等の東洋雜誌と伍シテも決してヒケをとるものでない。編輯者の序言では『年報』が顧みられないを恐るる如き口吻であるが、これでは却て顧みない方が良くない樣だ。子曰不患人之不己知患不知人也。

　尚この學會から『東洋文庫』（Bibljioteka Wschodnia）と題する叢書を出し初めてゐる。第一卷はコワルスキの『戰後の土耳古』、第二卷はガヴロニスキの『馬鳴佛所行讚』（抄譯？）を出すとか。序で乍ら *Mémoires de la commission orientale de l'Académie polonaise des sciences et des lettres* も六、七册を已に出してゐる樣だが支那學關係のものは未だ見えない。『年報』も『文庫』も『紀要』も皆大抵同じ仲間計りである。尚波蘭の東洋學に就ては *Pamietnik Harbiński*, cześć II. 1924 に出てゐる K. Grochowski, O studjum orientalistyki w Polsce を參照せよ。波蘭も中々東洋學には熱心なのだ。

（『支那學』第四卷第一號、1926 年 8 月、126 頁）

『燉煌遺書』景印本第一集、活字本第一集
ポール・ペリオ、羽田亨共編
大正十五年京都刊、上海東亞攷究會發行

　敦煌の遺書の世に紹介せられてこゝに約二十年、世界各國の學者の報告も出た、研究も出た、又その成績は人目を眩惑し、學界を驚倒した。然しこれで最早盡きたと云ふのではさらに無い。それ等はあの幾萬卷と稱せらるゝものゝ中の早く注意を引いたものだけなので、その小部分に過ぎないのだ。言語別で見ればよく分る。少量の胡語梵語の類が喧しく論議されたもので、少しく分量の多い西藏文となるとやっと整理を終るか終らぬかで、始めて近頃になってから尚其中に未知言語があると云ひ出した位の程度である。況んや石室遺書の大宗たる漢文書類に至っては五車の書もものかは、到底歐州でさう簡單に整理し利用され得るものではない。幸ひ支那や我國の學者の目に觸れたるものは幾分宛學界に貽られつゝあるが、九牛の一毛であって又隔靴搔痒の感もある。我國には數多のコレクションあり、ミッションがあって、將來したる原本景本共に少からぬ數に上ってはゐるが、流傳に意を致さるゝ事が希れであるから、好學の士の意を滿さぬ憾がなき能はぬ。所が屢々有益なる論著を世に贈った上海の東亞攷究會によって敦煌學の大師羽田先生の下に『燉煌遺書』出刊の開始さるゝに至ったのは慶賀措く能はざる所であって世界學界に於ける我國の名譽と稱したい。それにつけても伯希和先生の學術に對する公平にして寬弘なる誠意が自己の蒐集に係る珍貴無比の資料を惜しげもなく世に公開して、支那に於て日本に於て陸續世界の光の下に出刊して自由に研究するの便を與へられた雅量には、恐らく四海の學人がその幸福を感謝し了るの期はあるまいと思はれる。尚又我が羽田博士が極めて辛勞多きこの事業を企畫進捗せしめらるゝその努力に對して、我學界は之を誇として深甚なる敬意を拂はねば濟まないと信ずる。

　今回公刊せられたるは景印本活字本各第一集であって、その内容は次の通

書評と紹介　　　　　　　　　　　　　　　　　　　　　　　　201

りである。

　景印本
　一、慧超往五天竺國傳殘卷
　二、釋迦牟尼如來像法滅盡之記
　三、七曜曆日一卷
　四、漢蕃對音千字文殘卷
　活字本
　一、沙州地志殘卷
　二、張氏勳德記殘卷
　三、曹義金疏
　四、曹元深疏
　五、陰善雄羅盈達閻海員張懷慶銘讚
　六、常樂副史田員宗啓
　七、燉煌名族志殘卷
　八、小説明妃傳殘卷
　九、薩婆多宗五事論

　慧超傳の地理歷史に於ける、像法滅盡記の西藏傳に於ける、七曜曆日の曆法流傳に於ける、對音千字文の唐韻に於ける、其他のそれぞれに於ける、今更事々しく余の總說を待たなからう。殊に和闐語に對する論議再び興らんとし、支那俗文學研究の盛んなる此頃に完本像法滅盡記、明妃傳殘卷の學者の机上に供給されたるは特に喜ばしい感を余に與ふる。凡そこれ等の過半は已に刊行され報告され研究されたものであるが、今回は精確な全本を座右に參照し得る事となった。先出の研究を校讀し得るし、又名のみ聞いたもの、少しの抄出しか見られなかったものを安んじて考釋し得るし、又前刊本の希覯のものはより確實なるものを獲たわけだ。恐らく此點に於ては却って我國よりは西洋諸國の方の渴望が更に慰せられる事であらう。こゝに盛事を祝し、併せて各國のミッション諸家のコレクションもその鑾に倣はん事を期望

する。

Novji Vostok (Nouvel Orient, Revue de l'Association russe pour les études orientales).
Rédacteur en chef, Michel Pavlovitch.

　こんな雜誌が出てゐる事は兼ねて側聞してゐたが、ちっとも見る機會を得なかった。漸く遲まき乍ら一九二六年の第十二號を手にするを得たから一言したい。何でも一九二一年の末に東洋研究を目的の東洋協會（露名は Научная Ассоциация Востоковедения）と云ふがモスコーに出來て、これがその機關雜誌なのだ。一九二二年から年約二册づゝ程出版してゐたらしい。東洋と云ふ意味もズット廣いし、政治經濟商工業交通何でもござれで、東洋革命運動史欄迄あるが、固より學術雜誌ではない。然し他の欄は差置いても、歷史民俗欄の題目には吾等學徒をして一覽の念を惹起せしむるものが少くはない。雜報欄なんかも他の雜誌では知り得ない諸方の學界情況を知らせて吳れる。況んや全誌を通じて論文の約半數は支那關係のものだ。本誌で之を紹介したとて場所柄を辨へぬとは云へまい。ともあれ第十二號中から題目三四を拔いて佛譯目で附載して置かう。

　　Grebichtchkow. La question agraire en Chine.

　　Kim. Sur la classe des intellectuels de la Chine contemporaine.

　　Khodorov. La constitution chinoise de 1923.

　　Henkine. Deux congrès de parti populaire mongol.

　　Borodzine. Archéologie et sociologie.

　　Bogaievsky. L'Orient et l'Occident dans leurs rapports les plus anciens.

　　S.W. Le premier congrès de turcologie en Aserbaidjan.

書評と紹介

『哈爾濱法律大學特刊』
Memoirs of the Harbin Law College

　露國革命後あちこちの專門學校が昇格してよく大學の名を採る樣になったが、これもその一つの大學である。一九二〇年開かれた高等經濟法律學院が一九二二年に現在の名に變更されたものである。この『特刊』と云ふのはその大學の成績を發表する出版物で先づ大學紀要と我國なら云ふ所だ。僕の見るを得たものは二册だ。左の通り。

　第一期　ハルビン一九二五年刊行　二四八頁
　里雅雜諾夫司基　中華民國不動產法
　給力切爾　中華民國股份公司條例概要
　金斯　人民公有物享用權利解
　烏斯特里雅洛夫　斯拉夫民族主義之政治學理
　米羅留波夫　中華民國新刑律通論
　恩葛力非力德　中華民國之議院及其制度
　巴拉諾夫　中國夢解
　阿布羅西莫夫　貨幣價値
　論說
　公牘
　第二期　ハルビン一九二五年刊行　二五五頁
　V.V. Engelfeld. Précis de droit constitutionel chinois.

　こゝに揭げた第一期の譯名は皆誌上にある通りの漢譯名を擧げたので私譯ではない。何しろ漢譯の目錄を附してゐるなんか頗る面白い。論說とあるのはビブリオグラフィーの事で、公牘とあるのは丁度大學一覽に當るものだ。諸論文は勿論僕には知識範圍外で內容の程度を判定し得ぬが、過半が支那研究であるから題目丈でも紹介したいんだ。バラノフ氏の「中國夢解」は『玉

匣記』を主として支那の夢占を紹介した丈のもので取立てゝ云ふ程の事もない。

第二期はエンゲルフェルドの著だけだ。ウラディミール・ヴィクトロヴィッチ・エンゲルフェルドは第一期公牘中の列傳によると、一八九一年生れで、ペテルブルグ大學法科を卒業し、ベルリンへ遊學した事もある。後諸處で法學を講じ、一九二一年から哈爾濱大學で行政法の講座を擔任してゐる。主に諸國の法政を論じた文凡十種程ある。本著は第一部支那最近政治史凡そ七章、第二部支那民國の組織凡そ十一章に分れてゐる。末尾に附した參考書目及び註に引用したものを見ると博恰とは云ひ難い樣だし、固よりその知識のない爲めだらうが、支那のものも無い。どの位のものか僕は精讀しないが、然し恐らく露國に於て支那憲法の法學者の解説として著者の期待する如く、普通の東洋研究者の支那政治書中に伍して別種の價値を認められ特種の必要を充たすものであらうと思はれる。因に第一期中に出てゐる彼の「中華民國之議院及其制度」は本書の第二部の第五章及び其他第六、七章の幾分を形付くるものだが、矢張り稍々詳略の處があるから參照するとよい。

（『支那學』第四卷第二號、1927 年 3 月、160-161 頁）

『法政學刊』第三期　一九二六年ハルビン刊

『法政學刊』と題すると又新しいものかと見えるが、實は上記の『ハルビン大學特刊』の事で、今回は漢名を改めてある丈の事だ。然しだんだんと體裁も整ひ立派になって行くのに感心する。例によって所掲の漢譯目錄を轉抄する。

沃夫其尼濶夫博士　發揮古郭格洛其所著之 "de jure belli acpacis"（戰爭及承平詩之律法）一書之三百年紀念之感想

謝特尼赤基　論階多洛夫對於資本主義之見解

吉利且爾　有限公司之國籍

書評と紹介　　　　　　　　　　　　　　　　　　　　　　　205

　沃夫其尼瀾夫博士　　就法律書籍論蒙古國際形勢
　金斯博士　公共物品之公用法
　米羅留波夫博士　中國違警例
　恩格勒非利特博士　蒙古近代政治之組織
　謝特尼赤基　俄國哲學家（索洛夫姚夫暨階多洛夫）對于中國之推想
　尼基佛洛夫博士　魯門國及其國民
　烏斯特倆洛夫博士　倫理學之基礎
　阿布洛西莫夫碩士　論數學乘法（乘數實數地位互易對于得數竝無出入）之定理一種影響

　エンゲルフェルド博士の「蒙古近代政治之組織」は本誌第二期分を獨占せる博士の大著の補遺をなすものだ。凡てこれ等を詳細に紹介批評する智識を持合さぬを遺憾とするが、例によって支那關係のものを多く含有せるは注意してほしい。末尾には同大學の記事が附載してある。

　　　　　　　　　　　　　（『支那學』第四卷第二號、1927 年 3 月、161-162 頁）

A Mongolian Grammar, outlining the Khalkha Mongolian with notes on the Buriat, Kalmuck and Ordoss Mongolian, by A. Neville J. Whymant. London, 1926. pp.75.

　著者の支那苦力の歌謠を余は本誌第一卷第九號に曾て紹介した事があったが、其後著者は樣々な著述をして博言學者たるを示した。殊に蒙古各地を跋涉したと見えて、蒙古語學に思を潛めて、大英亞細亞學會の昨年四月號に Mongolian Proverbs: A Study in the Kalmuck Colloquial を發表したが、引續き本書を刊行した。尙蒙古の音韻を論じた一篇もある樣だ。英國の學界に蒙古語學の現れ出でたのは珍しく、著者に敬意を表せずばなるまい。又著者は豐富なる實地蒐集の材料によって比較文法及び方言字典の稿本を有するとの

事であるから將來の發表を期待したい。

　本書は著者のホンの緒餘であり入門書に過ぎないから、餘り堅苦しく彼此の言語を弄するのも失禮であらう。とに角本書は英語で書かれた最初の蒙古文典たる名譽を擔ふだらうが、少ない紙數に如何にも多く種々のものを詰込でゐるのに驚く。ハルハ語を主に解説して、ブリヤート、オルドス、カルマクの諸語の槪略に及び、五國對照の辭彙を附し、尙附錄三種まである。初學に便し旅人に利するの用意であらう。が然し便利の爲めならばビブリオグラフィーなんかは選擇がお粗末で親切が足りない樣だ。或は自己の見聞のみを擧げられたのか。數例を摘出せんか。ラムステッド博士の諸論文を列擧して吐魯番文書考釋に迄及び乍らウルガ方言考を遺してゐるのはいけない。シュミットは文典ばかりでなく字書も共に收めるべきであらう。支那の字書も『五方元音』丈では寂しい。珍本に屬する Juille の著は果して in Latin と云っていゝものだらうか。ポヴロヴニコフ、コワレフスキーなど珍本級を揭げてゴルストゥンスキーを脫するはまだよいとしても、ポズドネエフ、ツィビコフ等の便利なしかも有益な書類を示さないのは輕重を誤ってゐる。專門的に過ぎるので略したのかも知れないが、ルードネフ、コトヴィッチ等は矢張り著錄すべきものと思ふ。完備を責むるの嚴酷を敢てするのではない、捷徑書としてもこれ等は遺憾だと云ひたい。

　　　　　　　　　（『支那學』第四卷第二號、1927 年 3 月、164-165 頁）

『阿城中華廟宇參觀記』巴拉諾夫撰

（Chinese Temples at Ashiho, by I.G. Baranoff. Harbin,1926.）
pp.50.

　著者イッポリート・ガブリロヴィッチ・バラノフ氏は一八八六年生れで浦鹽の東洋學院を一九一一年に卒業し、一九一二年にハルビンの商業學校教諭

となり、一九二四年に法律大學の講師となって支那語や地誌を教へ、教育學院をも兼任してゐる。凡て支那に關する著論は十種以上もある。

本書は阿什河の諸廟卽ち佛敎の三皇廟、二觀音廟、道敎の西老爺廟、龍王廟、回敎の禮拜寺の事を記したもので、それに支那俗神の槪要を附記して理解に便してゐる。五十頁の本に圖版が四十八もあって諸神の珍貴な塑像等頗る豐富であって、實は本書はこの圖版の解說書と見るべきものださうだ。記事の各項は左の如し。

　一　序言
　二　支那の諸神
　三　神像其他
　四　諸神の組織
　五　三皇廟
　六　觀音廟
　七　慈善會の觀音廟
　八　四老爺廟
　九　龍王廟
　十　禮拜寺

末尾に英語の摘要が附いてゐる。解說書であって、別にそれ以外ではない。

阿城はたしか我國でも古く調査された樣に聞いてゐるが、この書によるとラニニンと云ふ寫眞師が阿城廟宇の立派なアルバムを作ったので大に興味を惹起し、昨年秋ラマンスキー敎授の主唱で見學隊が出掛け、著者が解說を作る事となって再度出掛けてこの參觀記が出來たのだと云ふ。今年四月の支那だったかに石田杜村先生がトルマチェフ氏の阿城附近の史蹟調査を何れ別に紹介すると云はれてゐて、甚だ待遠いわけだが、何しろさうすると隨分種々阿城附近は露國學者の注意に上ってゐると見える。

（『支那學』第四卷第二號、1927 年 3 月、166-167 頁）

『蒙古ノ手紙ノ書方』

韓穆精阿編

大阪三島開文堂發賣、昭和二年五月謄寫印

　これは大阪外國語學校の韓穆精阿先生の新書である。實用語學に於てかゝる教科書が極めて必要であるは云ふ迄も無く、且又時勢の進運に伴って新材料を利用しつゝ續々と編纂されるべきものである。從って貧弱なる我國の蒙古語學文獻中にこの一新刊を加へ得たるは、例へそれが一小課本に過ぎなくても慶賀せなければならない。

　蒙文尺牘の一體は我國では先づ鈴江さんの『日本支那蒙古對照實用語字彙』の附錄第三「手紙ノ書キ方」が嚆矢であらう。簡單乍ら少し例も引いてあるから要領を得られよう。又同氏の『蒙古文範』には有益貴重なる文例を集めて公用文書類にも及んでゐるので大變に參考になる。然し普通私用の簡單な往復文類は收めてない。丁度その類を多數に下永さんの『蒙古書簡文選』は編纂してある。今度の韓先生のは簡單な私用往復文から堅苦しい證文や條約書まで程度を追うて作例を集めて學習者の便利なやうに出來てゐる。

　凡て蒙古時文は大體支那式だが、支那文體の變遷に隨って自然その影響を受けようし、又一方勢力範圍の關係上露國式の影響もあらうと云ふもので、それは當然の事だ。然らば書牘の一體のみならず新しい現代時文の諸式のものを種々に蒐集分類して學習の便宜を圖るは實用蒙古語學上極めて效果あるのみならず蒙古文章史上にも有益と云ふべきだ。又文運を見て時運の升降轉移をも察知し得るの資料ともならう。豈たゞ學校課書として必需であるばかりでない。この種の出刊を歡迎したい。

　　　　　　　　　（『支那學』第四卷第三號、1927 年 10 月、161-162 頁）

V. Ja. Vladimircov, *Čingis-Chan*.
Berlin-Peterburg-Moskva, 1922

　これポズドネエフ世を謝し、ルードネフ國を逃れ、コトヴィッチ籍を移した困難なる新ロシアの蒙古學界を承けて、よく數多の論著によってその豐富なる學識を世に示して依然蒙古學の霸權を持し、到底他國をして鼎の輕重を問ふを得ざらしめたウラディミルツォフ教授の『成吉思汗傳』である。元史蒙古學に興味を有する學徒誰か先睹の快を冀はない者があらうか。然るにヤット今年になって始めて一覽するを得るとなって見ると、16° 版一七六頁の小本でコチタキ注釋あるでなく、全くポケットにでもつゝ込んで置いて電車内で讀むと云った風の一の讀み本體のものであるに驚いた。外形には一應驚かされたが、内容は果せるかな豫期通り專家の著作たるには充分だった。固より歴史讀本の一種として書かれたものだから素人にも向くは當然だが、博より約に反った著述だから是非玄人にも瀏覽を期したいものなんだ。序文に於て資料論を總括してあるが極めて要領よくウルサクない。さうしてこれ迄西洋にも知れて居乍ら餘り利用されなかった『元朝祕史』を利用して傳を立てたのを多とする。本文十六章に分ち、先づ十二世紀の蒙古人を論じ、成吉思汗の誕生から崩後の相續に及び、最後にその内生活を手際よく列べ擧げて人間を表はしてゐる。其間甘く『祕史』を案配して讀み物としての效果を擧げてゐる。同年出版の Dr. Krause: *Cingis Han*. Heidelberg, 1922 が『元史』本紀の飜譯注釋に過ぎないのとは同日にして談ずべきものではない。宜なるかな、Poppe は長文の批評を *Asia Major*, Vol.I. pp.767-772 に掲げて紹介し、Barthold は *Vostok* の第何號かに蘊蓄を傾倒したる評論を試みた計りでなく、已に Carsow 君によって佛譯本も出來て伯希和先生の序文を冠して近く學界に現はれると云ふ。遲まき乍ら一言紹介する所以である。

（『支那學』第四卷第三號、1927 年 10 月、163-164 頁）

J.J. Gapanovich, *Russia in North-Eastern Asia*. vol. I. Northern Colonization, its past and present. Peiping, 1933. (in Russian) pp. IX+186.

　本書の著者ガパノヴィッチ氏はツングース民族ネギダル民族などの研究者として名を知られてゐる學者で、オホーツク海沿岸地方へは屢々調査に行ってゐるから、その調査報告なるものは信にして徴あるものと云へる。本書はカムチャッカ及びアナディル地方から北氷洋沿岸に至る地方の概要を人文地誌的に纏めた報告である。第一章、地理。第二章、歴史。第三章、土人。第四章、露人。第五章、外人、特に日本人、アメリカ人。第六章、北方に於けるアメリカと日本。第七章、地方制度。これに英文提要と索引が附録してゐる。前半は調査を主とせる研究報告だが、後半では北太平洋問題に論及し、露人は消極的で勢力を増すに至らないが、日本の出漁者は數と條約上の權利で絶大の力があり、アメリカは數は寡いが文明の力が看過すべからざる勢を持ってゐるから、日米の爭霸がこの地方に如何なる作用を引起すかは注目すべきものであって、何れの勝利に歸しても遠隔なる地方のことであるから露には損失とならう、なんかと云ってゐる。太平洋問題は廣汎なる範圍を含有してゐるが、著者も北方漁業權が日本の生命線に觸れると云ってゐる程だから、北太平洋問題も全太平洋問題の一の鍵である。百年以前既に本多利明が之を鍵と認めた我國では研究に注意してよからう。極北民族の研究も高橋盛孝先生以外にあまり聞えないのは寂しい。

　　　　　　　　（『東洋史研究』第一巻第二號、1935 年 12 月、40 頁）

『オルデンブルグ記念論文集』

Сергею Федоровичу Ольденбургу, к пятидесятилетию научно-общественной деятельности 1882-1932, сборник статей.

書評と紹介　　　　　　　　　　　　　　　　　　　　　　　　211

Ленинград, 1934. 642 с.

　本書は露國東洋學界の元老オルデンブルグ先生の頌壽記念論文集であるが、惜しむべし、先生は之が完成を見たか見ないかを知らない一九三四年二月二十八日に逝去せられた。僻遠の余なんかにとっては追悼記念集の如く感ぜられたのも無理はあるまい。何でも昨年の春頃の『ドルメン』かで先生の逝世を知ったのであった。其後梅原末治先生が先生の事を書きたいと云ってゐられたが、余自身も先生には多少の學緣があるから略傳でも草したいと思った。然し先生の博い學界の功績は貧弱なる余などではチト無理なので其儘になって了った。その證據にはこの頌壽文集を見ても分る。大小四十四人の論文を集めてゐるが大多數は先生の關係ある各學界のものである。先生は直接研究學者としての功あるのみでなく、祭酒として董事として組織者として指導者として、又且つ中亞訪古探檢者としての各界への功績は僕を更へるも盡きないのである。先生の學傳が我國語で有ってもよいと思ふ。先生の本色と認められてゐる印度學の論文すら我國で忘れられ勝なのは國語のせいとは云へ遺憾である。

　そこで本書の紹介であるが、とても各界に涉るものを余では出來ない。そこでその佛文目錄を轉載して各家の參照に便するに止めたい。

〔I〕

　　V. Volgin. Préface.

　　N. Marr. S. Oldenburg et le problème de la transmission du patrimoine de la culture.

　　Th. Ščrbatskoj. S. Oldenburg envisagé comme indianiste.

　　M. Azadovskij. S. Oldenburg et la science russe fu folklore.

〔II〕

　　V. Alexejev. Contribution à h'histoire de la démocratisation de la littérature chinoise ancienne (聊齋志異).

M. Alexejev. Un des correspondants russes de Nicolas Witsen.

N. Andrejev. Aoerçus analytiques du conte ukrainien.

A. Barannikov. La "Saptsasaroj" de Prem Chand.

E. Berthels. La littérature vulgaire en Perse.

B. Bogajevskij. Le minotaure et Pasiphaé en Crète à la lumière des données acquises en ethnographie.

S. Bykovskij. Épisode de l'histoire de la lutte des classes dans Novgorod la Grande.

I. Vinnikov. La légende de la vocation de Muhammed à la lumière de l'éthnographie.

U. Gordlevskij. Bahā ud-din al-Nakšbendı de Boukhara.

N. Grinkova. La question du conteurs dans la science russe du folklore.

N. Deržavin. Jàn'i Janàk'i.

C. Žamcarano. Chete de Secen-khan, donnée au lama Loubsan-Baïdoub.

V. Žirmunskij. Le problème du folklore.

D. Želenin. La fonction religieuse et magique des contes de folklore.

P. Ivanov. Sur les antiquités de la région du cours supérieur du Thalas.

E. Kagarov. Sur la structure et la composition des incantations grecques anciennes.

N. Kozmin. L'aspect social de "Atasi" Yolligh-Teguin, auteur des monuments d'Orkhon.

I. Kračkovskij. Contribution à l'histoire des contes arabes sur la ruse féminine.

A. Krymskij. Pages de l'histoire de l'Azerbaidjan septentrional ou caucasien (Albanie classique).

S. Malov. Matériaux relatifs aux dialectes ouïgoures de Sin-kiang.

G. Marr. L'expression de la phonétique du vers dans l'écriture persane.

N. Matorin. Sur la méthodologie de l'étude dy syncrétisme religieux.

書評と紹介

I. Meščaninov. Deux langues de l'ancien Van.

N. Nevskij. La figuration de l'arc-en-ciel sous forme d'un serpent céleste.

A. Nikiforov. L'aspect du conte russe du nord au point de vue social et économique.

N. Ončukov. Les contes d'un village.

A. Orlov. Walter Scott et Zagaskin.

E. Pekarskij. Le conte jakoute.

N. Poppe. De la littérature épique vieux-mongole.

A. Riftin. Fragments de textes ayant trait au droit babylonien.

A. Romaskevič. Les fabliaux persans de Constant du Hamel.

A. Samojlovič. Les itinéraires de la première moitié du XIXe s. à travers les Kara-Koumes, empruntés à la Chronique de Khiva.

M. Speranskij. L'Inde dans la littérature russe ancienne.

V. Sreznevskij. Langue et légende dans les notes de carnet de Leo Tolstoï.

A. Strelkov. Le grand autel du Sémirétchié.

V. Struve. Une grosse propriété rurale, fondée sur l'esclavage à Sumir de la IIIe dynastie d'Ur (au XXIIIe s. av. notre ère env.)

J. Tolstoj. Le retour de l'époux dans l'Odyssée et dans le conte russe.

I. Trockij. Le mythe antique et le conte moderne.

I. Frank-Kameneckij. La 'famme-ville' dans l'eschtologie biblique.

O. Freudenburg. Le folklore chez Aristophane.

A. Freiman. Noms de nombre ossètes abandonnés.

S. Černov. La remeur publique en 1825-1826.

V. Černyšov. Les contes russes dans les éditions du XVIIIe siècle.

R. Šor. Examen des rapports entre les recentions du recueil de contes de l'Inde ancienne "Vetālapañcaviņçatikā".

〔III〕

P. Skačkov. Matériaux pour la bibliographie des travaux de S. Oldenburg.

第一部の三篇は一九三三年二月一日アカデミーの頌壽記念會席上の講演で、三大學者がそれぞれ專門家の立場から先生の學術を論じたものである。尚ほ *Bibliography of the Orient*, No.2-4 (1933), Leningrad, 1934 にも I.I. Yakovkin: S.E. Oldenburg and the scientific library (in Russian) があり、B.M. Alekseev: Sergej Fedorovič Ol'denburg kak organizator i rukovoditel' našich orientalistov, Zapiski Instituta Vostokovedenija Akademii Nauk. VI もある。先生の指導者としての功績を見る事が出來る。序で乍ら吾友ネフスキー君が得意の虹語源考の一篇を寄せてゐるのを見て喜ぶ。

(『東洋史研究』第一卷第二號、1935 年 12 月、40-43 頁)

『中亞隨筆集』

Е. Ардов (Е.И. Апрелева), Средне-Азиацкие очерки. Шанхай, 1935. 220 с.

　此書は文學者の作品集であるから、こゝに列するのは不穩當かも知れない。然し中央亞細亞、それも既に歷史となった帝政ロシア華やかなりし時代を題材とするスケッチで、露領トルキスタンの地理人情風俗言語を窺ひ得るとすれば、本誌に紹介して見てもそう場違ひでもなからうか。著者は十七年も、或はサマルカンドに、或はタシュケントに滯在してゐたのだから、只の通りすがりの旅行者ではない。收むる所の短編十八、種々の風景、種々の民族、種々の生活を書き出し、又插入のカット・寫眞も內容と相應じて興味を增す。異國のスケッチだから自然と出てくる土語、卽ちウズベク語、タジク語百餘りの說明が卷尾に附してあるのは仲々にも親切である。この語彙中には出てゐないが、本文中で說明してあるものも少しはある樣だが、とにかく纏めてあるのは我等にとっては何より便利である。文學者の說明は語學者より却って感じを示す事が往々あるから、參考になり得ると思ふ。此等の小品

は嘗て「ルスキヤ・ヴェドモスチ」紙に出たもので、今度遺著として輯錄したものと云ふ。著者アルドフの事は近刊の中央公論社「世界文藝大辭典」にも出てゐない樣だから、卷頭の小傳を略抄して置かう。

エ・アルドフとは雅名で、本名はエレナ・イヴァノヴナ・アプレレヴァで、露暦一八四六年二月二十四日にブララムベルグ將軍の女としてオレンブルグに生れ、ドレスデン・プラーグ等にて兒童教育を研究し、一八七二年にはジェネヴァ大學に入學した。然し病氣で休學して、一八七六年に再び外遊したが、巴里で處女作「酒無きも罪あり」、「アポロン・マルコヴィチ」等の小説を書き上げた。彼女は若くして既に當時の有名な人々と相識となり、殊に親交のあったイ・エス・ツルゲーネフは彼女の才能を認めて文學に從事する樣に勸め、アルドフの雅名をも擇んで吳れたのであった。やがてピョートル・ヴァシリエヴィッチ・アプレレフと結婚して夫と共にトルキスタンへ行ったが、絶えず「ルスキヤ・ヴェドモスチ」、「ヴェストニク・エヴロプィ」、「ニーワ」、「ルスカヤ・ムイスリ」などの有名な雜誌へ寄稿し、又單行作品をも出した。一八九八年には露都の文藝劇場で「碎かれた壺」を出して成功した。然し一九〇六年にイメレチャ革命黨の爲めにチェルノモルスカヤ縣の自領ペトロフスコエ莊園で夫のピョートル・ヴァシリエヴィッチが殺されるのを眼前に見たので、驚きの餘り呆然として創作なんか出來なくなった。一九二〇年、デニキン將軍の白色戰線敗亡の後はノヴォロッシイスクを通ってセルビアに流亡し、ベーラヤ・ツェルコフィに次いでベルグラードに移って行った。流亡の後は故國へ再び歸る望も絶えたが、彼女は自著を他國で出版しようと老眼を押し拭ひつゝ整理を倦まず續けて居たが、一九二三年舊暦十一月二十一日に帝政ロシアの夢を偲びつゝ七十八歲で沒した。此書には遺書の一として一九二三年の自序があるが、ヤット昨年上海で子供達により出版されたのである。飄零流浪の才女轉變一代の運命は仲々にも痛ましい。

(『東洋史研究』第一卷第三號、1936 年 2 月、58-59 頁)

『曹語研究資料』

Н.А. Невский, Материалы по говорам языка Цоу. Труды Института Востоковедения. XI. Москва-Ленинград, 1935. 136 с.

　右はネフスキー先生の臺灣曹族語考である。昭和二年の夏期休暇にネフスキー先生は大阪外國語學校の同僚淺井惠倫教授と相携へて蕃語研究の爲めに臺灣に向ひ、余は之を神戸埠頭に送ったが、歸來直ちに兩先生は引續いて靜安學社の例會に於て調査豫報を報告された。その大要は『靜安學社報告』第一などに載ってゐる。その詳細なる研究は淺井教授のシェデック語は Some Observations on the Sedik Language of Formosa として『東洋學叢編』第一册に發表されたが、今又ネフスキー先生のツォウ語が茲にアカデミーによって出版されたのである。共に臺灣蕃語研究の模範的作品と稱して決して溢美ではない。内容は次の通り。

　　序言　阿里山蕃曹族の概要と先生渡臺して曹族トフヤ社語研究の情況が記されてゐる。
　　第一部　音韻論である。
　　　A.　曹語の音韻
　　　　一、日本人の曹語研究
　　　　二、トフヤ語の音韻組織
　　　B.　音韻比較
　　　　一、曹語の音韻現象
　　　　二、曹語とインドネジア語族との音韻比較
　　第二部　資料編で飜譯と註釋とを附してある。
　　　A.　原文。凡てゞ十七篇ある。
　　　B.　飜譯と註釋
　　　　一、此土地に住み初めし話
　　　　二、オアジミが月を射落した話

書評と紹介　　　　　　　　　　　　　　　　　　　　　　　　217

三、魚を網で捕へる話。和氣雷神の傳說と比較してある。

四、野猫が蜂を引出した話。

五、狩に出た男の弟が敵に捕へられる話。首狩の事を說明してある。

六、ニヴニ神の話。善魂惡魂の事、死に關する詳しい說明が附いてゐる。

七、賢いヤワエの話。三篇出てゐる。

八、蜥蜴と野猫の話

九、簗で魚を捕る話

十、去勢されたる子供の話

十一、犬で獸を狩る話。狩獵方法を說明してゐる。

十二、狩の時の祈り

十三、酒を造る法。我國の古法に及んでゐる。

十四、結婚の方法。こゝで曹族の氏族制度を詳述してある。

十五、稷畑を耕す方法。こゝには語學的註釋が特に詳しい。

　第一部第二部を通じて純然たる研究報告であって、余には批評の資格は無いが、精審にして質實、嘆賞の外は無い。言語學的說明と民俗學的註釋と相俟って理解を完全ならしめ、先人の研究は精粹を選んで參照し、徒らに自らを張るの態度更に無く、眞に後學の範と爲すに足る。此著恐らく露語に於ける臺灣語或はインドネジア語研究の權輿であらうが、我國の臺灣語學界も亦基本的なるこの研究書の出現に於て多大の啓發を得る事と信ずる。因に尙ほ續編に於て語法論を撰して語彙を附し、完成するとのことである。

　　　　　　　　　　　（『東洋史研究』第一卷第三號、1936 年 2 月、59-61 頁）

『ブリヤート・モンゴル史料集』
Материалы для Истории Бурят-Монголов

一、バルグジン・ブリヤート記

А.И. Востриков и Н.Н. Поппе, Летпись Баргузинских Бурят.

Тексты и Исследваниа. Труды Института Востоковедения. VIII. Москва-Ленинград, 1935

二、ホリ・ブリヤート記

Поппе, Хроники Тугултур Тобоева и Вандана Юмсунова, Летписи Хоринских Бурят. Вып I. Труды Института Востоковедения. IX. Москва-Ленинград, 1935

　我國の蒙古學界は殆んどブリヤート蒙古には關心を持ってゐない。地理上の隔絕せる事がその主なる原因をなすであらうが、我が國防第一線の鼻の先に Avtonoomito Buriaad-Mongol Ulas がソヴィエト聯邦の一として存在し同盟兄弟國たる滿州帝國内に巴爾虎布里雅特部などが含まれてゐるとすれば、ブリヤート蒙古學にそう無關心でゐてはウソである。ロシアとブリヤートとの關係深い事は地理的政治的にもさる事ながら、ロシアの東洋學者にブリヤート人の多いのを見ても知られる。殊にブリヤート・モンゴル自治共和國の結成されてからは、ブリヤート學文獻の出づる事盛んなものがある。その內隨分と一覽したいものが澤山あるが、僕には遺憾乍らこの欲望は抑制せられねばならない。茲に紹介せんとする「ブリヤート・モンゴル史料集」二册は近頃編者諸先生の盛情によって見るを得たる幸福の賜物である。

　ブリヤート人の書いたブリヤート史志類の槪略はポッペ敎授のホリ・ブリヤート記の序文に略述されてゐるが、今度出版された三種は蓋し一八八七～八年のウフトムスキー公爵の東方巡遊に得た所である。ウフトムスキー公の東方旅行は佛敎資料の調査蒐集が目的であったので、その蒐集品の大略は Grünwedel 博士の解說が Bibliotheca Buddhica VI に出で、又同じく此等資料に根據した博士の大著「西藏及蒙古に於ける佛敎神話」が學界に貽られて、長く權威と見られてゐる。この旅行に際し公爵はブリヤート諸族に諸族史志の提出を命じ、これ等の史志が或は鈔寫、或は撰著、或は飜譯されて進獻せられたと見える。だからこそ此等の諸ブリヤート民族志は單なる年代記以外

書評と紹介　　　　　　　　　　　　　　　　　　　　　　　　　219

に風俗信仰傳説に關する記事も含有されてゐるのだ。

　史料集第一册はバルグジン・ブリヤート記であって、ヴォストリコフ氏は詳細なる序論によって、バルグジン史上に於けるバルグジン記の位地を明らかにし、又ツイデブ・ジャブ・サハロフのバルグジン記の露蒙兩文の書誌學的説明を述べ、併せてニコライ・ツイワン・ジャブ・サハロフのバルグジン志を解題し、次いでポッペ先生校定の史志原文、（一）ツイデブ・ジャブ・サハロフの露文記、（二）ニコライ・ツイワン・ジャブ・サハロフの露文志、（三）ツイデブ・ジャブ・サハロフの蒙文記を各々詳細有益なる注記と共に收めてゐる。

　第二册はホリ・ブリヤート記類であって、ポッペ教授の校刊になる（一）ツグルツル・トボエフの蒙文記、（二）バンダン・ユムスノフの蒙文記とを收めてあり、卷首にブリヤート史類の略説とトボエフ、ユムスノフ兩人の略傳がある。此等兩記の露譯も既に完成されてゐると云ふから追って出刊さるゝに至であらう。

　此等史料の研究は固より我國では彼地學者のそれを待つより外無からうが、又そう我國學界が一顧もせずしていいものでは無い筈である。僕の如きすらが此等を利用して何等かの試みをして見たい氣があるにはある。然し早速に此等を批評し去る勇氣はない。隴を得て蜀を望むんではないが、各記志原本の寫眞版が一葉宛でも插入してあってほしいと思はれる。尚ほホビツェフのホリ・ブリヤート記はカザケヴィッチ氏により、ロンボ・ツェレノフのセレンガ・ブリヤート記はポッペ氏により引續いて校刊される由。

　　　　　　　　　　　　　　　（『東洋史研究』第一卷第四號、1936 年 4 月、64-65 頁）

ベイリー氏の近業

　　H.W. Bailey:

　　1. The word "But" in Iranian. *Bulletin of the School of Oriental Studies*

(University of London). Vol.VI, Part 2, pp.279-283. 1931.

2. To the Zamasp-namak. I. Ibidem. Vol. VI, Part 1, pp.55-86. 1931.

3. To the Zamasp-namak. II. Ibidem. Vol. VI, Part 3, pp.581-600. 1931.

4. Būm-čandak. Ibidem. Vol. Vol. VI, Part 3, pp.822-824. 1931.

5. Iranian Studies. Ibidem. Vol. VI, Part 4, pp.945-955. 1932.

6. Iranian Studies, II. Ibidem. Vol. VII, Part 1, pp.69-86. 1934.

7. Iranian Studies, III. Ibidem. Vol. VII, Part 2, pp.275-298. 1934.

8. Iranian Studies, IV. Ibidem. Vol. VII, Part 4, pp.775-778. 1934.

9. Iranian Studies, V. Ibidem. Vol. VIII, Part 1, pp.117-142. 1935.

10. Yazdi. Ibidem. Vol. VIII, Part 2, pp.335-361. 1936.

11. Ttaugara. Ibidem. Vol. VIII, Part 4, pp.923-936. 1937.

12. Hvatanica. Ibidem. Vol. VIII, Part 4, pp.923-936. 1937.

13. A fragment of the Uttaratantra in Saskrit. Ibidem. Vol. VIII, Part 1, pp.7-89. 1935.

　ベイリー氏に就いては僕は何も知らない。只新進のイラン學者であって、スタイン蒐集中の于闐語文書の編纂者であるを知るのみである。氏の近業と云っても右列の論文を偶々一閲するの機會を得たに過ぎないが、氏の研究は中亞新發見の資料を自由に驅使してゐるので、中亞研究の到達點を窺ひ得るに極めて便利である。博覽多識の語學力と明敏果斷の獨創の才とは氏の論文をして廣い學界に於ても異彩たらしめてゐる。

　一はパーラヴィ文ブンダヒシュン中の一節を考釋し、bvt (Bud) の佛陀なる事、vχš (vaχš) の靈を意味する事、but'sp (bodisaβ) の菩薩なる事をソグド文を通じて證定したるもの。二三はパーラヴィ文 Žāmāsp Nāmak を研究したもので、四はそれの補註。五六七八九はイラン語の言語學的研究の札記だが、五の中ではパーラヴィ文バフマン・ヤシュトに見ゆる種族名地名の研究を試み、ソグドの異名、ソグド王アグラエラタが Gāpat 王と呼ばれたる事、それ等の語の轉移を詳かにし、其住地に迄論を進めてゐる。ゴーパトに就て

は八でも再び詳論してゐる。七の中ではゾロアスター教義に重要なる spətā を詳論してゐる。八では Ardistān 語を、十では Yazd 語を、氏がペルシャで蒐集したる材料と共に研究を發表してゐる。九は于闐語彙で梵藏漢に對照してあり斯學への寄與は大である。十三はスタイン蒐集中の一片三十八行のもので、于闐文式の梵文に出典を一々于闐語で註してある珍本である。十二は于闐語研究三篇であるが、一では中亞諸語の十二支名を證定し、二では于闐語の十二箇月の名を集證し、三では于闐紀年研究への寄與である。皆中亞出土資料に據る新研究の業績である。

十一は都貨邏問題に對する新研究である。都貨邏大月氏説より Tokhāristān がそれなる事、然し玄奘三藏の述べたる同地の文字はバクトリアの希臘文字の事で、恐らく Junker が研究中なる伯林蒐集中の推定嚈噠文字に類せるもので、言語はイラン系なる事を斷じ、次いで所謂都貨邏方言 A を論じて當時の living changing language にして阿耆尼語なることを斷じ、阿耆尼は Okñi で Ok は龍の意なる事、龜茲は Kuci で白を意味し、Kuci>Kuśi>Küsän でクセンは貴霜に非ず、又阿耆尼の外來語を考へて死語に非ずして轉化しつゝありし生語なるを論じ、中にも ārśi は梵語の ārya にして地名種族名の如き固有名詞に非ざるを論定した。即ち大月氏がトガラであるが、從來トガラ語と名付くべしとせられた Dialect A は實は阿耆尼・龜茲・跋祿迦とは言語風俗上關係は無く、これ等三語は一語の三方言に外ならず、それ等の間の關係は後出すべき烏孫考で解明しようと云ふ。本論文は從來提示せられてゐた中亞發見文書の再檢討に根據して論證せられたるものであって、紛糾せるトガラ問題も種々な點に於て一大躍進を見せたのである。近來快心の作と云っていゝ。中亞文書の解讀が東洋史の諸問題解決の祕鍵たる事は豫想されてゐたが、かくも見事なる成績を擧げ得たるベイリー氏の學と識とには敬意を致さゞるを得ない。中亞文書に關心少き我が東洋史界も再びこれによって賑々敷く之を問題化するのであらうか。

(『東洋史研究』第二卷第五號、1937 年 5 月、82-84 頁)

『歐州殊に露西亞における東洋研究史』
ウェ・バルトリド著　外務省調査部譯

　僕はバルトリドの此書に益を受けた事は夥しい。師友に乏しい商業地に住む僕にとっては、歐州東洋學を指導して吳れたのは此書だとも云ひたい。類書の少ない歐州東洋學書誌として殊にロシアの研究を廣汎なる範圍に於て、整然として指示して吳れるものは今でも恐らく是れに越すものは無からう。ロシアの大學は良い講義を持ってゐると羨ましがったものだった。どうして此書を知って入手したものかは忘れたが、此書の原初版本を座右にするを得てからは常に參照して喜んでゐた。獨逸譯の出たのも是れ有るかなと思った。第二版本が出て之を閱して適當なる增補の施されてゐるのを見て益々貴んだ。だから何度か僕の口は僕の筆は此書を推賞したものである。今に於て此書の譯本を我國に得た事は喜ばざるを得ない。第二版の出たのは一九二五年で旣に十餘年を經た今日ではあるけれども今からでも遲くはない。由來我國ではロシアの東洋學は餘り關心を持たれなかったのだから、今からでも本書によってその全貌を知る事は必要で、實に凡例に調査部第三課が云ふ如く「本書はそのテーマにおいてユニークであるのみならず、殊にロシア人の東洋經略史東洋研究史に全體の半ばを割いてゐる關係上、我國東洋學徒のみならず政治外交の實際家に敎ふるところ決して些少ならざる」ものがある。敢えて上梓された盛意に佩服する所以である。

　譯本であるから原本と對照して批評すべきであるが、そんな必要もなからう。言語に堪能なる外務省の仕事であるからソツも無い筈である。又僕にも今は精讀する閑暇が無い。然しある必要から譯書の四六九頁を讀んでゐると、九行目に「中世のウイグル人の殘滓は西支那及び蘇州と杭州とを結ぶ道之南方に殘ってゐる」と云ふ文句があった。これは奇怪な話である。原文を持出さなくとも是は「中世のウイグル人の殘滓は西支那、肅州と甘州とを結

書評と紹介

ぶ道の南方に殘ってゐる」の誤譯である。肅州甘州を蘇州杭州と音譯を誤ったから、「及び」を衍入せざるを得なくなったものである。一斑を以て全貌を推すとすると譯文を危ぶまざるを得なくもなるが、是れ必ず白璧の微瑕に過ぎなからう。僕の讀んだ所丈では他は明晰暢達であった。

此書の原本には索引が有ったが、本書では省いてある。然し本書の性質上から云へば何等かの索引は附してある方が良い。人名だけでも地名だけでもよいのだ。全然削除したのは如何かと思はれる。

參考文獻の擧げ方は親切に譯してあるが、著書の刊行地年月迄譯したのはどうであらうか。此等は原文の儘の方が分り易い。又論文の出た雜誌名は原文の儘の方が良い。叢書名も同樣だ。さうでないと混雜を生ずる恐れが少くない。而してそれも學界通用のものに近づけたかったと思ふ。外務省も少なくとも我學界と多少統制をとってもいゝではないか。

凡例の二にバルトリドの學歷を略敍してゐるが、既に故人であるから故人らしく書く必要がある。あれでは故人たるを知らない樣に見える。僕が龍谷大學論叢に先生の弔傳を書いてからもう七八年にもなるんだ。あれは匆々の間に書いて委細を盡さない恨みがあるが、もう今の調査課なら何とか略傳位は卷頭に飾れたものにと思ふんだ。

誤記か誤植かと思はれるものも二三目に觸れたが、大體に於て立派な印刷物で、流石官廳の出版物である。只官廳の出版物は由來一般の手に入り難い事が多い。そんな事は成るべく便宜にして一般に流傳させてほしいものだ。それが又出版の目的でもあらう。

（『東洋史研究』第三卷第二號、1937 年 12 月、46-47 頁）

Friedrich Weller,
Der gedruckte mongolische Kenjur und die
Leningrader Handschrift.

　本論文はフリードリッヒ・ヴェラー氏が『獨逸東洋學會雜誌』（ZDMG）一九三六年第九十卷（新編第十五卷）第二號に出だせるもので、その目的は蒙文甘珠爾の清朝殿版と露都鈔本との價値を證定するに存するも、據證する所は一にその收錄する所の梵網經一本である。然れ共爾來蒙文書誌學は極めて不備にして精細なる研究殆んどなきに拘らず、ヴェラー氏の此論は微を究め幽を發し、小を推して大に至る。蒙文書誌學界に於ては空谷の跫音と稱すべきもの、ヴェラー氏の梵藏兩學に於ける蘊蓄は幾多の論文によりて學界の周知する所、進んで蒙文經典を參訂するに至る。その精進驚歎すべきである。佛教學界の感謝すべき業績たるのみならず、蒙古學界も亦當に此の寄與に敬意を表すべきである。
　余は人の請ふ儘に本論文の梗概を摘記するが、遺憾とする所はヴェラー氏の校刊せる藏蒙文梵網經及び『アジア・マヨル』誌上の同經敍論を通讀せざる事である。本論文の據る所を知らずして之が要を提起するの無謀を試むるも亦已むを得ざるものがあるからである。著者並びに讀者に罪を得るもの蓋し多き次第である。
　著者は梵網經蒙文兩本卽ち殿版及び露都鈔本を精細に比較校合し、之を西藏文本に證して推論してゐる。露本に闕きて殿本に存する所の藏本に存するあるは是れ露本の佚脱にして殿本より新しき情態なりと云ふべく、又露本の闕くる所のある藏本には同じく闕くるものあれば、殿板の露本より出でたるに非ざるは言ふ迄もない。是れ其一。又露本藏本共に存して殿板のみ闕くは殿板の佚脱なるも、兩蒙本の異同の藏本の寫訛に歸すべきものあるは蓋し露本の殿板より出でたるものでないからである。是れ其二。兩蒙本互に此れ彼

れより出たるに非ざれば相關係せざる兩本である。是れ其三。然れ共兩蒙本に共通せる誤にして藏本に合せざるもの、又兩蒙本共通の誤の藏本の誤に歸すべきものあり。卽ち兩蒙本の祖本の誤れるものである。是れ其四。兩蒙文祖本の誤脫と推定すべきものも藏本により之を證すべからざるものあり。乃ち此祖本の誤脫は蒙譯原本又は之に近きものより轉寫の際に生じたるものであらう。是れ其五。尙ほ藏本無き所にして兩蒙本に衍入せるものあり。是れ亦蒙原本より兩蒙祖本に移寫の際に生じたるものでなくてはならぬ。是れ其六。兩蒙祖本は重校せられたる形迹を存してゐる。故に此祖本の底本の直ちに蒙本原譯本なりや否やは斷定し難い。是れ其七。露本は語學的に重訂されたりと認むべきものが字句上にも文體上にもある。露本上の異同は殿板上のものより多い。是れ其八。露本の誤寫は原譯より離るゝ事遠し。是れ其九。露本は更に藏本により參訂して誤訂せるもの文法的解釋を異にせるものがある。殿本の重校は單に語學的改訂に歸すべきものであるも、露本は別本を參照したるに由るものが多い。是れ其十。露本は固より原譯本でない、重訂本なるも却て誤謬が多い。是れ其十一。以上の推論により系統表を作らば下の如くである。

$$西藏底本 \longrightarrow 原蒙譯本 \longrightarrow 兩蒙設本 \begin{cases} 殿\quad本 \\ 露鈔本 \\ \quad\uparrow \\ 西藏本 \end{cases}$$

以上ヴェラー氏は專ら梵網經蒙文の兩本を精細に對校して推論せる所なるを以て固より大約首肯し得べく、又之を傍證するに難くない。乃ち、大正十二年の夏我が東京帝國大學圖書館にて大震災の爲め消失せし金字蒙文藏經は察哈爾の林丹汗より傳はりしものにして、康熙年間に刊行せられし殿板蒙藏の實に底本たりしものである。而して殿板蒙藏の編纂刊行は殿板番藏の編纂刊行と殆んど同時にして、その影響を受けたるものある事は余の嘗て指摘したる所である。金字經は固より蒙譯原稿本でなく、之より移寫したるものであって、校正の痕を存したるも、蒙藏を完成したりと云へる林丹汗家より出

で、林丹汗の親寫數行を存したるを以て云へば、殆んど是れ蒙譯原本なりと稱すべきである。惜いかな今之を再び見ることを得ぬ。露藏本は今其詳を知るを得ざれ共、察哈爾より出たりと傳ふれば之を林丹汗本より分出せるものなるは想像に難くない。乃ちヴェラー氏の推定せる如く殿本と露本とは兄弟本にして、其祖本の金字藏經なるを知り得る。兄弟兩本の內露本の內露本の番本により重校せる形迹はヴェラー氏の指摘する所であるが、殿本も亦當に清朝殿板番藏により或は又明朝殿板にもよりて重訂せられしものあるべきは推察し得る。蓋し精審なる校勘の事一に後賢に俟つべきものがある。番蒙藏經諸本は諸國の儲うるもの多からず、學人の研究に資するに便ならず、惜しむべし。我國は輓近幸にも將來多く、番藏諸本は已に各官私大學に遍く藏せられ、蒙藏は京都帝大に鈔本を、東洋文庫に殿本を儲うるに至った。誠に嘉惠の後學に及ぶもの大である。好古の士此の嘉惠を空しくせざらん事希望の至りに堪えぬ。

（『東洋史研究』第三卷第二號、1937 年 12 月、47-49 頁）

『滿和辭典』羽田亨編

昭和十二年十二月・京都帝國大學滿蒙
調査會刊・菊版五〇〇頁・定價五圓

　滿州語の研究は清朝に接觸した耶蘇會士等によって始められた。固より當時の實用語學としても必要であったんだが、實は之に依って支那文化一般の理解に資せんとしたのでもあった。會士等の支那文化研究が漢字漢文の困難に衝突してゐた際に、彼等の必要とした漢文書類が相當多量に滿州語譯されて居り、文字こそ異なって居れども標音式であった語學習得の容易さによって、支那文化研究に滿州譯書の比較參照の便益なるを覺り、遂に歐州の東洋學者をして競って滿州語學習得に走らしめたのであった。かくして忽ちにして文典辭書讀本の編纂が續々として起った。その爲めには支那

で編纂出版されてゐた滿文語學書類は頻りに研究飜譯されて歐文となったものである。特に辭典を舉ぐれば、アミオ（*Dictionnaire tartare-mantchoue français*, composé d'après un Dictionnaire mantchoue-chinois, par M. Amyot, rédigé et publié avec des additions et l'alphabet de cette langue, par L. Langlès. 3 tomes.　Paris, 1789-1790.)、ガベレンツ（*Sse-schu, Schu-king, Schi-king in Mandschuischer Uebersetzung mit einem mandschu-deutschen Wörterbuch*, herausgegeben von H.C. von der Gabelentz.　Abhandlungen der Deutschen Morgenländischen Gesellschaft, III. Band, Nr. 1. Leipzig, 1864.)、ワシリエフ（B. Васильев: Маньчжурско-русский словарь. St.-Peterburg, 1866.）、ザハロフ（И. Захаров: Полный маньчжурско-русский словарь. St.-Peterburg, 1875.）の如き諸刊本以外に、パリツォフ、ウラドイキン、クラプロート（Cf. *Catalogue des livres composant la bibliothèque de feu M. Klaproth. Deuxième partie*, pp.53-54.　Paris, 1839)、フェルビースト（Cf.　Llanglès: *Alphabet tartare-mantchou*, dans le dictionnaire de M. Amyot.　p. XXXIII. A. Wylie: *Translation of the Ts'ing Wan K'e Mung, a Chinese grammar of the Manchu Tartar Language, with introductry notes on Manchu Literature.* Shanghai, 1855, p. lii) などの未刊の稿本などが有る。然し此等の辭典は稿本は論外だが、刊本も稀覯に屬して入手し難い上に、アミオは清文彙書の不完全な飜譯であり（Cf. Klaproth: *Mémoire relatifs à l'Asie*, tome III. pp.9-16, Meadows: *Translations from the Manchu, with the original texts, prefaced by an essay on the language.* Canton, 1849. pp.29-31.）、ザハロフは『清文鑑』『清文彙書』を主としたものだし（E.V. Zach は再三の補訂を試みてゐる）、ガベレンツは『四書』『書經』『詩經』の語彙であるから、例へ佛露獨の語に通じてゐても支那文化の影響の多い滿州文語では此等の漢譯の對照を闕いだものでは眞意を捕捉し難い。だから稀覯の辭典も實はアルファベット式で搜索し易いと云ふ程度の語彙に過ぎなかった。其後歐州の滿州語學も、支那學補助手段としてそれ程の價値あるものでない事が分り、實用語としても支那語

とは到底比較にならず、歐州學者の漢字克服も進んで來ては殆んど顧みられず、極めて少數の特殊學者の參考に供せられるのみで、寧ろ支那學者よりは蒙古學者などの手に移って行き、專門的著述も間歇的に現はれるに過ぎなくなった。

　我國の滿州語學は割に古く、高橋景保の如き偉才を有するを誇りとしてもいゝのであるが、景保の飜譯編纂した辭典も長崎通事の辭典も稿本の儘で學界に裨益を與ふるに至らなかったのは時勢上致方もなかったらう。此等の辭典も矢張り淸文鑑が底本であった。明治以後東洋史家言語學者の間に滿州語に興味を有する人々もあったが、西洋學者に追隨してゐた間は、既に歐州で頽勢であった斯學に從事する人はなく、一の老學者渡部薰太郎先生を奮起せしめ、『淸文彙書』の譯述稿本を留めたのみであった。たゞ世の淸朝史研究を終生指導せられた內藤湖南先生は多大の關心を以て斯學を修め資料の蒐集將來、研究の示唆獎勵に努力されてゐた。その傳統を紹ぐ京大東洋史研究室は老檔實錄の研究に沈潛し、我國の滿州語學は必ず此處に發するを豫想せしめたのであったが、果然羽田先生の監修の下に辭典編纂は企圖せられ、かくて助纂者の非凡の努力によって滿和辭典を我學界に贈るに至った。

　本辭典は諸『淸文鑑』『淸文彙書』の語を類次譯述したものであるから、歐州、我國の諸學者の先蹤を襲うたに過ぎない樣であるが、實は先業を精確に集大成したと見るべきものである。その編纂の苦心等は『史林』第二十三卷第一號の鴛淵先生の紹介に見えるが、我等は今にして先業の增訂完成版を有するに至ったのである。かくて久しく顧みられなかった滿州語學は新しき出發點を茲に於て持つであらう。滿州史料の研究も茲に於て新しき工具を見出すであらう。豈に只我國學界のみならず、歐州滿州支那の學界も此書の出世に於て新しい滿州學を知るに至らう。

　我國の滿州語學は先蹤を踏んで辭典を以て再び現出したが、今よりは史學は固よりであるが語學に於ても世界の權威として確立されねばならない。滿州語は文語としても最近その存在を抹殺せらるゝ樣になったらしいが、學術

書評と紹介

界に於ては無用視されてはならない。滿州國の語學的調査も學術的立場に於て急速に實施されねば、動いてゐるこの時代を經過して了っては後悔するに至らう。單なる文語語彙ではあるが、この增訂新版の出現を機として滿州語學の躍進を期待したい。それが東洋文化開發に對する我國學界の義務であらう。此等の語を以て本書紹介の辭とする。

（『東洋史研究』第三卷第三號、1938 年 2 月、79-81 頁）

ヘーニッシュ氏の『元朝祕史』

Manghol un Niuca Tobca'an (Yüan-ch'ao pi-shi).
Die geheime Geschichte der Mongolen, aus der chinesischen Transkription (Ausgabe Ye Têh-hui) im mongolischen Wortlaut wiederhergestellt von Erich Haenisch. Leipzig, 1937.

ヘーニッシュ氏は已に一九三一年にザクセンのアカデミー論文集中にて元朝祕史考を發表したが今回は祕史の全文を羅馬字譯して出版したのである。詳題が示す如く葉德輝の刊本により支那字を羅馬字化して蒙古文に還元したのである。漢字に慣れない歐米の諸學者はこれによって古代蒙古文獻に接するを得たるを便とし喜ぶ事であらうと思はれる。然し蒙古文に還元したとは云へ、又極めて愼重なる態度を以て漢字の痕跡を多分に遺留せしめておいたとは云へ、そこに却て疑問を起さしめるが如き音譯もあるから、蒙古學者には矢張り原漢字本を必要とするであらう。例へば題名のモンゴルをワザとマンゴルとする如きである。余は茲には蒙文還元の方法に就いて詳論を試みようとはしないが、假令この古文獻を西洋學者の利用に便する急務があったとし、完全なる還元には幾多の尚ほ研究すべき點があるから拙速の方法を取るにしても、今少し方法を考へるべきであったと思ふ。これも隴を得て蜀を望むの類かも知れない。我國でも諸學者によって蒙文還元の企ての有った事は聞いてゐたが、敢然として第一にこの完譯を出した撰者の努力精進は賀して

よい。

　本書は葉德輝本を底本としてゐるが、諸本を參考して校訂してゐる。原漢字本の校勘記を陳援庵が試みてゐると聞くが、これも此書が第一聲を發したのである。諸本の略說では物足りない事がある。例のウルガ本である。前著四十四頁では之を漢本からの還譯本としてゐたが、今著捌頁では見ないとしてゐる。このウルガ本の正體の何であるかは極めて注目を要すると思ふが余には未だ詳かでない。嘗てペリオ博士に質して、祕史を主材とせる一編年史なるを知ったが（昭和十年十一月の『泊園』第十八號を參照）、ウルガ本を一度研究して見たいものである。上海涵芬樓本は『四部叢刊三編』史部中に收められたが、これこそ傳世『祕史』の祖本なる張古餘抄本顧廣圻校本盛昱藏本なのである。著者はさうとは氣付いたのでないかして餘り關心を持たないらしい。たゞ校異に資するのみである。今著一二六頁に於て涵芬樓本二序を有し、其一は葉本の第一跋と同じと書いてゐる。葉本第一跋は其跋に撰者の名を載せてないが、顧廣圻のものなるは周知の事である。所で二序はおかしい。若し二序あったものなら、『四部叢刊』の出版者が其一を刪落せしめたのは遺憾である。假令學術に要あるものでないにしても、流轉の道が判明するのだ。ヘーニッシュ氏は又那珂本の未見を氣にしてゐる樣だが、那珂本は京都でなく、東京文理科大學に有る筈である。然し葉刻本の底本は文廷式抄本なる事は陳氏が明らかに記してゐるし、文廷式本は盛昱藏本に出で、文廷式本から內藤本が出で、內藤本から那珂本が出てゐるのであるから、涵芬樓本を目睹し得た以上は最早問題は無いではないか。氏は目錄學的研究が足りない樣だ。又內庫舊藏の原刻殘本を使用してゐるが、是は便利である。『四部叢刊』本は原刻殘葉四十一紙を影印插入したのであったが、殘紙は四十五紙の筈であった。今氏の記述によって殘り四紙は半葉の殘紙であるを知り、且つ氏の校勘記に見えてゐるので吾等は之を喜ぶ次第である。尙ほ葉刻本の序は前著では甚しい誤讀をしてゐたが、今著一〇三頁には全譯し訂正されたのは氏の名譽の爲にも當然だ。余は陳援庵の校異、伯希和の譯註の出づるを鶴首して

書評と紹介　　　　　　　　　　　　　　　　　　　　　　　　231

待ってゐる者である。

(『東洋史研究』第三卷第五號、1938 年 10 月、81-82 頁)

スタイン卿『インドとイランの考古學的踏査』

Archaeological Reconnaissances in North-Western India and SouthEastern Īrān, carried out and recorded with the support of Harvard University and the British Museum by Sir Aurel Stein, Antiques examined and described with the assiatance of Fred. H. Andrews and analysed in an Appendix by R.L. Hobson. London, 1937.

　スタイン卿の探檢と云へば、直ちに我々はかの有名なる三回に渉る新疆地方のそれを思ひ出すのであるが、卿の考古學的研究は新疆ばかりではなかった。西北支那に於けるかの大旅行と大收穫は卿の名を不滅にしたには相違ないのであるが、卿が西北印度に於ける諸調査もその功績は我國に於ても注意せられなければならない。卿の計劃したる最後の新疆旅行が圖らずも達成するに至らなかったので、卿は今度は西南に轉じて印度から波斯へと向った。その調査旅行の報告が此の大册となって我々の前に持ち來たされたのである。

　卿は最初の調査旅行以來、歷山大王東征の史蹟に關心を持って居た。西北印度に於ける諸調査は之に關係を持ってゐる。さうして其の研究に玄奘三藏『西域記』が重要なる資料を含んでゐたのと、十九世紀、二十世紀の交の新疆探檢の競爭とが、終に卿をして再三再四玄奘の行路を追はしめてゐたのであったが、玄奘行路と歷山征行の交錯せる西北印度の研究は矢張り卿の意圖を脱しはしなかった。玄奘、歷山の間に點出する法顯、マルコポーロは亦卿の問題となり、而して西南行するに從っては、古典地誌家、アラブ地理家も關係漸く繁くなる。卿は此の報告の旅行後、更に古代イラン文明の地に進入してその豫備調査も出てゐる樣である。

本報告は千九百三十年に第四回新疆旅行を企圖し、八月にカシュミールを出發して新疆に這入ったが、支那側の種々なる妨碍によりタリム盆地を一周したのみで引上げ、印度イラン旅行に變更し、一九三一年から一九三三年迄の當旅行の報告である。新疆旅行は出てゐない。この旅行記も早く見たいものである。卿の著『古代中亞の遺路』に僅かに觸れてあるを見るのみであるのは遺憾である。

　三年に渉る旅程ではあるが、自ら三期に分れる。第一期は本書の第一章第二章で西北印度である。第一章はパンジャブに於けるアレキサンダー戰役。こゝでは歷山王のヒダスペス河の渡河戰場の研究が中心で、ジャラアルプスが其地點ならんと斷定し、歷山王が到達した極東地點ビアス河邊の聖壇建設地を調査してゐる。第二章は鹽山及びシャープール地方の古蹟。『西域記』の僧訶補羅國の研究が中心で、城の東南四五十里の無憂王の建てたと云ふ石の卒堵婆の所、白衣外道本師初說法の所、等を探りて今の所謂ムルチなりとし、僧訶補羅の城をケタースの西北三哩なるヅルミアル村に比定する。尚ほミアンワーリーに進み、法顯の毗荼は今のベーラに當ると云ふ。これにて第一期は終り、ペルシャに向ふ。第二期は第三章より第五章に至る。第三章はペルシャのマクラーンに於ける探檢。ダムバコーの墓地群の發掘、ギーチ河畔なる傳說上のジャムシード王城の發掘、トレミー、アリアンなど古典地理家に知られたるチーズ港の調査、などがある。第四章はバムプール盆地。史前遺物の蒐集、クラーブの墓地の發掘でスサ、アナウ出土に比すべき彩色土器等の收穫、チャー・フサイニーの遺蹟の調査等。第五章はルードバール及びジールフトへ。ベーキルド附近の所傳ダキアヌース城市を調査して、こゝがアラブ地理家のジールフトであると斷じ、マルコポーロが通過したカマヂ市も此邊で、レオバルレスは今のルードバールにして、皆ジールフト、ルードバール地方に記事がよく當ると云ふ。こゝで一たん中止して歸英する。第三期は後三章である。第六章はケルマーンからバンダル・アッバースへ。ケルマーンを立って、歷山軍の歸路を古のホルムズ港へと訪れる。ミーナーブ

河畔のミーナーブの附近の古蹟を探るが地勢の變化で確證が少ない。第七章からは波斯灣の岸を北上し、スライマーンの記すシーラーフを、今のターヒリー村の西一哩半の所に探った。第八章はガレーダールからブシールへ。到る處に古蹟を探りつゝ遂にブシールに止まる。ブシールからシーラーズに至って、獨逸のヘルツフェルド博士、佛のゴダールの兩考古學大家に會ひ、イラン入りの手續をして印度へ歸途についた。此年一九三三年の夏にイラン入りの爲め再びシーラーズに歸って北上して行った。以上が極めて粗雜な然も僕にのみ興味有る所の素描である。

附錄Aはホブソン氏の蒐集陶器に關する報告。Bはスタイン卿が新疆第四回探檢中止に關するタイムス紙編輯者に與へたる手紙。支那當局との交涉始末であり支那の不信なる態度がよく分る。次は蒐集古物表と索引と陶器の圖錄である。

尙ほ卿の助手となって同伴したのはライデン大學ケルン研究所のファブリ博士で、卿は博士の前途を非常に祝福してゐる。

我々はスタイン卿の不屈不撓の調査旅行にいつも敬意を表したものであるが、今猶ほ進んで止まざる卿の熱意と其後援者の好意とには羨望の外ない。卿の企圖した玄奘、歷山、マルコポーロの路程研究は恐らく卿に於て劃期的に基礎を定むる事になるだらう。卿が學界に與ふる資料も蓋し前古未曾有の範圍に及ぶであらう。驚嘆の外はない。

(『東洋史研究』第四卷第一號、1938 年 10 月、62-64 頁)

E.O. Lorimer,
Language Hunting in the Karakoram. London, 1939. pp.310.

印度の西北地方は、カラコルム連山、ヒンドゥークシュ連山、葱嶺連山などの會合地點で世界でも有名なる高山地帶であるが、東洋歷史はこの地帶に、或は北より南へ、或は西より東へ、或はその反對に、幾多の足跡を印してゐ

る。今でも交通困難なるは變らないが、此の地點は英露接壤の重要邊境であるから、複雜怪奇なる歐州政局の遷轉はインダス上流地方に何時古代東洋史に於けるが如き爭奪を廻起しないとも限らない。希臘王の東征、蒙古土耳古可汗の南下は現代に於ても必ず此地方へ先づ惹起されてくるに違ひない。時局上にも注意してみても興味はある。

　然し僕の興味は古代史に懸ってゐる。歷山大王東征の終點地方であり、法顯玄奘の遊歷行程であり、貴霜族蒙古族の侵入占領の範圍內である事などが、こゝに關心させるのである。かのスタイン卿も數度の中亞に跨がる大旅行の外に西北州の探檢を屢々試みてゐる。その各々の硏究報吿でなくても、讀物として書いてゐる *On Alexander's Track to the Indus. Personal Narrative of Explorations on the North-West Frontier of India.* London, 1929 を讀んでも、歷山大王は固より、法顯玄奘兩三藏の史蹟が出てくる。又 G. Morgenstierne 敎授の *Report on a linguistic mission to Afghanistan.* Oslo, 1926 及び *Report on a linguistic mission to North-western India.* Oslo, 1932 などを見ると、西域記の迦畢試國だの、商彌國などが硏究されてゐたり、パシュトー語と于闐サカ語との關係を論じてはサカ族は貴霜族より早くシースタン地方迄入り込んでゐたなどゝ云ってゐる。だから此邊はインド・イラン史の範圍內のものである樣であるが、關係する所は廣く東洋古代史に關係する。だから僕には興味が懸ってくる。況んやこのインドとアフガニスタンの接する地方には尙ほトルコ語蒙古語西藏語の飛地が存在すると云ふから尙更の事である。

　本書は此地方の言語風俗を硏究し、殊に Burushaski 語に於て大著を完成した D.L.R. Lorimer 中佐の夫人が、夫君に隨ってギルギットやアーリアバードに滯在した折りの見事なる寫眞が豐富な旅行見聞記である。ロリマー氏は元印度軍隊の軍人で印度治政にも關係した人である。ギルギット地方を收めてゐた際に、治政の必要上からでもあるが、同地方に行はれてゐる諸方言を習得して種々資料を蒐集してゐた。中でもブルシャスキ語は學界で所屬や起源が分らず、頗る問題になるものであるから、特に之に意を注いだので、退

役して歸國に際しては、尨然たる稿本を抱いてゐたのであった。英國本土へ歸って之を悠然と整理してゐた所が、瑞典學界は之を認めて出版させてくれと申込み、斯界の權威モルゲンスチェルネ教授が校字の役に服すと云ふのであった。かくて出版の方法が立つとロリマー中佐は尙ほ此研究を完成せしめんと、再び夫人を同伴して印度に向ひ、歐人の未だ餘りに行かないアーリアバードに滯留二年、困苦に堪へ、重病にかゝるの不幸を克服して研究を續けて來たのであった。この研究より得たる結果は大著の補遺に現はれると云ふ。夫人は夫君の內助の役ばかりでなく、仕事に對しても勤勉なる助手であった。言語研究には必須の儀禮風俗の調査については、婦人たるの特權を以てよく土人の家庭に出入して調査をした。本書は夫人がそれらの見聞を記したのである。篇を分つこと三、章を別つこと二十八。第一篇はギルギット時代の槪略から再び東行するの緣起を記してある。第二篇は東方への旅行記。第三篇はハンザ地方での生活記錄である。こゝで詳細にハンザの生活風俗習慣儀禮などの見聞を記錄してゐるので、名助手たるを彷彿せしめるのである。餘事ではあるが、旣に彼等歸國の日も近づく頃に、北京を立って中亞を旅行しつゝあったピーター・フレミングの蹤跡が不明となって、タイムス新聞の請ひにより之を搜索せんと氣をもむ內に、フレミングがスキーとホッケーの國際選手エラ・マイヤール孃と共に異樣の風態で颯爽とハンザへ乘込んでくる話があって、頗る面白い。

　本書はこんな著書であるので、別に直接東洋史學に關係ある記事があるのではない。只一夫人が東洋語學者の夫君を助けて生活する記錄として少からざる興味があり、且つは中佐が研究調査した印度西北部地方は極東史家にも關心されるべき土地だから、其地方の見聞記もさう打棄てゝ置くべきものでもないだらうかと思って、瀏覽の餘、この書の出刊を報ずる次第である。

（『東洋史硏究』第五卷第二號、1940 年 1 月、73-75 頁）

『西藏文蒙古喇嘛教史』橋本光寶編
『蒙古喇嘛教史』ジクメ・ナムカ著　外務省調査部譯

　前者は西藏原文の校刊本であり、後者はその譯注本であり、共に橋本光寶師の手に出でたるものである。原文竝びにその獨逸譯本は早く半世紀も以前に出版され、廣く東洋學界に傳稱され裨益を與ふる事甚だ大であったが、既に稀覯文獻に屬するので、こゝにこの出版を見に至ったのは誠に感謝に値ひすべきことと云はねばならない。殊に獨逸譯が唯一の譯本であったのを我が國語に原文から譯出されたのは誇っていゝと思はれる。

　ジクメ・ナムカの傳記、及び本書述作の緣起は本書末尾に記載されてゐるが、それが唯一である。ペリオは彼を蒙古人と見たが（Cf. *Journal Asiatique*, XIe série, tome I. p.656）、ラウファーは西藏人であるとした（Cf. *T'oung Pao*, vol. XIV. p.585, note）。橋本師も「西藏人ならん」と云はれるが、先づそれが穩當だらう。彼の著作は刊本になってゐるんだが、何處の刻か分らない。ワシーリエフは東蒙古に出たと云ふ丈である（Cf. *Mélanges Asiatique*, St.-Pétersbourg. tome I, p.414）。この刊本も稀覯と見えて多く世に傳はらず、殆んど皆フート校刊本を利用してゐる。

　本書は早くロシアに送られてゐたが、ワシーリエフが送った本により、シーフナーがその注意すべき資料たるを紹介してから（Cf. Bericht über die neueste Büchersendung aus Peking. von Anton Schiefner. *Mélanges Asiatique*, tome I, p.405-., p.414, p.422-. ）、世に知らるゝに至った。ワシーリエフは又露都のみでなくカザン大學には刊本の外に著者原稿本の移寫本だが少し異同の有るものがあると報告してゐる（Cf. Die auf den Buddhismus bezüglichen Werke der Universitäts-Bibliothek zu Kazan. vom Prof. Wassiljew. *Mélanges Asiatique*, tome II, p.363. 因に、フートは彼の獨譯本の序拾頁に之を引いて『亞細亞雜纂』第一卷としてゐるが第二卷の誤植である）。流石にロシアには珍本がある。シーフナーは本著を出版せんと企圖してゐたと見えて移鈔本を

作ったりしてゐるが、その遺業はフートによって完成せられたのである。

　フートは平凡社東洋歴史大辭典にも極めて簡單なる傳が出てゐるが、印刷が惡くて主著として擧げられたる二書も三書と誤解せられさうである。通報第七卷七〇二頁以下に出てゐる弔傳はラウファーの筆になり、其の全貌を盡すに足るものである。酒杯を共にせられた事のある我が渡邊海旭師は「歐米の佛教」二〇五頁に於て故友を偲んで居られるが、「明治三十九年四十九歳で早世した人」と書いてあるのは、是れは誤算と云ふより誤植であらう。フートの遺著は大半西藏學であったが、その西藏語學は自習に基くと云ふのであるから、凡庸の企及し得る所ではない。彼は本書の西藏原文を一八九二年の夏に校刊したが、其際已に譯了し終へてゐたと見え、獨逸譯本の近刊を豫告してゐた。然るに彼の學術的良心は之を續刊するを許さず、幾多の本書に大小關係のある論著を發表したる後、補訂を經たる譯注本を一八九六年に至り公刊したのであった。然も考證・索引・校記は之を第三卷に編して本書を完成せざるを得なくなった。この待望の第三卷完成を見ずして早世したのであった。

　フートの原文校刊はシーフナーの鈔本を底本としたのであった。そこで彼は尙ほ原刻本・舊カザン大學藏鈔本シーフナー殘鈔本・本書引用諸偈頌の原本を以て之を對校したる校記を第三卷に用意したのであった。誠にシーフナー遺業の完成であるのだが、惜しむべし、今だに發表されるに至らない。然し彼の校本及び譯注はこの種出刊の模範と見做され、ラウファーは筆を極めて稱讚してゐる。事實其後の蒙古西藏の佛教史を考ふる者安んじて此書に據らざるものはなかった。

　フート本の出版は上に記した如く、第一卷原文は一八九二年であり、第二卷譯注本は一八九六年であり、これは原本の詳題刊記並びに序文に徵して誤りない。然るに上引の渡邊海旭師の『歐米の佛教』にも、東洋歴史大辭典第七卷三三四頁下段にも、又ラウファーの通報に於ける弔傳注にも、ペリオの「西藏干支考」(Cf. *Journal Asiatique*, mai-juin, 1913. p.655) にも第一卷を一

八九三年としてゐるのはどう云ふものであらう。單なる誤植であるのか、或は刊記は一八九二年でも出刊遲れたる記憶でもあった爲めでもあらうか。余としては原本刊記に徵して三は二の誤とするより外はない。箭内博士の蒙古史研究外篇元史研究資料竝に參考書目略一〇九頁、及び東洋歷史大辭典第四卷一一九頁上段には引いて只「一八九三〜四年」としてある。第二卷譯注本の一八九六年なるは諸書の著錄に異同はない。果たして然らば此處も一八九二〜六年と訂正せなければならない。

橋本師の兩著は專ら此書に據られ、譯述は西藏文から直接に翻譯せられ校定せられたのであるから、我等にとっては此上もない幸福である。フートの譯文は如何にラウファーの云ふ如く精審にして明暢であっても、我等にとっては語法の異同から起る了解難を如何ともし難い。又かのフートの採った諸字の精確なる羅馬字譯が屢々讀書の眼を眩まして了解を碍げるのである。我等としては橋本師の邦譯によって此等の難から免れ得たのみならず、之を西藏原文に參照するに於ても非常なる便宜を得る事となったのである。我等は勞力多き此の兩著の出刊に對して滿腔の尊敬を拂ふに吝かではない。

余は譯文に對して批評し得る資格のあるものでない。又且つ原本に沈潛考證した事もなく、たゞ必要なる時に二三の箇所を參照したるに過ぎないから、註釋を云爲する資格もない。隨ってこの新刊兩書の批評を爲し得るものではない。たゞ本書を得たる喜びにまぎれて瀏覽の際に氣付いた一二をこゝに述ぶるを許されたい。

原文本の凡例に「フート本の明らかなる誤植と思はれた語は之を訂正した」、又「大體はフート本に依ったが、より正しいと思はれた場合にはシーフナー手抄本にも依った」とあるが、これは面倒でも訂正表を編して添附して貰ってあったら便利であると思ふ。几帳面なフートも之を喜んだであらう。

索引として語解と諸表があるが誠に便益を與へる。フート本第三卷未刊の闕を補ふに足るものである。もっと詳細でもよかったと思ふ。

譯註本の外務省調査部序に三種の歐人の著が引いてある。ポポフの著は石

書評と紹介　　　　　　　　　　　　　　　　　　　　　　　　　　　239

川氏譯本が擧げてある。余は原本を知らないが、この譯本は餘りよい出來でない。江實君が蒙古源流の譯註にこの本を參照したのは失敗だったと自分は思ってゐる。次にケッペンとワッデルを擧げたのはいゝが、並びに復刊本の刊記らしいのは面白い。學界の高き評價を受けてゐるかなればこそ復刊本が出たのだが、或は稀覯本の事だから得易い景印本があるぞとの老婆心かも知れない。然らば感謝していゝ。

　解題で本書の引用書を擧げられたのは便利であるが、盛んに引用されたる薩迦班禪の「妙嚴寶藏論」、卽ち本書一三七頁に出る「善說寶藏」を脫してゐる。引用されたる偈頌に關してはフート譯註本卷首に對照出典表もあるのだから、有名なる「善說寶藏」は記入して置いてほしかった。

　凡例4に於て「フートは干支に西紀を充てるに、必ず一年の差を以て遲れてゐるが、本書は之を訂正した」とある。歐米の西藏學者が西藏干支に西紀を充て誤る原因に關してはペリオの「西藏干支考」に於て論じ盡された（Le cycle sexagénaire dans la chronologie tibétaine, par P. Palliot. *Journal Asiatique*, mai-juin 1913, p.633-667）。彼はフートの蒙古佛敎史の紀年は一年を加ふべきものと斷じてゐる。この論文に於て誤謬を指摘されたる一人ラウファーは虛心淡白にこの論證を確認して補箋を書いた（The Application of the Tibetan Sexagenary Cycle. *T'oung Pao*, vol.XIV, p.569-596; The Sexagenary Cycle Once More. ibidem, vol.XV, p.278-9）。ペリオの干支考は歐米西藏學界に於ける劃期的な考證であった。本書の如くフートを參照しながら之に惑はされず訂正されたるは、固より其處であるが我等は誇らしく感ずるのである。

　略號の所でアルタン・トプチは外務省版を參照せられたるを示された。外務省版に不滿足なる事は余は嘗て指摘した事がある。隨って一八頁註（12）に於て Dowa を Dün と讀む事が起るのである。

　三三頁にミニャグが出てくるが、ミニャグは河西又は西夏に當る言葉である。後にも出てくる語である。又メニャグとも云ふ。

　一二一頁、スムパ・ケンポの印度西藏佛敎史はサラット・チャンドラ・ダ

スの校刊本がカルカッタにて出版せられた。蒙古佛教史の部續刊せられる由を豫告してあったが終に出でなかった。

二五九頁、白頭を回教徒？ とするは當たらない樣に思はれる。かの有名なる入藏宣教師が白頭のイッポリト・デジデリと自稱する所を以て見れば回教徒でない。是はカシュミール人を白頭と呼ぶんではないかとも思ふが余には詳かでない。

二九七頁、「正字學源泉」と明らかに書名になってゐるのは喜ばしい。余は嘗てフート譯の此處を改譯せねばならない事を指摘した事があるからである。此書は現存して居り、シベリア地方で景印刊行されもした。蒙文名を「メルゲット・ガルフ・イン・オロン」と云ふ。

四二七頁、蒙古源流の原名は矢張り余は贊成し難い。江實氏の譯注を見よ。余はフートの改譯に大體贊成して四種の書の略名を合併したものと見たいが、まだ定まらない。

以上單なる思ひ付きを書いて、詳かなる論證を抄出しなかったのは失禮であるが、何れ又モット研究して定まれば詳論する機があらうと思ふ。こゝではさう必要もなからうと失禮した。

(西藏文蒙古喇嘛教史、昭和十五年十一月、蒙藏典籍刊行會發行、菊判四〇八頁、定價七圓。蒙古喇嘛教史、昭和十五年十二月、生活社發行、菊判四三〇頁、定價四圓五〇錢)

(『史林』第二十六卷第二號、1941 年 5 月、160-163 頁)

『音譯蒙文元朝祕史』
東洋文庫叢刊第八　白鳥庫吉譯

　內藤湖南先生によって早く我國に蒙文『元朝祕史』が將來せられた事は實に我國蒙古學界の幸であった。直ちに愼密なる那珂通世博士の譯注『成吉思汗實錄』出でゝ我が學界は一躍して世界の學界を睥睨し得るに至った。和田清博士が『東亞史論藪』(二四八頁)に於て「一代の碩學が精力を傾倒した結

果は、此の最も暗黒なる一時期に莫大なる光明を投じて、後人追從の塗を拓いたのであつた」と云はれた如く、これより我國の蒙古學界は駸々として進んだのであつた。然も間もなく原本は葉氏觀古堂に於て影刻刊行されたが、之を語學上に利用されたのはたしか羽田亨博士位であつたので、余も亦驥尾に附して「元朝祕史蒙文札記」と名附くる拙い覺書を『東亞研究』誌上に書いたことがあつた。然し以後も矢張り史學の方では盛んに利用されたのであつた。

　語學としても研究されなかつたのでないらしい。漢字音譯の復原を企圖せられてゐる話は度々側聞してゐたものである。だからヘーニッシュの復原文を見たり、ペリオの復原譯注を聞いたり、陳援庵の校勘を知つたりすると、一歩を先に踏み出してゐる我國蒙古學界の爲めに氣をもんだのも其處であらう。今や茲に白鳥博士の音譯を得て、我々はやつと安んずるを得るのである。斯學に知名の俊才の輔助による三十年の勞作である。慶賀に堪えない。今よりは史學に於ても語學に於ても之を底本として依り得るは幸とすべきである。

　この音譯本は葉氏觀古堂刻本を底本として精密なる校訂を加へ、蒙古原文を羅馬字に音譯句讀したるものを對照せしめたもので、尙ほ後に索引が出ると云ふ。若し語の索引をも含むならば蒙古古語の研究に便利を與ふること大なるものがあらう。期待に堪えない次第である。

　蒙文復原の企圖は早くもポズドネエフによつて試みられたが完成しなかつた。その出版せられたる分も極めて珍本であつて中々我々の眼福とはならない。然しポ氏の他著に於ける引用、又ポ氏の音譯を利用したブロシェのラシッド『集史』序論などの引用、などで一斑は推し得られる。ウラディミルツォフの『蒙古社會制度史』にも引用文があるが、これはポ氏に據つたか否やは詳かでない。此等零細なる引用を以て白鳥音譯と對照してみるならば、ポ氏、ウ氏共に善を盡し美を盡してゐないことは明瞭である。兩氏共に蒙古學の大家ではあるが、漢學には達せなかつたからであらう。漢字蒙文である

からにはヘーニッシュ及びペリオの方が有利である。

　ヘーニッシュ本は重を漢字音譯に注いでゐる。白鳥本は漢字校訂も嚴密であるが蒙文音譯を大旨としてゐる。此點に於ては白鳥本の方が讀者には便利である。漢蒙合璧は云はでもの事であらう。ペリオは校訂に資すべき庫倫鈔本の年代記の類を參照するらしいから注目すべきものであるが、これは出てみなければ分らない。さうすれば現下學界では白鳥本を第一として敢て差支なからう。

　白鳥博士の音譯法は必ずしも言語學專家の滿足を買はないかも知れぬが、一家の嚴密なる音譯法であって審かに論議する必要もなからう。たゞ不思議に思はれるのは「合罕」と續かない「罕」一字に全部 Qān と長母音の符號があることである。Qan ではいけない事が分らない。

　音譯法は論じないとして、校訂に於ては少しく考へて見たい。葉氏刻本を採用せられた事は、事を始められた時に在ってはさうあるが當然であらう。今ならば『四部叢刊』本がよい。『四部叢刊』本は顧廣圻手校本に洪武槧卷を補入したものであって、葉刻本の祖本に外ならない。博士は之によって稿本を校するに及ばれなかったらうが、校刊に當られた人はこの勞を取られてもよかったらうと思はれる。現に凡例に於ては葉本の錯誤は『四部叢刊』本誤らずと記してある。若し之に依って校勘されたれば、例へば卷三の十一 b 二行の「歌多勒周」の「勒」字に括弧はいらないし、同じく二十八 b 三行旁注の「合黒察」に「單個」などとしないで「獨」字を添えられるし、卷八の二十四 b 三行旁注「整治了」の下、三十六 a 五行旁注「甚知」の下に並びに「着」字が補へるなど、面倒な事が大分に省かれたのである。更には又顧跋に葉本「此跋舊無撰人」と注したのも改めて明らかに年月撰人の名も入れ得るのであった。隴を得て蜀を望みたい。

　かゝる校定本には誤植は有り勝ちであるに拘らず其の少い事は校刊者に敬意を表する。例へば卷一の二 a 五行「阿兀站孛羅溫勒」の「溫」字や、續卷二の五十 b 一行 Bügüdeneče の ne を脱し、卷四の四十五 b 五行八字目の

「刺」を「列」に誤る如きが見られるが、何れ正誤表に詳かにせられるだらう。

　この定本を得て歴史研究が復た盛んになるを期待する。因に、序では矢張り畏兀兒原本說であるが、余は內藤先生や服部四郞先生と同じく、少なくとも漢字本の原本は八思巴字で、蒙古の祕史の名の附せられた時に改寫されたのだらうと思ってゐる。

（『史林』第二十八卷第三號、1943 年 7 月、90-91 頁）

五、書誌及び文獻

書誌及び文獻

東洋學書考抄

一、クラプロートの『滿州文選』

この書はコルディエの『支那學書錄』(H. Cordier: *Bibliotheca Sinica*. Vol. IV. Paris, 1907, col. 2755) に次の如く著錄されてゐる。

Chrestomathie mandchou, ou Recueil de textes mandchou, destiné aux personnes qui veulent s'occuper de l'étude de cette langue; par J. Klaproth. Imprimé par autorisation de Mrg. le Garde des Sceaux, à l'Imprimerie royale. M.DCCC.XXVIII, in-8, pp.XII-273 sans l'errata.

別に變わった事があるので無いが、最後の正誤表なしが少し氣になるのである。次に露國大藏省の『滿州地誌』(Описание Маньчжурии. Составлено в Канцелярии Министра Финансов под редакцией Позднеева. Том 2. Приложения. С.-Петербург, 1897. Приложение X. Библиография Маньчжурии, стр. 19.) を見ると、上記の文中のクラプロート編と云ふ句を闕いだ儘で同文で本書を擧げ正誤表なし迄出てゐる。尚ほ其下に同人として、

Chrestomathie mandchou ou recueil de textes mandchou. Paris, 1828. 8°.

と擧げてある。これを以て見ると二本有るかとの疑を生ずる。然し『クラプロート遺書目錄』(*Catalogue des livres imprimés, des manuscrits et des ouvrages chinois, tartares, japonais, etc., composant la bibliothèque de feu M. Klaproth*. Première partie. Paris, 1839. p.52) には本書を二部著錄してゐるが、別に相異ある樣にも記してゐないし、卷尾索引中の著作年表にも何等及ぶ所もないのである。たゞ余が見るを得たる二部を以てすると、二本ある樣である。

其一は正しくコルディエの著錄に合するものと思ふのであるが、遺憾な事には二七二頁迄しかなく、最後を脱落してゐるので、正誤表が有るか無いか

は確かめ得ないのである。其二は原形の儘で改裝はしてゐないと思はれる本だが、序文と其前の表題大題の二枚ともなく、然も最後に正誤表の一頁が添加されてゐる。二七三頁の裏は白紙で次の頁に表がある。そこで此二部と諸家の著錄とを參照して見ると、最初の刊本は序文あり目錄あり正誤表なきものであって、別に序文なく從って序文最後の頁の裏卽ち拾貳頁に當る目錄もなく、而して最後に正誤表を加えた一本が後に出たものらしい。第二本は大題の頁がないから刊記がなく年は分らないが、紙質より見れば餘り年は隔らぬだらうか。尚ほ精細に調べて見ると、滿文名賢集は二三頁で終ってゐるが、第一本は二三頁の裏が白紙で、其次頁に『感應篇』等三篇の道教經典の題名があり、其裏頁が亦白紙で、其次頁からその滿州文になり、其裏頁には二六頁と丁付もあって以下に續くが、第二本では二三頁裏が『感應篇』の題名で、其次頁は滿州文が始まり、其裏は同じく二六頁の丁付ある滿文が續いてゐる。だから第二本は頁數が連續するが、第一本では白紙の頁を數へては連續しないのである。こゝ丈別の紙を插入してゐる事となってゐる。蓋し第二本では第一本のこゝを改訂したのである。尚ほ露淸條約文の首の所も白紙二頁が同樣に改訂されて頁數を連續させてゐる。こゝでは大題の頁も改印されてゐる。

　以上の證によって、本書に二種あり、原刊は序文目錄を具したものでまだ正誤表の無いもの、後刊は序文目錄を佚脫し正誤表を附したるものなるを知る事が出來る。

二、蒙文馬太傳と約翰傳

　ラウファーの『蒙古文獻錄』（B. Laufer, Skizze der mongolischen Literatur. *Keleti Szemle*, VIII. kötet. Budapest, 1907. S.256, note 3.）のカルマク語聖書の條下の註に、カルマク語約翰傳の別行本の事を記した後に、「馬太傳は蒙古語で一八一九年聖彼得堡にて、馬可傳と路加傳は一八二一年に出版された」と出てゐる。こんな註の中に有るのだから、蒙古語でと斷ってあっても少し

書誌及び文獻 247

不思議な感じがする。蒙古語が蒙古文語の事ならば文語飜譯の條に解說すべきではないかとも思はれるのだ。或は是れはラウファーの親しく見たものによって記したのでなく、何かの記載に依據したのでかう云ふ風になってゐるのかも知れない。

蒙古文語の新約聖書はスタリブラスとスワン（Edward Stallybrass and W. Swan）とによって出來上がったんだが、その底本には露國聖書會社の成果を利用したとラウファーも書いてゐる。此兩人は舊約聖書の飜譯に際しても、シュミット（J.J. Schmidt）の校閱を經たのであって、その原稿は大英博物館に保存されてゐる。隨って上記の露都舊刊本が文語とすれば、固り參考したものに相違ない。ラウファーは何とも記さないが、是等舊刊本の譯者が必ずシュミットである事も推知し得る。果してコワレフスキーの字書の參考書目中に（Joseph Etienne Kowalewski, *Dictionnaire mongol-russe-français.* Tome 1. Kasan, 1844, p. viii et x.）福音書（四種かどうか分らない）と使徒行傳がシュミット譯として揭げられてゐる。惜しい事には刊行年月は出てゐない。たゞ使徒行傳には聖彼得堡聖書會社の出版と出てゐるので、出版地は分る。

余は馬太傳と約翰傳との合本になったのを知る計りである。大約縱十五糎橫三〇・五糎の長方形紙に大約縱十一糎橫二十六糎半程の欄内に印刷し、丁數は欄の左側に表丈に印刷し、丁度蒙古經典風になって居り、上を橫に訂成してある。訂成は元の儘かどうか分らない。馬太傳の表題は

Bidan-u ejen Iicus-Keris-tows-un Sine-Tis-tamiin-ta-yin: Matfi-yin degedü arilogsan Yiwang-gili kemeküi angka debter ⁚ olan-a tusa bolun: baragdaši ügei amugulang dur kürküi dütü müriyen olan dur üjegülkü-yin tulada: Isak Ya-kob Šimüd bi-ber egün-i orčgulbai ⁚

（我儕の主イエスキリストの新約聖書の、馬太の尊く聖き福音書と云へる首卷。衆生に利益あり、無窮の幸福に到る捷徑を衆生に示さん爲めに、イサク・ヤコブ・シミド吾れ之を譯せり。）

とあり、終りには刊記、

Sangpitirburg dur nige mingg-a jagun arban yisüdüger on-a darba:・∴・

（聖彼得堡にて一千八百十九年に印刷せり。）

がある。本文は五十九葉、百十八頁。約翰傳は表題

Iiwan-a yin degedü arilogsan Yiwanggili orusiba・∴・

（約翰の尊く聖き福音書是なり。）

となって居り、刊記は無い。本文五十葉、九十九頁。これによって、馬太傳はラウファーの註記を證し得るが、約翰傳の出版年は分らない。もし余の見たる本が初刊時の合訂本であるとすれば、馬太傳と同時となるだらう。所で『クラプロート遺書目錄』を見ると、馬太約翰兩福音書と使徒行傳とのシュミット譯本が二部出てゐる。これは合訂本らしい。合訂が原本の儘であるかどうかは、余の二種合訂本があるから斷定し難くいが、三種の譯本が殆んど同時かとは推し得る。それにしても遺書目錄に馬可・路加兩傳譯本の存在しないのは偶然だらうか。コワレフスキーがたゞ福音書と複數で舉げて二種か四種かを明記してゐないのは遺憾である。ラウファーの馬可・路加兩傳の一八二一出刊の所據の明らかになるを待つ外はない。たゞラウファーの註記に、約翰傳・使徒行傳も出版されてゐ、皆シュミットの譯本なる事は補ひ得るわけである。

三、クラプロートの「ウイグル言語文字考」

本書はコルディエ『支那學書錄』第四卷二七二八欄に次の如く出てゐる。

Abhandlung über die Sprache und Schrift der Uiguren von J. v. Klaproth ... Berlin, 1812. in-8, pp.96 et 1 pl.

さうして注して

Voir également le *Verzeichniss der Chin. und Mand. Bücher de Klaproth*, Paris, 1822, p.189 et seq.

と云ってゐる。然しこの兩本の間には重要なる增訂が行はれてゐるのだが、

書誌及び文獻　　　　　　　　　　　　　　　　　　　　　　　249

それは注してゐない。『クラプロート遺書目錄』五三頁には本書のベルリン一八一二年本二部、パリ一八二〇年本一部を載せ、二一九頁には『伯林王立文庫所藏漢滿圖書目錄』二部を掲げて、この論文が附錄として存する事を記してあるが、これは表題を譯出したので、別に增訂の事には及んでゐない。又同書の著作年表の處にも三本はそれぞれ其年に懸けてはあるが、矢張り增訂の事には觸れてゐない。たゞ單なる目錄としてなれば其詳細は記するに及ばないのも固り其處であらう。然し重要なる增補があるものは注記を闕くと、偶々以て後世に誤を貽る事となり勝ちである。石田杜村先生の誤られた(『歐人の支那研究』、現代史學大系第八卷、昭和七年東京刊、二五〇頁)のも或はこんな事に起因するのであらうか。

　上記の伯林目錄の表題は詳らかには

Verzeichniss der chinesischen und mandschurischen Bücher und Handschriften der königlichen Bibliothek zu Berlin, mit einer Abhandlung über die Sprache und Schrift der Uiguren; von Julius Klaproth. Abgedruckt zu 200 Exemplaren.

と題して、中の大題の所には

Paris, in der königlichen Druckerei. 1822.

と刊記が出てゐる。さうして此『伯林目錄』附錄「ウイグル語言文字考」の後記 (Nachschrift. S.61) の初めに、クラプロートは、「余のウイグル人に關する最初の論文は既に一八一一年『東洋寶藏』(Fundgruben des Orients) 誌第二卷に印刷せられ、翌年又訂正增補して之を余の『カウカズス旅行記』に附錄として收めたり」と書いてゐる。又同考五頁には「余のシベリア旅行に於て一八〇六年幸にもウイグル語が母語なる吐魯番人のウスト・カメノゴルスクに住せるを發見し、其口づから約九十のウイグル語を採集するを得たり。此語彙をトルコ・タタール語と比較して、之を一八一二年余のウイグル語言文字考に於て發表し、『東洋寶藏』誌及び『カウカズス旅行記』第二卷に印刷せられたり」と記し、「尙ほ後者より特に百部を拔刷したり」と註し

てゐる。尚ほ又彼の『對照亞細亞語彙』（Klaproth, *Asia Polyglotta*, Paris, bei A.Schubart, 1823, p.214, note）には、「余は此語彙（これは高昌譯語なり、上記のウイグル語彙ならず）を獨譯し註を附して余の「ウイグル考」の第三最後版中に印刷し、『伯林王立文庫所藏漢滿圖書目録』の附録として發行せり」と明記してゐる。以上のクラプロートの言ふ所を綜合すれば、彼の「ウイグル考」は三本、卽ち『東洋寶藏』誌本が一、『カウカズス旅行記』本が第二、『伯林目録』本が三、であって、漸次增補訂正せられたもので、殊に第三本に至って始めて吐魯番人によって蒐集したウイグル語彙は高昌館譯語に取換えられたのである。單なる再刊ではないのだ。

『東洋寶藏』誌の第二卷は一八一一年に始まり一八一二年に終る。彼の「ウイグル考」は其第二分册に收められてゐるから、多分一八一一年とする方が善からう。『カウカズス旅行記』は、余は其原獨乙語本も、佛譯本、英譯本も未だ見ざる所である。隨って佛英兩本がこの「ウイグル考」を附せるや否やを徵するを得ない。獨乙本はベルリン及びハレの刊本と云ふ。然らばコルディエ『書録』、『クラプロート遺書目録』に出てゐる本考伯林本はこの第二本の拔刷本である。『遺書目録』の巴里本は第三の『伯林目録』本の拔刷本である。これによって本考は三種あり、別に二種の拔刷があるを知るを得た。

四、アブル・ガジの伊太利譯

アブル・ガジ・バハドゥル汗の「土耳其系木」に就いては、ドーソンの『蒙古史』に解題がある（田中萃一郎譯補、『ドーソン蒙古史』上卷、岩波文庫本、昭和十一年東京刊。三七頁）。今日では多少の增補と訂正とを必要とする。コルディエの『支那學書録』第四卷二七七〇瀾以下には註記もあり、佛獨露などの譯本も出てゐて、之を補ひ得るが、尙ほ英譯本

A General History of the Turks, vulgarly called Tartars. Together with a Description of the Countries they inhabit. In two volumes. I. Genealogical History of the Tartars, translated from the Tartar manuscript written in the

書誌及び文獻 251

Mogul language by Abu'l Ghâzi Bahâder, Khân of Khowârazm.　II. An Account of the Present State of the Northern Asia, as it includes Grand Tartary, (or the Countries possess'd by the Moguls and Taratars) and Siberia: with some Observations relating to Great Russia, Turkey, Arabia, Persia, India and China. With two maps exhibiting the ancient and present state of Grand Tartary. The whole made English from teh french, with several improvements and additions. London, 1730. (Vol. II, London, 1729.)

を載せてゐない。これによると此英譯本は一七二六年ライデン刊佛譯本によった事は明らかである。此英譯本の外に伊太利語譯本も有るが固り漏れてゐる。

その伊太利譯本と云ふのは偶々余が丸善書店から求め得たる寫本であるが、表紙裏には舊藏者の藏書票がある。獅子牌の上に王冠が有り、下には「Auspicium Melioris Aevi」と刻せる勳章が有り、左右には羽あり鱗ある龍馬が立って後足で「la vertue est la seul noblesse」と記せる長いものを引き合ってゐる。藏書票に昧い余には分らない。縦二十八糎半、横二十糎强の紙七四六頁に精細な字で書いてある。字體も紙質も余の知る所でないが、相當に古いものらしい。第一頁の表題は次の通り。

Storia / Genealogica / de Tartari / Tradotta / dal M.S. Tartaro / di Albugasi-Bayadur Chan, / et arrichita di un gran numero / di osseruazioni / autentiche, e curiosissime / sopra il uero stato prezente / dall'Asia Settentrionale; / Con le Carte Geografiche necessarie, / dal Sig.　D ... / <u>Tradota del Francese sopra La (不明) / di Layde del 1726.</u> / Con l'aggiunta delle osseruazioni / del Traductore Italiano. / Venezia 1728. /

下に線を引いた部分は抹消してあり、末尾の一七二八年の二の字も四の字に訂正した樣にも見える。

本書は大題の示す如く一七二六年ライデン刊佛譯本を重譯したものである事は明瞭である。たゞ卷頭の Epistre e Privilegie とを除いた丈である。表題

末尾の云ふ所によれば伊太利譯者の增註があるのだらうが、余は未だ之を詳らかにしてゐない。たゞ本書の卷尾索引の次に圖版目錄が出てゐる所を以てすると、增註を試みてゐるかも知れない。固り今の鈔本には圖版は一つも載ってはゐないのである。本鈔本はいかにも刊本から移寫したものゝ樣にも見られるが、ヴェネチヤ刊本なるものが存在するのであらうか。博雅の士の示教を望む所以である。因に表題にアルブ・ガジ・バヤヅル汗とあるのは固りアブル・ガジ・バヤヅル汗の誤記である。中は皆アブルになってゐる。

（『史林』第二十五卷第四號、1940 年 11 月、85-92 頁）

東洋學書考抄補遺

一、『滿州文選』

『滿州文選』に二本ある事を述べたのであったが、石田杜村先生から東洋文庫に第一本に正誤表のある本の有る事を教へられた。そこで『モリソン文庫目錄』（*Catalogue of the Asiatic Library of Dr. G.E. Morrison, now a part of the Oriental Library Tokyo, Japan*, Part Second, Books in other languages than English. Tokyo, 1924, p.139b）を見ると出てゐる。さうして pp.xi, 273 et errata と明らかに記してある。コルディエ『支那學書錄』では丁數が「拾貳、二七三」となってゐて一頁の差があるが、序文は拾壹頁で終り、裏が目錄で丁數の錄してない頁であるから、この異同が生じたものらしい。さうすると第一本から正誤表があったものとなるが、コルディエ著錄の無正誤表が尙ほ氣に懸るのである。余も亦有表本を後に見るを得たが、無表本を見たい。

二、蒙文馬太傳と約翰傳

舊約福音書は少なくとも馬太傳と約翰傳との二つが最初に出たものらしい。『アベル・レミュザ遺書目錄』（*Catalogue des livres, imprimés et manuscrits, composant la bibliothèque de feu M. J.-P. Abel-Rémusat*. Paris, 1833, p.4）を

書誌及び文獻　　　　　　　　　　　　　　　　　　　　　253

見ると次の樣に出てゐる。

33. Évangiles de S. Matthieu et de S. Jean, et les Actes des Apôtres, trad. en langue alet ou Kalmuke, par M. Schmidt. In-fol. long, bas.

34. Évangiles de S. Matthieu et de S. Jean, et les Actes des Apôtres, trad. en mongol, par M. Schmidt. In-fol. long. bas.

三三號はカルマク譯で三四號は蒙古文語譯であつて、兩方共に三種で馬可・路加兩傳は缺いてゐる。體裁も兩方同じらしい。シュミットは一八一五年に馬太傳のカルマク譯本を出版してゐるが、今度は又別の體裁にしたものらしい。バビンゲルの「シュミット傳」(Franz Babinger, Isaak Jakob Schmidt, 1779-1847. Ein Beitrag zur Geshichte der Tibetforschung. Festschrift für Friedrich Hirth zum seinem 75. Geburtstag 16. April 1920. Berlin, 1920, S.12)によると、一八二〇年にカルマク約翰傳を、一八二二年にカルマク使徒行傳を露都で出したとあり、その馬太傳の事も、又文語譯の事も出てゐない。然しこれを以て見ると、一八二〇年前後にシュミットが蒙古文語とカルマク語の譯本を各々三種だけ出したと見ていゝ樣で、一つ宛出たものなる事も分る。

三、「ウイグル言語文字考」

　余は本考は三種あつてその別刷本が二種ある事を述べたのであつたが、石田杜村先生は果して然らば『クラプロート遺書目錄』の一八二〇年巴里別行本は一八二二年巴里刊『伯林文庫目錄』に附する前に別行してゐた事となるが差支なきかと質されたのであつた。誠に當然なる疑問であつて、之に及ばなかつたのは余の粗漏であつた。余は僅かに『東洋寶藏』誌本と『伯林目錄』とを目覩したのみで、二種の別刷本を親しく撫摩するを得なかつたから、かゝる粗笨を暴露したのであつた。

　余は主としてクラプロート自身の記述に依據して論證したのであつた。前考に漏れたるもので、彼の『亞細亞雜考』第二卷(Mémoires relatifs à *l'Asie*. Tome Second. Paris, 1826）に收められたる「シュミット氏撰中亞文化史考批判」（Observations critiques sur les rechherches relatives à l'histoire politique et religieuse de l'intérieure de l'Asie, publiés par M. J.-J. Schmidt, à St. Petersbourg）の註にもある。同書三一一頁の「余の新しきウイグル考」に注して「これ余の伯林文庫目錄、巴里一八二二年刊に附錄として出でたり、別行本を作れり」と書いてゐる。これで見れば余の前考に述べたる所はクラプロートに徴する限り誤りはない筈である。

　所で驚いた事には彼自身の論文中にも一八二〇年として之を引用してゐたのである。例へば『亞細亞雜考』第二卷三五〇頁及び三五二頁に於て共に「余の新ウイグル考」に一八二〇年と附記してゐる。尤も同書三二〇頁注（一）には「余の新ウイグル考、巴里一八二三年刊」と出てゐるのは誤植に違ひない。又『チムコフスキー蒙古支那旅行記』の注（*Travels of the Russian Mission through Mongolia to China, and residence in Peking, in the years 1820-1821. By George Timkowski. With corrections and notes by Julius von Klaproth.* Vol. I. London, 1827, p.378）には「余の目錄に附する新考」として巴里一八二五年とあるのも誤植に違ひない。是れは二三年も二五年も何等關係がないから彼の筆に出でゝも誤記か誤植である。然し二〇年は彼の『遺書目錄』にも出るのだから誤植と簡單に抹殺しきれない。況んや他の人々の引用にもさう出てくるからである。

　『アベル・レミュザ遺書目錄』五五頁五二一號はこの別行本だが二〇年と明記してある。ベンファイの『獨逸言語學史』（Theodor Benfey, *Geschichte der Sprachwissenschaft und orientalischen Philologie in Deutschland seit dem Anfange des 19. Jahrhunderts mit einem Rückblick auf die früheren Zeiten. Geschichte der Wissenschaften in Deutschland. Neuere Zeit. Achter Band.* München, 1869. S. 748）では「一八一一年、一八二二年及び一八二〇年にクラプロートはウイグル人の語言と文字とを論ぜり」と三本あるを述べてゐる。これは『東洋寶藏』本、『カウカズス旅行記』本、『伯林目錄』本の事を

書誌及び文獻　　　　　　　　　　　　　　　　　　　　　　　　255

指してゐるのだが、第三本は一八二〇年となつてゐる。バビンゲルの「シュミット傳」（S. 13-4）にも引いて同じい。又ツァフェロール・アフメット氏の『ウイグル語彙』（Dr. Caferoğlu Ahmet, *Uygur Sözlügü*. Istanbul, 1934）では序文中にも、引用書目中にも一八二〇年巴里刊と擧げてゐるのだ。又且つ『モリソン文庫目錄』第二部三一三頁にも二部を擧げ、一は別行本であり、一は『伯林目錄』本であり、共に一八二〇年とある。『伯林目錄』本は其下の『伯林目錄』と見合せて一八二二年とせねばならない樣である。かく我が東洋文庫に一八二〇年別行本が存在するとせば、問題は簡單に片付くわけであるが、何故別刷本が原本に先立つか、クラプロートの筆から見ても分らない。

　所でアベル・レミュザに『伯林文庫目錄』の新刊批評（Sur les livres chinois de la bibliothèque royale de Berlin. *Mélanges Asiatiques, ou choix de morceaux de critique et de mémoires relatifs aux religions, aux sciences, aux coutumes, à l'histoire et à la géographie des nations orientales*; par M. Abel-Rémusat. Tome Second. Paris, 1826. p. 352-371）があつた。その三六四頁に於て「クラプロート氏は此目錄の後に附錄としてウイグル人の文字及び言語に關する論考を附載せり。此論考は最初は『東洋寶藏』誌に、次いでカウカズス及びジョルジア旅行記の獨逸版に印刷されたり。著者はその論考がこの旅行記の問題と直接の關係なきを以て之を別ち、巴里に於て刊行せられんとせし此旅行記の佛譯本には加へずして訂正增補を施して之を本書に出せるなり」と述べ、注に於て「この「ウイグル考」は拔刷せられ題して曰く、

　　Abhandlung, über die Sprache und Schrift der Uiguren. Nebst einem Woerter-verzeichnisse und anderen Uigurischen Sprachproben, aus dem Kaiserlichen Uebersetsungshofe, zu Peking. Paris, 1820.

この別刷は全書と共に出でたり」と明記してゐる。この詳題は『モリソン目錄』に著錄せられる所であり、『レミュザ遺書目錄』には佛譯で出てゐる。尤も『モリソン目錄』にはペキン以下を Herausgegeben von Julius Klaproth. Paris: In der königlichen Druckerey. 1820 としてゐるが、それが完全なる詳

題であらう。レミュザは別刷本が目錄本と同時に出でたる事を特に明記してゐるのは、題名と云ひ刊行紀年と云ひ多少の相異のあるを以て特に注意したものに違ひない。是を以て一八二〇年別刷本は一八二二年目錄本の別刷であり、且つ同時に出でたるものなるは明らかになった。何故に同時に出でたるものに特に一八二〇年の刊記を附したるやは、クラプロート自身に質問してみるより外はないが、恐らく既に完成してゐた事を誇示したものなんだらう。さうすると『クラプロート目錄』中の著作年表に之を刊記によって一八二〇年にのみ懸けてゐるのは再考を要する。

　以上の考證によって、本考は『東洋寶藏』本、『カウカズス旅行記』本、『伯林目錄』本の三種あり、一八一二年別刷本は『カウカズス旅行記』の拔刷本、一八二〇年別刷本は『伯林目錄』の拔刷本なる事、又これにより刊記によってその何本なるを知るを得る事と思ふ。これを以て石田先生への御答へとする。

（『史林』第二十六卷第三號、1941 年 7 月、67-71 頁）

露國の文獻目錄四種

　目錄解題の書の必要なるは今更云はでもの事である。何も著述の流別を明らかにすると云ふ樣な難しい目錄學書類まで持出さなくても、たゞほんの簡單なる書名目錄に過ぎないものでも我々には必要を感じる。例へば自分で何かを調べて見たいと思ふ時の手掛りを得るなんぞは矢張り目錄のお蔭を蒙る。立派な別行の藝文志でなくても、各書に附したる少しの引用書目參考書目でも、大に便宜を得、役に立つ事が多い。新古に關らず部類の如何を問はず、種々なる文籍目錄に出來てほしいものだ。

　近頃我國ではどうやら文籍調べも大變に精密になって來たし、殊には論著の先後が喧しく注意せらるゝ樣であるが、さうなれば尙更に目錄を具備さして置きたい。先出權は倨置いて、何しろ私如き見聞に限られてゐるものは

書誌及び文獻　　　　　　　　　　　　　　　　　　　　　　　　　257

目録解題類を幾分なりとも心の賴りに致さねば取付く島もない。汗牛充棟もたゞならぬ文籍出刊の盛んな今日では是は當然の話である。本誌に於ける石田君の該博精緻なる解題目録の如きは諸先生と共に私も最も歡迎し愛讀する。又諸雜誌に種々な新刊目録を附載されて誠に便利にはなりつゝあるが、外國の東洋研究に對して先出權を爭ふに至れる我が學界の各種の文獻目録の集成は、例へ如何なる形式のものでももう必要であり、又我々にとっても有益なる事だと思ふ。

諸外國での東洋文獻目録はいろいろと出刊されてゐて便宜を得る事が多いが、矢張り露國物に對しては是迄とても稍々不滿足に思はれた。私はメジョフ（V.I. Mežov, *Bibliographia Asiatica*）を參考してゐた丈だが、それももう古い。所が世界戰爭があり、殊に革命以後は露國が鎖國孤立の情態にあったが爲めに、遂には凡て不明に附せられるに至ったのは遺憾であった。近頃になって漸く其後學界の情況を幾分は窺ひ得る事となったが、まだまだ到底──少くとも私には──分明とは云へない。所がこゝに私は З.Н. Матвеев 氏の東洋目録を三種見るを得て、稍々情況を彷彿し得られさうになった序でに、是等を紹介したいと思ふ。

З.Н. Матвеев 氏は一八八九年の生れで、浦鹽の前の極東學院及び今の遠東國立大學の文科を卒業して、今は同大學の一級敎諭及び同圖書館の司書官となってゐて、既に約二十種の極東の歷史文獻に關する論著がある（*Bulletins of the Far-Eastern State-University Institute for Local Scientific Research*. No. 1. 1925. p.20）と云ふ。彼の言によると、夙に遠東文獻志の編纂を思立って、一九一二年から材料の蒐集に掛ってゐたさうで（Матвеев, К составлению библиографии Дальнего Востока. Известия приморской областной архивной комиссии, Том 1. Выпуск 1. 1922. p.23）、遠東國立大學附屬沿海省地方研究所の人物類（отдел человек）歷史考古學部（Секция истории и археологии）の研究員としても三種の次の研究題目を登錄してゐる（上記 *Bulletins*, No.1. p.28）。

一、遠東藝文志（Библиография Дальнего Востока）

二、遠東人物志（Словарь деятелей Дальнего Востока）

三、遠東報章志（Словарь прессы Дальнего Востока）

　極東の文獻志が畢生の志願と見える。私が見得た彼の書志的著作三種とは次のもので、上記登錄題目一、三に相當するものだ。

　一、『遠東期刊總彙』 Периодическая печать на Дальнем Востоке, в период революции 1917–1922 г. Отдельный оттиск из выпуска III-го Известий Приморского Губернского Архивного Бюро. Владивосток, 1923. стр. 22.

　二、『遠東文籍目錄』 Что читать о Дальне-Восточной Области. Владивосток, 1925. стр. 248.

　三、『遠東書目總彙』 La littérature bibliographique de l'Extrême-Orient. Mémoires de l'Université d'Etat à l'Extrême-Orient. série III, 2. Vladivostok, 1926. pp.13.

　この第一種は一九一七年から一九二二年迄の極東諸地方の新聞雜誌類をよく網羅してゐる。何しろ隨分不安な混沌たる時代の然も出沒たゞならざる刊行物が多いのだから之を早く調査著錄して置いたのは所謂掌故の爲め甚だ其勞を多とすべきものである。第二は彼の念願たる大著の樣本と見ても差支無からうが、著錄せられたもの三千九百七十三種、國際十進分類法に從って三十三部類に分けて編纂してある。新しい露國の極東藝文志としては先づ最も參考に資すべきものと云って然るべきものだ。あちこちと翻閱して見ると、隨分いろんな我々に必要と見られる研究論文の名が澤山新しく出來てゐるのに驚くし、又その撰著者の名によって是非見たいと思ふ欲望を禁じ得ないものが少なくない。從來とてもさうであったが、蒙古、西伯利亞、露領極東地方關係の問題を論ずるには露國物を除外してはウソだ。是非モット利用されて然るべき筈でないか。かう高調しては見るものゝ、私如きものは之を見得る機會便宜が少ないのを遺憾に思ふ。第三の『遠東書目總彙』は極東研究に

書誌及び文獻　　　　　　　　　　　　　　　　　　　　　　　　　　259

對する別行專門の文獻目錄は固り、各種專門論著中に附載せる引用書目參考書目の重要なるものを指示網羅せる書目の目錄である。實際諸種の編著に附載の文籍目錄は立派な有益なものが少なくないのだから、之を輯錄するのは極めていゝ思ひ付きと云ふべきで、諸研究者に便宜を與へる事は多いだらうと思ふ。著者名書目名はアルファベット順になつてゐるから、所要題目に就てのものを探すのに少し不便の觀はあるが、どの道強ひて部類を分別すると又別の不便も起るだらう。かう云ふ書目擧要は他國にも旣にあるや否や不幸寡聞にして知る所ないが、有れば大變に便利であらうと思はれる。

マトヴェーフ氏以外にも目錄の專門家と思しき人々がある。遠東書目總彙によると M. Азадовский, П.К. Казаринов, П.П. Хороших なんかゞさうでないかと想像されるが、固りよくは知らない。アザドフスキー氏はシベリア、カザリノフ氏はシベリア及びブリヤート蒙古、ホロシフ氏はブリヤート蒙古に對して各々數種の發表がある樣だ。私は遺憾ながらカザリノフ氏の

『西伯利亞研究志』Сибирское краеведение. Краткий библиографический обзор последних лет. 1920–1923. Бюллетень Восточно-Сибирского Отдела Русского Географического Общества. No.5. Иркутск, 1924. p.5–36.

しか見るを得ない。これは目錄體でなくて、西伯利亞に關する諸種の編著、調查研究報告類を各市每に重要なる出版の槪要を述べたものである。從前からでもあるが、どの市も相應にいろんな物の出てゐるのは多とすべきで、是はソヴィエト聯邦以來却って競爭的に盛んになつたのではないかしらん。これ等のものゝ內容如何は今知る由もないが、研究としても又材料としても各國學界にかなり價値を認めらるゝに至るものが必ずあるだらうと察せられる。殊に人類學、考古學、民俗學的のものゝ看出されるのは將來の成果も偲ばれて、極めて人をして閱讀の機を渴望せしむる次第だ。

私は上記四種の目錄書を見て鎖されたる露國學界の幾分を窺ひ得たるを喜ぶの餘り、之を未だ閱する機會に遇はれない方もあらうかと世間見ずにも敢

て紹介する次第である。これに就いても想起するのは近時支那諸地方に於ける學術文籍の目錄を得たい事だ。もうそろそろ之を要求したくなる時代になった樣だ。いや何處でももっと目錄の專家が有ってほしい。

（『民族』第二卷第二號、1927 年 1 月、121–124 頁）

續露國の文獻目錄

　私が本誌第貳卷第貳號にマトヴェーフ、カザリノフ兩氏の文獻志を紹介した後に、吾友ニコライ・アレキサンドロヴィッチ・ネフスキー先生はスロボドスキー氏の著を示して、私にこれも紹介しては如何だと告げられた。私は之を拜借して一覽し、續いて是非之をも紹介しやうと思立ち、其後自分の得たる二三を合して茲に續編を書付けて以てニコライ・アレキサンドロヴィッチ先生に酬ひる事とする。

　私は前編に於て圖らず露國物文獻目錄の不滿足を漏らしたが、石田杜村先生が已に『黑潮』第二號に於て「サヴィエート・ロシアに於ける極東並に中亞の研究」と題して詳細なる露國の學界大觀を縷述せられたるに先づ感謝の意を表したい。我々には閉鎖されてゐた露國學界の情況や最近の材料で說明せられたのだから、大に益を得たのは固りの事、且つはかゝる眼福を有せらるゝ同先生を羨望せざるを得なかった。今私のこゝに紹介を敢てせんとする數種は誠に片々たる又然も目錄の一體に止まる小冊子なるを遺憾とするが、若し大方の之を棄てゝ顧みざるに至らなければ分外の幸とも謂ふ可きだ。

　前編に於ては私はアザドフスキー、ホロシフ等の名ばかりを揭げて置いたんだが、後兩氏の編せる目錄を載せた

　『西伯利亞古事叢誌』 Сибирская живая старина этнографический сборник. と題するイルクーツクの露國地理學會東部西伯利亞支部の出版物を二冊見るを得た。年間と見えて第一册は一九二三年に、第二册は一九二四年の出版となってゐる。さうして前編に紹介したカザリノフ氏の『西伯利亞

研究志』、否それの載ってゐるビュレテンはこの第二册の拔刷なんだ。と云ふのは、元この東部西伯利亞支部では初め『土俗學報告』Этнографический Бюллетень と題する小雜誌を發行してゐた。即ち一九二二年に初號を出し、一九二三年中には二、三、四の三號を出してゐたらしい。私の見得たのは第三號と第四號とに止まるが、見かけは二十頁餘りの小さな紙も印刷も惡い雜誌でも、土俗は固り考古學なんかの論文又は報告など短いもの計り乍らも載せて居り、殊に第三號はハンガロフを、第四號はコストロフをと、シベリア土俗學の先輩を紀年するなどその熱心なる態度極めて見るべきものがある。所が愈々發展して同支部から又あの有名だった雜誌『古事叢誌』Живая Старина に倣って題名に新に「西伯利亞」Сибирская を冠らした前記新雜誌を發行し、西伯利亞土俗學專門の集錄を試みる樣になり、自然之に併合せられたものだから、その中から學界記事的のもの計りを拔いて第五號を編して、只「報告」とだけにして、上の「土俗學」と云ふ語を省きて別刷とした。だからカザリノフ氏の書志の載ったものは載ってゐるビュレテンはこの第二册の拔刷なんだ。と云ふのは、元この東部西伯利亞支部では初め『土俗學報告』Бюллетень В.С.О.Р.Г.О-ва No.5 であって又且つ載ってゐるビュレテンはこの第二册の拔刷なんだ。と云ふのは、元この東部西伯利亞支部では初め『土俗學報告』Оттиск из этнографического сборника "Сибирская Живая Старина", Выпуск 2, Иркутск, 1924. であるわけになるのだ（以上カザリノフ氏の著 <small>報告本なら二二頁、古事叢志なら一七六頁</small> 及び『報告』第五號の序言を參照）。

　話が少し脇道へ這入りこんだから元へ戻ると、この『西伯利亞古事叢誌』の第一册にはホロシフ氏の

　　『ブリヤート民族に關する歷史土俗文獻目錄』Указатель историко-этнографической литературы о бурятской народности. С.Ж.С., I., pp.154-178.

と云ふが載ってゐる。これは既にマトヴェーフ氏の『遠東書目總彙』に著錄されてゐる。一七七四年から一九二三年に涉る間の露文論著四百三十二種を

十二類に分って著錄し、尾に著者索引を附してある。蒙古學者等にとっては極めて便利な目錄と云はねばならぬ。露文に限られてはゐるが、他の諸國文の述作なんかは質に於ても量に於てもさう看過出來ないものが澤山あるわけでもないから隴を得て蜀迄望まなくてよからう。又ブリヤートと特に題してはあるものゝ他の蒙古種族のものをも混入してゐる樣だが、これ亦さう嚴重に區別する程でもないからだらうか。蒙古學の手引としては却て便利な點もあらう。

次に又同誌の第二册にアザドフスキー氏の

『西伯利亞土俗文籍目錄』Литература по этнография Сибири, за последнее десятилетие XIX века. (Перечень статей в период ических изданиях 1891–1900). С.Ж.С., II., pp.191–222.

がある。これ又マトヴェーフ氏の『遠東書目總彙』に出てゐる。これはその副題の說明する如く、一八九一年〜一九〇〇年間の定期刊行物に載せられた西伯利亞土俗に關する文獻目錄であって、直ちに上メジョフの文籍目錄に接續せしめやうと云ふのだ。首に序言として本書編纂の目的用意等を述べ、次に七百四十種の論撰を著者名題名のアルファベット順に著錄して、終りに地理・民族・事物・固有名詞の便利な四索引を附してある。著者は既に『西伯利亞文獻志』に關する撰述もあるし（マトヴェーフ氏『遠東書目總彙』を參照せよ）、又土俗學に關する論纂もあって（マトヴェーフ氏『遠東文籍目錄』參照、尙ほこの著錄以外に數種ある）、この種の著作に對する適任者たる事は想像に餘りあるが、その便利な四索引を附したる事を見ても了解さるゝ。彼は又トムスクの初めは西伯利亞學院（Институт Исследования Сибири）附屬後には同市國立大學附屬の文獻部（Библиографическое Бюро）にても（この部に關しては下のスロボドスキー著の序を參照）文獻志編纂の仕事をやってゐて、自分は「露國雜誌に於けるシベリア」（Сибирь в общей русской журналистике）、スロボドスキー（Слободский）氏は「史書に見えたるシベリア」（Сибирь в исторических изданиях）を編纂して、殆ん

書誌及び文獻 263

ど完成してゐたと云ふ（С.Ж.С., II., p.191 注）。そしてその同僚スロボドスキー氏が

『西伯利亞土俗文籍目錄』Литература по этнографии Сибири, в этнолого-географических повременных изданиях 1901–1917гг чачт I. Периодические издания европейской России Вост.-Сиби. Отд. Рус. Геогр. Общ. Иркутск. 1925. стр. 24 (Отдельный оттиск из сборника "С.Ж.С", вып. III-IV. стр. 217–240).

と云ふを編纂して、アザドフスキー氏の前著に接續せしめた。だから云ふ迄もなくアザドフスキー氏の著と同じ體裁で編纂せられ、同じく四種の索引を附けてある。著錄する所は三百四十二種である。

期せずして今回こゝに紹介したものは皆土俗學關係のものとなったが、これ等文獻を利用すべき北方民族研究の學者には大變に便利なものであらうと思ふ。固り索引や目錄があっても文籍そのものゝ蒐集が無くては徒らに他家の寶藏を數ふるに似てゐるが、また種々目錄から益する所はあるもので、要は之を利用する人に在る。敢て片々たる小目錄を紹介する所以である。

以上土俗學關係の目錄を紹介した事だから、序でを以て是非次の土俗の有益なる露國文獻志二種を一言して置きたい。

Findeisen「文化學民族學に關する露國の新文獻」Neue russische Literatur zur Kultur u. Völkerkunde. Asia Major, Vol. II, Fasc. 2, S.323-344.

Штернберг『土俗學志』Этнография. Тихий океан, Русские научные исследования. 1926.

前者は近刊諸論著を紹介したものに過ぎないが、歐州諸國でも矢張り露西亞は鎖されたる國であってかゝる紹介を必要とするんだ。後者はギリヤーク其他北方民族研究の老大家が露國の太平洋方面の民族土俗に關する探檢研究の歷史大要を記述せるもので、誠に簡にして要を得たる名著である。兩者共に石田氏の文中に已に言及してはあるのだが、餘り目錄計りでは索然たるものがあるから之を引いて終りとする。

(『民族』第二卷第五號、1927 年 7 月、113–116 頁)

天理の滿文書籍について

　天理圖書館の滿州文書籍を紹介するようにと富永館長からの依賴があった。多分私が時にはあれを見せろこれを見せろとお願いしたことがあったから彼奴なら少しは分るだろうと思われたからの事であったろう。然し私は多少の關心はあったとは云え實は豐富な圖書館の滿文コレクションの全部どころか一部分さえも完全には見ていないのである。たまたまこゝに在るを知って見て置きたいものを見せて頂いただけであるので紹介などとは大變におこがましい話なのである。それならお斷りしたらいゝのであるがそれも出來ない破目になってしまった。已むを得ない事である。それでも專らこの整理に當っていた山崎忠先生が居られたら何とか方法もあろうが不在では致し方もない。二三の思いつきを記しておくに止めるを許されたい。

　圖書館の滿文書類の基礎を作ったものは朝日新聞の上野精一翁の蒐集であったろうか。上野コレクションが入庫する以前には大してなかったように思う。上野さんはいろんな收藏で有名であるが如何なる動機で滿文書を蒐集されるに至ったかは承っていない。然し大變な熱の入れかたで御自身滿州語學習を志され三田村泰助先生を聘して多忙中の閑暇を偸んで習得を勉められた。三田村先生のような專門家を傍に控えて居られたのだからその蒐集の俊秀さも推察される。その詳細は知らない。恐らくその優秀さは天理コレクションで今は見られるのであろう。三田村先生にも蒐集はある筈だがまだ御手許だろう。然し圖書館藏の珍本の滿文『金瓶梅』は先生の舊藏書なんだから幾分は天理に移籍してるかも知れないようだ。この『金瓶梅』を拜見したら最初の二三枚に朱筆の和譯が處どころに見えた。恐らく先生の自筆だろう。上野コレクションの入庫後にその展觀が催されたので私は上野翁に一緒に參觀に同行を勸めたら大變に懷しがられて約束されたのであった。然し當

日になって要用の爲め遺憾ながら行かれぬとの報を得たのは私にも殘念だった。其内に機會を得て翁と天理で滿文書談をしたいものだと思ってはいるのだ。今年圖書館で出版された『滿文書籍集』（善本寫眞集六、昭和三十年五月、天理大學）には上野氏舊藏本も多分に含まれていると思う。

　上野本入庫後は滿文書類蒐集のピッチがあがったようだ。山崎先生から聞いたと思うんだが、文求堂の最後の賣立のものも、某外人の蒐集檔案も皆天理にはいって來たようだ。『滿文書籍集』の序によると「天理圖書館收藏の滿州語文獻は三百數十點に及び中國の國立北京圖書館、故宮博物院圖書館にならぶもので世界的蒐集とも稱しえられる」とあるが恐らくそうであろう。序は又「全書目錄は將來解說を付して刊行する豫定である」と聲明しているが、そうなれば滿州學界の一集成として慶賀すべきである。又そうあるが爲めには益々蒐集をつとめてほしい。天理のコレクションは原刻本から各種の重刻本にまで及んでいるのだからえらい。先日も滿文一寫本を證定する爲め今西春秋先生と共に圖書館の御厄介になった。今西先生は『大清全書』には附錄が有るのと無いのと二種あって、有るのが少ないとの事であったが、圖書館には兩方共に（『滿文書籍集』の十一頁、八三、八四を見よ）あったので早速に分った。因に『書籍集』八四號には「附清指南」と出ているが「附清書指南」の誤脫ではないか。書か文か、も一字あったと思う。が又七頁の四三號に「理藩院則例　一冊（十九葉）」とあってよく分らないが、これなどは京都大學人文科學研究所の『內藤文庫目錄』(昭和二十七年三月刊）に著錄するような六十三卷四十八本本をも探してほしい。隴を得て蜀を望むの類かも知れないが慾には限りない。この『書籍集』に載らないが既に有るのだったらうれしい。滿州學の世界的權威だった湖南先生の滿文蒐集はスバラしかったと思うが京大研究所などに分散したとなると惜しい。

　滿文書籍の目錄は P.G.v.Möllendorff, *Essay on Manchu Literature*. Shanghai, 1889 がよく集めていて長い間殆んど唯一の參考書であったが、何と云ってももう古い。それに清朝滅亡の後には世間に普通には見られなかった書籍

類がどんどん解放されたので大いに増補を要求されていた。その要求は北京の『聯合目録』[1]や、W. Fuchs の數次の發表で大いに滿たされた。フックスの論著には、私のまだ見ていないものもあるようだから、その一々の題名をこゝに擧げる事を遠慮して、Johannes Benzing, *Einführung in das Studium der Altaischen Philologie und der Turkologie.* Wiesbaden, 1953, Seite 26-27 を參照して貰う事とする。因にベンツィングの著の二六頁にメレンドルフの次にラウファーの『滿州文獻錄』を揭げてあるのはいゝが、それの露譯らしいものを擧げている。これは思い違いぢゃないかしらん。ラウファーの『蒙古文獻錄』の露譯は知っているが、滿州の方は知らない。同じ樣な題名の本はあったが確か著者はラウファーではなかった。一時の失檢ではないか。又も一つおかしいのは二七頁にクレストマチーを列記した中にグレベンシチコフの著が出ている。グレベンシチコフの著は文選ではなくて文獻錄である。入れる場所を更えるがよい。こんな事を指摘してはみるが、ベンツィングの著には滿州文獻に就いては可成りの場所を與えて新しいものを澤山に擧げてるので私には重寶である。

　滿州國を最後として滿州文字も愈々發展を止めるらしい。然し滿文書類による史學言語學民俗學なんかの研究はまだまだ殘されている。今こそ滿州文籍の蒐集保存に意を注いで貰いたい。一時途絶え勝だった滿州研究は歐州諸國やソビエトや我國でも復活しつゝあるようだ。此際に我が天理に一大蒐集があるのだから、も一奮發して世界の一センターとなるを期待し祝福する。

（『ビブリア』第五號、1955 年 10 月、22–23 頁）

1　〔編者注〕李德啓編・于道泉校『國立北平圖書館故宮博物院圖書館 滿文書籍聯合目録』、民國二十二年六月、國立北平圖書館及故宮博物院圖書館合印。

六、雜錄

貘の夢

　むかしむかしのことである。東京日々に僕の噂話しが出てゐましたと、鈴江少佐さん[1]がその切抜きを送って下さった。不思議なこともあるものだと讀んで見ると驚いた。ナント僕をえらい學者として羽田先生や石田先生と竝べて書いてあるのである。羽田先生や石田先生は今も昔も定評のあるえらい先生方であるが、それに僕を取合せたのは新聞記者の思付きとしてもチト分に過ぎる。僕にしては光榮至極でもあるが、又實に恐縮至極のことであった。何しろ僕は學校卒業の際に先生方からあれは學者でないと評せられゐるとの噂を漏れ聞いてたものだから、僕は到底學者などになれる柄でないと堅く信じて、學問は自分の娛樂程度にしよう、別に外に何を好きと云ふ娛樂もないからさうしようと思ひ込んでゐたのである。それが人もあらうに僕の尊敬してゐる人々と竝べられてゐるのでホントウに恐縮したのであった。

　それはそれであるが、まだ面白いことが書いてあった。丸善に三冊のパンフレットが届いた。それには怪異な文字が羅列してあるので、流石洋書には自信の強い魯庵翁も投げ出したのであるが、フト思ひついて大阪の石濱へ一部を送ってみた。スルト三日も經ぬうちに返事が來た。文面には「これはシャムの藏經目錄です、赤印をつけた書物だけ早速注文して下さい」とあって、シャムあての封筒まで親切に同封されてあった。とかう云ふのである。これ亦光榮至極のことではあるが、又實に恐縮至極のことである。今日に至るまで僕の藏書中にはシャム字の藏經の一册もないことを以て見ても分らうと思はれる。もしもこんなことがあったとしたら、今頃は盛んにタイ佛教はどうのかうの、タイ東洋學はどうのかうのと云へて、或は大東亞文化運動にも何か貢獻し得たらうかも知れない。何かの魯庵翁の間違ひに尾や鰭がつい

---

[1] ［編者注］鈴江萬太郎（1886?-1929?）、陸軍歩兵少佐。モンゴル語の研究者で、1933 年に出版された陸軍省編『蒙古語大辭典』は實際には鈴江と下永謙次の共編である。また『蒙古文範』（1923 年）など蒙古語關係の著作がある。

て面白さうな實に恐縮な話になったものと見える。

　丸善さんへ時折りに妙な文字の本を注文したことはある。大抵は來ないから、値段が分らなくても拂ひを心配することはないのである。そんなことをするから、妙な字で書いた出版目錄を丸善さんから送ってきたこともある。一二赤印をつけて送り歸したこともあるやうだ。勿論その本が來るとはアテにはしてゐなかったらしい、一二年もしてヒョックリ届いても、一體何で注文したのかも忘れてゐることが多い。そのせいか今でも本棚の隅に錫蘭字や緬甸字の本が一册か二册遺ってゐる。何が書いてあるのやらよくも分らん始末である。してみると魯庵翁の話も種はあったので、根も葉もないものでは無かったかも知れない。たゞ話上手の魯庵翁が一寸の種から面白おかしう花を咲かせたものだらう。

　序でながら斷って置くが、僕は錫蘭語も緬甸語も知ってはゐません。柳田國男先生なんかは何を勘違ひせられたか、僕は緬甸語を知ってるものとして專門家の矢崎さんを紹介してこられたのには驚いた。今度は恐縮よりは少し迷惑の氣味がつきまとふ。

　大體あの當時は妙な本を買はうと思っても丸善以外には僕には手がない。丸善さんは來るか來んか分らんにしても一應受けてくれたやうである。これからは大東亞共榮圏のものはどんどん來るやうになるであらうが、もう僕には時遲くて間に合はない。結構な時代になったんだが老いを如何にせんや。丸善以外に手に入りやうのない時にも、古本屋では妙なものがあることもあった。僕はバーラーバタラもアビダーナパジピカも漢文古本屋で得たことがある。斷って置くが錫蘭語も錫蘭字も知りませんよ。前者には「バツワンツダヴエよりより善連法彦へ」と鉛筆で書いてあるし、後者には卷尾は少し破れてはゐるが、須菩提師から貰ったと云ふ識語を野口正堂師が記してあったので、明治の渡竺僧を少からず喜んでゐた僕は一も二もなく持って歸ったのであった。鹿田松雲堂さんは變なものが賣れたと喜んでゐたかも知れない。

東洋の學問には妙な處で出版された妙な字の本を見たいことが屢々おこる。然しそんなものは今はどうか知らんが昔は中々見られない。すると出版の分ってゐるものは羅馬字で書いて丸善さんへ恐る恐る注文して見るより致し方もない。丸善さんなら時には何の屈託もなく新出版なら何處でも取寄せますと、元氣のよい返事の時もあるしするから氣持ちがよい。と云って勿論アテにはならん。アテにはならんが、自分の氣は濟むのであった。昔はロシアの本でもさうだった。ロシアの東洋學の本は中々むづかしかった。妙なことだと不思議がってゐたら、ベルトルド・ラウファーがロシアの文獻は中々手に入らぬが、ロシアの文獻を參照し得ない責は我々になくてロシアに在ると承知せよと、えらい見幕で書いてゐるのを見てからは氣が樂になった。ラウファー如き人が云ふのだから、我々如きものの手に入らんのは當り前だと云ふ氣になってしまった。おかしなものだ。
　ロシアの文獻で思出すのは、大正の大震災のことである。丸善もえらい目にあったわけだが、丁度その震災少し前に丸善へ滿蒙に關するロシア物が大分澤山はいったらしい。その目錄を見た時に僕は少からず煩悶した。何しろ當時の我國には珍しい蒙古學のロシア文獻が澤山あるのでほしくてたまらない。たまらぬほどほしいものなら皆買へばいゝんだが、大學や研究所ではない個人にはそんなことは出來るものでない。何も何千圓と云ふ程ではないが、到底僕には金が出さうにない。そこで何度もほしそうな本に印をつけては計算し、つけ直しては計算して、そこで當時まだ存世中の母親にもうこれから妙な本は買ひませんからセメテこんだけは買はしてくれと頼んだのであった。後で聞く所によると母親は少からず心配したらしいが、ほしければお買ひなさいと云ふいつもの通り慈愛深い返事だったので、勇みに勇んで注文した。何百圓にもなりはしない程度のものだったが、到着した時は嬉しかった。多年渇望の幾つかを手にしてゐるんだからその筈である。所が大震災である。丸善も擧げて全燒とのこと。逃れて我手に歸したものを喜ぶより、勘定の都合から割愛したあのいくつかの本の煙塵に散じたものが惜し

かった。愛妾を賣って何かに換える昔話なんかを思出して惜しかった。別に愛妾を僕が貯へてゐたのではないが、僕は勇氣がないなと思った。所で丸善もドサクサであったかしていつもくる勘定通知がこない。これは分らないのではなからうかと、いつもは遅れ勝ちの拂を早速にこちらから濟ましたのであった。兎に角今ではどれどれの本がその危機一髮の際にきたのかよく覺えないが、震災を緣有って我家に免れ來てゐるものがあるのだ。

　魯庵翁は震災による書籍の廢墟をたしか中央公論かに書かれた。その中に丸善に到着してゐた滿蒙研究書類が壞滅に歸したことも出てゐた。當時僕は僅かに免れて僕の手に歸したものがあることを報じやうかとも思ったのであったが到頭其儘になってしまひ、その本がどれかも忘れてゐる。

　魯庵翁には面識はない。丸善さんには隨分厄介になったが、多分中學三年生頃に大阪丸善でカーライルの英雄崇拜論の小い赤い本を買ったのが初めであらう。勿論三年生の僕の英語では分らなかったので、今でも綺麗な本で遺ってゐる。その丸善の人で魯庵翁があるなどはズットズット後になって知ったんだが、日々の切拔きを見てからは、本屋の番頭さんにしては恐わい人だと恐ろしくなった。何故恐わい人と思ったか、それは知らん。（しまひ）

（『學鐙』第 46 卷第 9 號、1932 年 9 月、8-9 頁）

文界夜話

　おゝよくお出でだね。どうもメッキリ寒いのう、老人にはひどくこたえる。ジット引籠って書物でも見てゐるより外にしようもない所だ。何って？……ナアニ孫がおぢいさんのお土産ですって、こんな本を買って來てくれたもんだから、今日は一寸のぞいてるんじゃが、字が小いのでよくも分らんがのう。谷孫六の『孟子の說法』だよ。孫も直ぐ戻るからお待ち。

　孫は前から谷の崇拜者で、よく『金儲け』何々とか、『世渡り祕訣』とか、『へそくり問答』とかちう本を買うて來ては、中々面白い事を云うてゐます

と讀んで聞かせて吳れとったが、谷ちう人も相當苦勞人だのう。今度は御時世がら『孟子』を持ち出されたのう。澁澤さんの『論語と算盤』の續きかと思うとったが、そうでもなさそうじゃ。えらう丹念に『孟子』を初めから分り易く講釋してゐられる。横の方に「人の使い方使はれ方」とあるから、矢張り『世渡り』の續篇ちうつもりかも知れんが、『孟子と算盤』でなかったので、喜んどる。算盤は算盤で誠に結構じゃが、孔孟と算盤では算盤も孔子樣も孟子もソレ、近頃よく云ふ微苦笑ものじゃて。

ソリャ人間何で悟るか合緣奇緣じゃから、『論語』で算盤を悟らうと、片手の聲で相場を覺らうと、有難い機緣だから結構な話には違ひないが、そいつを餘り振廻して貰ふと本物が分っとらんと云ふことになる。片手の聲の和尙さんが相場にしくじって又出直すちう何か話が新聞に出とったのう。わしなども商賣がら多少『論語』や『孟子』に骨折ったが、一向算盤が分る樣にはならなかったわい。

谷さんの『孟子』も世渡りヘソクリの一種でせうッて、なる程そうかい。流石はお若い方だけあってよく氣が付くのう。わしなんか年寄りは『孟子』の講釋は結構だと計り思っとった。そう云へばチト不親切ぢゃわい。梁惠王章句といつも玉の字になってるなんか、孫の奴などでは誤植とは分るまい。かう云ふ古典はせいぜい誤植をなくせんと後生を誤るんじゃ。おまけに梁惠王章句上下と分けてある樣じゃが、上の中へ下の分がせり上がってゐたり、公孫丑の章が下の中へ少し割り込んでゐたりしとる。この本は谷さん自身の章句にしてもかう云ふのは恐れ入る。初めから章句上なんかとしとかない方が却て便利なもんのう。ヘソクリの一つでも古典は古典としてやらんといかん。あまりヘソクリが見え透くのは面白くないもんじゃ。

講釋は中々然しうまいよ。わしなどもウカウカと引きづられて讀んで行って面白う出來とる。說の當否は別じゃが、流石始終筆とる方だけに、要處々々に短い旨いつなぎ文句を入れて進んで行くから、理解がし易うて、實は感心しとるんじゃ。漢學者の國譯ちうもんは分り難いが、これならあんた等にも

よからう。金儲け法ばかり讀まんと、タマにはこんなのも讀むと又タメになるよ。

又漢文かと妙な顔をしなさるが、漢文は書いてないから安心だよ。どうも近頃は漢文を恐はがり過ぎるのう。尤も專門になさるべき方の力も落ちて來た樣だね。ソリャア歐州語も知らんでは學者と云はれまいだらうが、東洋の事なら漢文の智識が第一だらうと思うんじゃが、矢張り歐文を主になさる樣だのう。西洋人が漢文讀んで書いたものを又譯して讀むのは廻りくどいじゃないか。何時ぞや『ピタカ』と云ふ佛教の雜誌を見せて貰ったが、何でもアフガニスタン地方の佛教遺蹟のフランス人の論文が出てゐたっけ。何とか學士其方を專門らしい方だが、ツォフユアンクイの漢字が分らんらしく、『作賦源流考』かとあったがのう。前後を見ると『唐書』なんかゞ引いてあるんじゃから『册府元龜』じゃないか位が分らんものかしらん。『作賦源流考』とは考へたねェ。支那音で漢文を習はんからと云ふ説も出ようが、マァフランス語の方が漢文より分る方だからかう云ふ事になったんじゃないかね。そう云ふ間違で面白いのは古い事だが、中野正剛さんがまだ若い頃『東洋』とか云ふ雜誌で盛んに東洋政策の氣焰を擧げてゐるのはいゝとして、ウェリントンクウを説明して胡惟德と云って何とか彼とかあったので、わしは吹出したわい。大論策なんだから顧維鈞でも胡惟德でも差支はなかったらうが、當時日の出の新進政論家がこれだから、チト少壯政治家には漢文を稽古ささんといかんと感じたがね。ナニ英字新聞ばかり讀むからだと思ったんだらう。漢文と云ふと『論語』か『十八史略』『文章軌範』だとあんたなども思ってゐさうな顔だが、そんな古いもの計りが漢文じゃないんだよ。いやそんな古いもんでも讀んでゐてくれると恥をかゝない丈の效能はあるんじゃがな。

今日も婆さんが『週刊朝日』の新年號かを讀んでくれたが、根津とか云ふ大金持は四千年も故事來歷のあるギリシャの佛像を持ってゐると頑張ってるらしいが、困ったもんだのう。あんたらも骨董品をイジクるなら『十八史略』でも讀んどくちうと、例へ目かどがきかなくても、馬鹿々々しい目に會はさ

れずに濟むんじゃ。骨董屋ちう奴はよく四千年前と云ふらしい。わしの舊友の息子は利口な男で高商かも出とるんじゃが、支那へ行った時に四千年前の佛寺の瓦か何かを買はされとる。『十八史略』じゃない、中學で習った東洋史でもウロ覺えにでも覺えとりゃこんな目に會はずに濟んだんだがのう。全くどうかと思うよ。イヤ笑っちゃいかん、孫の口癖が傳染って了ったわい、ハヽヽヽ。

わしも漢文商賣をやってたものだから、漢文々々と今でも頑固そうに口に出しよるが、實は漢文屋には少しあいそをつかしてゐるんじゃ。それ漢文復興じゃと世間が云ひかけると、我も我もと尻馬どころか、後から走り乍ら、口丈はえらそうな事をわめいて、先覺者ぶるんだからやり切れん。碌々研究もしちょらんで世間の中へ口出しする事だけは止めたがよいのう。若い人もこんな手合におだてられてやる漢文なら止めといたが利口じゃ。此間も何新聞かの新刊紹介に郭沫若の『支那古代研究』の譯本が出とったが、あれはもう何年も前に出て何版にもなったものじゃが、いゝ氣なもので前の事なんか何にも書いとらんかったよ。あの紹介では改譯なのか、只の新版なのか分りゃせん。西園寺公は郭さんの著を皆求められたと新聞に出たのすら大分古い事になっちょる。老人が書いとるのか若い人なのか知らんが、こんな調子だからいかん。

おゝ孫も歸って來た樣じゃ、若いもん同志の話がよからう。ゆっくりして行きなさい。

（『泊園』新第十九號、1936 年 1 月 1 日、第 4 面）

戰爭によって躍進したわが東洋學

わが東洋學の輝かしい躍進は、全く戰爭の産物である。日露の役、奉天がわが手に歸するとともに軍の後援を得て資料の散佚を防ぐべく挺身事に當った湖南內藤虎次郎博士の功は全くすばらしい。今日日本が滿州學において斷

然世界を壓倒してゐるのは實に湖南博士の努力の賜といふべきである。
　このほど京大教授羽田亨博士らによって出版をみた『滿和字典』は支那の字引を集めて和譯したものであるが、その譯語の正確さは敬服に價し、ロシア、フランスの滿州語字典が徒らに語數の多きを誇るのとは同日の談ではない。
　羽田門下の俊秀今西春秋學士の近業『滿州實錄』が最近日滿文化協會から刊行された。これはかつての那珂通世博士の『元朝祕史』と光を爭ふ畫期的の業績である。これらをみるにつけても資料の確保をなほざりにできぬとつくづく考へる。
　滿州語の大藏經の板木は北京城の午門にギッシリつまってゐるのであり、そのほか貴重な資料もともに塵に埋もってゐる。
　先に滿鐵が二萬元を惜んで北京圖書館の有に歸した西夏語の佛典百册はなほ北京圖書館にあるはずである。また滿州國から出版された大部の清朝實錄の原本の資料の厖大なものも北京の故宮博物館かどこかにあるはずである。
　學界垂涎のこれらの珍しく大切な資料はその確保に遺漏があれば悔ゆるもおよばぬ結果をみること當然日本に來るはずの梵本『瑜伽師地論』百卷が途中からつい最近ロシアに買取られたやうな同じ始末ともならう。
　この『瑜伽師地論』が日本に來てをれば今後五十年の長きにわたって學徒につきぬ研究資料をあたへたであらうものをと、今更ながら痛惜に堪へぬ。
　チャハル部を率ゐたジンギス汗の正裔林丹汗が十七世紀の中葉清の太祖に亡ぼされ主權を示す傳國の璽、佛像、紺紙金泥の大藏經の三つの寶が滿室の手に移り、日露戰役後そのうちの大藏經が東京帝大に收められてゐたが、不幸にも大震災に燒け亡せてしまった。この經文はチベット語から蒙譯されたもので大變珍しく「林丹汗これを書く」とあった。いまではロシアに寫本が、アメリカ、フランス及びわが國に刊本があるばかりである。清室の手に移った傳國の璽と佛像はこれまた北京に殘されてゐると思ふ。林丹汗の遺子が康熙年間父の故業の回復を謀り、事成らずして移されたのが、いまのチャハル

地方であって日滿兩國との因縁は淺くない。

　赤色ルートに當る新疆省はいはば世界の東洋學徒のオリンピック・スタディアムの觀があり、ロシア、ドイツ、イギリスなど入亂れての角逐が演ぜられ、絶えずわが學界を刺戟してゐる。この方面ではトルコ語が問題になる。古くはウイグル語と呼ばれる言葉で、蒙古の文字の母胎をなすものはウイグル文字で、ウイグル文字はソグド文字によってつくられたものである。ソグド語の文獻が旅順の博物館にあるといはれてゐるが實物を見てゐないので確なことはわからぬ。

　西域諸語の研究中、いま最も活氣のあるのはトカラ語のそれで、イギリスのベイリーが「トカラ語は阿耆尼の言葉」だと新說を提唱、論議をまきおこしてゐる。これらについてはわが國は資料に惠まれず袖手してドイツ、イギリスの活躍を傍觀するのほかない現狀である。

　東洋言語學にはあまりにも廣い處女地が殘されてゐる。從來のやうに史學や佛敎學の補助學的立場から進んで純粹に言語科學の對象として東洋の諸語に新しく鍬が入れられなければならない。ロシア語やフランス語が讀めなければアジアの諸語の研究ができぬといふ現狀をできるだけ早く打破したい。耳の秀でた新進言語學者、例へば有坂秀世、服部四郎、高橋盛孝三氏の如きは早くも先蹤をなしてあるひは支那語音韻學あるひは蒙古語學、またはギリヤーク語學に新生面を拓きつゝあってすでに曙光を萌してゐる。

　滿州國領土內に住む文字無きパレオアジアート語はもちろんのこと、滿州建國後の收穫、女眞語、契丹語更に西南支那の羅ゝや苗族の言語學的研究にもまつもの實に多大なものがある。（談）（石濱氏は東洋學の權威、京大文學部講師）

（『朝日新聞』1938 年 3 月 4 日大阪朝刊、第 5 面）

支那研究の情態

　支那研究の情態と云ふ大きな題を出して置きましたが、中々さう大きい事を申すのでありません。何分にも時局が段々進んで參りまして、愈々蔣介石が頭を下げるのかと待って居りましたが、此處に歐州の大騷亂が起こって、延いてはアフリカに及び、アメリカは參戰するせんの有り樣となり、今度は東亞へも飛んで援蔣國が我々をも其中へ引き込まうと云ふので大變な事となりました。支那事變は汪精衞諸公が東亞新秩序への參加、正統國民政府の樹立で順序立って來たのに、援蔣國家の爲めに阻碍されるのは天下の不幸でありますが、致し方ありません。苦しい時には何を仕出かすか分りませんから、我々は確り新體制を組んで、不動の態度で行かねばなりません。

　それでも支那事變はどうやら何ほど僞政府の蔣さんがもがきましても、もう建設時代であります。我國としましては何としても後の建設宣撫の研究時代であります。いつも絶えた事のない匪賊まがひの僞軍などは我が忠勇無雙の軍隊のお蔭で何も出來ません。そこで愈々安民の經世策の必要が迫って居ります。勿論我が官民共に早くからいろいろ對策がある事でありませうから、我々は安んじて銃後の强化により、之に應ぜられる樣準備しとけばいゝのでありますが、何分にも支那は廣く久しい國ですから、さう手ツ取り早くは參り難いでせう。我國がウント支那を了解して置かない限り中々難しい。勿論眼前應急の救難策が大必要ですが、將來に渉って日滿支相攜へての新秩序には深い研究の根底の上に立たねばなりません。さう云ふ根底のある研究と云ふ事になると、上下四千年南北幾千里の支那である上に、優秀なる傳統の學術を持って居る國の事でありますから、中々難しい。この傳統の學術は固り古くから我國でも研究されてゐたのでありますが、今度は一層努力して彼國の人にも感心させる程でなければなりません。支那傳統の學問は日本に學ばねば分らない、日本に聞かねば眞を得難いと云ふ程でないと、滿支の人々に我國が輕蔑されはしないか。支那國粹の學問を日本ではよく分ってゐ

ないなどと云はれては、どうして新秩序を指導して行けませう。

　私等はさう云ふ方の學問をしてゐますから、どうかして今後は我が漢學をして日滿支の漢學の中心たらしめたいと、竊かに念願して努力してゐるのであります。力足らず、たゞ念願のみに堕せしめやしないかを恐れてゐます。さうでありますが、此處に妙な情態を生じて居ります。滿州事變以後、滿州、支那、東亞と云へば、誠に學生諸君の興味を感じてゐる所で、當然な喜ぶべき事でありますが、どうも斷然これ等東亞の學術研鑽に從ふ人が少ないのであります。非常な興味を持つに關らず、從事したいと思ふ人々が少ないのであります。承ります所によると、どこの大學でも、支那關係、東洋關係の學科の學生が増えない計りか、減りつゝあるのであります。どう云ふ原因でありませうか。それに反して世間の需要は非常に増えつゝあります。支那の研究部と云ふものが公私共に増設されて行きます。その要員は固り支那傳統の學術を修めた人が入るのでありますし、諸學校もどんどんかゝる人を要求して居ります。それに應ずる人がない。各方面共に人的資材不足を叫ばれて居りますが、此方面でもさうであります。然し焦眉の急に迫って來る支那研究が衰へると誠に國策に國策に沿ふことが出來なくなりませう。新秩序の漢學がどうなりませう。その原因は或は興味を持った學生も古い事の研究はジミであるから、ハデな新しい支那の研究に走って居るのかも知れません。いやそれも大變に必要な事だから喜んで宜しいと思ひます。ジミな研究などはさうドンドン増えなくとも宜しい。たゞ之を新東亞の漢學の中心となす爲めには人が減るのではいけません。いけない例はもうボツボツ出て居ります。事變以來支那關係の書物が澤山出て來て居りますが、タマに讀んで見ますと、途方もないものが見當たります。それも新しい支那の研究に關する方が多いらしい。それでは尚更に困る事であります。古が無ければ今は無いし、又今が無ければ古もありません。古今を見渡して見ましたら、古でないものも無ければ又今で無いものもありません。古に通じて以て極を立て、今を知って之を體するが、學術の目的であります。古に通ぜずして何で新が分りませ

う。新しい研究をするならば、古に通ぜなければ支離滅裂です。だから新秩序の漢學の爲めにはこんな減少情態は困るのであります。これを救ふ方法は皆さんのご研究を請ひたいのであります。

　所で今日私が御話しようとする支那研究の情態と云ふのは支那研究全體に涉って申上げるのではありません。さう廣い情態の事は私などによく分ってゐるのではありませんし、若し分ってゐるとしましても、少しの時間では難しいでせう。我國現下の要求してゐる支那研究は凡ての方面に於て廣く深いものでありませうが、さうは私には出來ません。自分が聊か從事してゐます方面を中心にして申上げる外ありません。隨って新しい支那の研究と云ふよりは古い支那の研究であります。然し今申上げました通り、この古い支那が新しい支那の親でありますから、その了解、その研究の認識は十分なる必要があるのであります。

　支那の研究と云ひましても、私の考へまする所によりますと、それは支那人の支那研究が最も良いのであります。支那の人が己れの國の研究をするのでありますから、他國の人の研究とは自づから勘が異ってゐて、眞を得易いのは當然の事であります。言語風俗の異なる外國人では、思はぬ勘違いと云ふものが生じます。これは自明の事であります。それでありますから、支那研究と云ふ事も畢竟は支那人の支那研究と云ふ事になるのでありませう。固り廬山に入って廬山を見ずで、自分が其中へ這入り込んで仕舞ふと、却って其姿が分らないのもよく有る事です。私の如く寫眞で廬山を見て知ってる位の方が、廬山中で一生を送り死ぬ土地の人よりは廬山がハッキリしてるかも知れません。だから支那人の支那研究が最良でありますが、その研究を研究する外國人の研究が却って眞相を得る事も多い。固り內外兩方から遺憾なく見盡さねばなりません。さうして眞相を研究した上で、我々は我々の國から見た批判を持たねば、我々の支那研究になりません。支那人の支那研究に沒頭して支那人同樣になってしまっては、結局支那人の研究で、我々の研究ではありません。注意しなければならんと思ひます。

そこで支那人の支那研究はどうかと申しますと、古い所は正史を中心として纏められたものが澤山あります。御承知の如く汗牛充棟もたゞならぬ支那の豐富な文獻がそれであります。これ等の古書をよく支那研究の材料と申しますが、純然たる材料もありますが、編纂されたるものも支那人の研究を織込んで居るのであります。正史などは其例であります。古い歴史は役に立たんと思ってはいけません。支那人が研究して纏めたのであります。既に世間に知られてゐる昔の文獻の事を今日は特に申上げるつもりはありませんが、何しろ支那の樣に豐富なる文獻を持てる國はありません。乃ち其國人が其國をよく研究してゐるのであります。これは了解して頂いとかねばなりません。所で支那が外國から多大の影響を受ける樣になってからは、外國の學問の影響を受けて、學者の中には之を世界共通の眞理とみて、それによって自國の研究をする人が出來てきました。これも外から見た研究で惡くはありませんが、自然に脱線して外を尊ぶ風になります。それもまだ構ひませんが、これが政治運動に關聯しますと研究からは逸れて行きます。例へば支那に於ても左翼の研究で混亂を起こして居りました。滿州事變、支那事變の前などはこれでありました。多分に我國での赤運動の影響なのであります。いまだに蔣さんが共產軍に引きづり廻されてるのもそれから緣を引いてるのでせう。これ等に反對の人々もありますが、たゞ學術の研究に逃れる人々は政治に關聯するのを欲しませんから、表向いては出ませんが、舊文獻の流傳には力を盡くしてゐました。印刷の便宜は今日之を極めて簡單にしましたから、手に入れ難い書物も皆再び世に出る樣になりました。事變になってからは勿論出版も研究も衰へました。これは致し方もありません。何れ新政府の治安下に新しく出發するでせう。北京では古學院が設けられて「古學叢刊」を出し、舊學の一綫を維持してゐる樣であります。滿州國では羅振玉先生が近頃なくなられました。此先生が事變前の學問に大影響を與へられたのはよく知られて居ります。先生の御子樣や御孫樣が先生の學問を繼承されるでありませうが、滿州でも學問の方は盛んでありません。建國大學などが根をおろす

樣にならねばそこ迄行きますまい。

　歐州人の支那研究は第一次の世界戰爭以後は餘り盛んとは云へない樣です。東亞への關心も有るのではありますが、何分にも歐州の回復が第一でありますし、漸次回復してくると時局の複雜不安が現れて來たから、そんな餘裕がないのかも知れません。アメリカは何かと大掛りな方法をとつてゐる樣であります。然しまだ何としても不足な材料の蒐集中である樣ですから、さう研究ではどうと云ふ程の事はない。從來も支那留學生を多く養成してゐましたが、支那の各大學へも補助金を澤山出してゐましたし、資料蒐集も恐ろしく金をかけて居ります。何分にも人がない樣です。今では援蔣を聲明し、我國と一戰をも辭せない勢でありますが、支那學での戰爭でも交へるなら我々の方で綽々たる餘裕があるので御安心を願ひたい。

　我國の支那研究情態は初めに申した樣な樂觀出來ない點もありますが、實は中々よいので、この良い情態をモツト進めたいと思ひます。由來支那以外で支那研究の進んでゐるのは我國ではないでせうか。何しろ王仁來朝以來支那文化を攝取して來てゐるのであります。德川時代の如きは、政治も道德も經濟も科學も、支那文化研究の上に行はれたので、諸學者の研究もたゞ『論語』や『老子』をかう讀むの、詩文をかう作るのと云つただけのものでありません。つまり支那を研究したので、それも只の研究ばかりでなく、當時の治政の參考にもするのですから、詩文でも遊戲のみでない、朝鮮の聘問使と應對して外交の爲めにもなつて居るのであります。德川の漢學はツマラヌ樣にも云ふ人もありますが、實用にも研究にも大した役目を果したのであります。これ程熱心に研究された事は支那本國以外にはないのであります。だから中には支那人氣取りの人も出ましたが、それでもさう我國人の立場を忘れ果てたのではない。明治以後は支那研究は西洋研究に推され、漢文は道德倫理の一門の樣になつたが、惜しい事でした。我が南嶽夫子の『萬國通議』の樣な大著もあつても、世に行はれませんでした。內藤湖南先生が大學に立たれてからは新しく氣運が動き、だんだん盛んになりました。

そこで現今の情態を簡單に申述べたいが、現今はあちらこちらに種々の專門の調査部、研究所が出來て盛んな事であります。それぞれ今直ちに效果が見えてゐなくとも、將來は立派な事だらうと刮目されます。又出版される書物も多く、中には困ったものもないではありませんが、それ等は淘汰されるに極ってゐます。私はこゝでは少し具體的のもので研究情態を紹介したいと思ひます。

　經學で云ふと、あの古典學かと云ふ樣に稍々現今では不要の樣に思はれるかも知れません。然し何と云っても支那では經學が學術の中心でありますから、この經學も我國が斷然優位を占めねばなりません。經學はどうしても支那が中心であったのですが、それに優っても劣らないものが出來てきました。東方文化研究所で出版中であります『尚書正義定本』がそれであります。これは定本を作るのでありますから、善本を集めて校定されて、その詳細なる校勘記が付いてゐます。經書は殊に定本が肝心で、誤本を探ってはいけません。それで荻生徂徠の發願で足利學校所藏の善本によって、物觀等が『七經孟子考文』を作りましたが、此本が支那を刺激して阮元の『十三經注疏校勘記』が出來ました。後の學者は皆この校勘記を尊崇してゐましたが、現今ではその時よりも古い善本が澤山出て來てゐるので、もう阮元のでは役に立ちません。それで東方文化研究所の諸先生は新しい「十三經注疏校勘記」を計劃せられて、先づ『尚書』から始まったのであります。もう阮元の記などは殆んどいりません。この定本と校勘記は將來の經學研究の基礎を爲すもので、誠に支那本國に對しても愧づかしくない、支那の學者も之に據らなければならないだらうと信じて居ります。この正義定本による和譯、それも只の書き下しでない完全な飜譯を同じ委員の吉川幸次郎先生が試みられました。これも是れ迄にない劃期的事業で、私は我國支那研究界の誇りとしていゝと思ひます。岡山六高の林秀一敎授は『孝經』の鄭玄注と劉炫述議の復元をせられました。これも從來試みられたのでありますが、到底林先生の博綜には及びません。將來鄭玄、劉炫の『孝經』を論ずるならば、先生の拾輯本を基

礎とせねばなりません。又武内義雄先生の『老子』や『論語』の研究は從來の支那の學者の研究の上を出てゐる事は申す迄もありません。研究方法の精確なる上に、論證の愼密なるは恐らく乾嘉考證學全盛時代の支那の學者も我道東すと三嘆するであらうと信じます。先生の支那哲學の著作何れもこの用意の下に出來上がってゐるので、先生出でゝ初めて支那哲學史ありと云っても過言ではありますまい。誠に誇ってよいと信じて居ります。これ等二三の代表的な例によっても我國の經學は現在優秀な地位に立ってゐるのでありまして、我國の人々はよくこれを認識して、自信を持って頂きたい。

諸子の學も武内先生の『老子』以來支那に劣りません。却て先生の研究によって彼方が刺激されてゐるのでないかと思はれます。先生は支那哲學の著作で、多くの緒論を發せられてゐるので、後繼者多く多々益々辨じ得るならば燦然たる事だらうと思ひます。

史の方面で、滿蒙塞外は我國は何處にも負けません。朝鮮は云ふ迄もありませんし、安南なども資料が漸く充實して來ましたから、將來はフランスを壓倒するに至りませう。支那本土の研究になりましても、各方面に新進の活動が盛んで、清朝史などの初期は我國がリードしてゐると見てよろしい。龜甲獸骨文の研究も專門家が出て來ました。各方面ともに研究者が揃って參りました。

集の文學方面も新しい研究の刺激者が我國に多い。戲曲小説などはさうでありませう。又元曲の根本的準備を孜々として東方文化研究所で積んで居られます。必ず將來見るべき劃期的の成績に進みませう。支那文學の飜譯もトカク半熟の儘なのが多く、讀者を引つけませんでしたが、倉石吉川先生等指導の下に立派な飜譯が出つゝあるのは慶賀に堪えません。飜譯は云ひ易く、行ひ難い。然し從來の樣な分り難い間違ひ多いのでは困ります。飜譯は飜譯でありますが、それで分らんのはいけません。新支那語學派の起る所であります。諸君の苦心になる飜譯を味讀してあげてほしい。

細かい點を省きましたが、以上の樣に各方面の支那研究は、我國では實に

着實に進歩してゐるので、實に支那本場の研究に對しても優位を占めてゐるものが多々あるのであります。私の述べた方面は云はゞ現實方面でありませんが、よく我國の漢學者は何をしてゐる、無用などゝ云はれるのでありますが、實はかくの如く支那本國の成績をも壓倒せんとする勢がありますので、默々として世間に表はれず研究してゐられる人々の力で、東亞新秩序の中心勢力が培はれてゐる事を知って頂きたいのであります。これでこそ東亞學術の中心として偉大な役目を果せるのであります。私は今の我國の支那研究情態を眺めて、竊に心强がって居ります。たゞ初めに申した樣に後繼者が相踵いで至らないのが寂しい。折角かくの如き好情態であるのに、新進の人が少ないのでは永く學術中心たるの地位を維持し得なくならうかと恐れるのであります。これ等に對しては一般世間が關心を持って、支那研究を奬勵し勸誘せねばならんのでありませう。各方面には各々適當した人が有りませう。たゞ我等の學問に適した人は我々の學問の方に進まれる樣にせねばなりません。それがその人の爲めにも、學問の爲めにも、又我國の爲でもあります。泊園會の諸先輩もこの事を研究して頂いて、後援せられます樣にお願ひ致したいと思ひます。（右は別項同窓會席上の講演）

（『泊園』新第四十八號、1940 年 11 月 29 日）

『哈佛亞細亞學誌』の寄贈

『哈佛亞細亞學誌』（*Harvard Journal of Asiatic Studies*）既刊全部十三卷三十七册が昨年春夏の交に我が大學に寄贈されてきたのは余にとっては思ひ掛けない喜びであった。宮島理事長の斡旋、エリセーエフ亞細亞學院長の好意とは云え、この貴重なる亞細亞研究の大雜誌を完全に一擧にして我が大學に備えることの出來た喜びと誇りとは、如何なる言葉を以て感謝の意を表していゝのかと迷うばかりである。我國の大學又研究所でもこれを全部揃えて所藏して居る處はそう澤山にないのであって、我々の友人で之を參照したがっ

ている人々が相當數にのぼる。我が大學では所謂東洋學研究は日が淺く設備資料も殆んど備っていないのは甚だ愧ずかしいのであるが、早くもかゝる資料の寄贈を得たので、前途の洋々たるを期待し得ることは愉快に堪えない。たゞかゝる好運に會うにつけては學問への責任を感じる。

　たしかかの悲しむべき我國と中國との戰爭の起った時に、エリセーエフ君は中國に出張していたので急いで我國まで歸って來た。余は君が都ホテルに滯在しているから會いたいとの通知があったので早速彼を訪ねて久し振りの會談を樂しんだ。其際に君から亞細亞學院のことを聞いたのであった。君は又研究雜誌を出し各國學者の協力を請うのだと言い、余にも投稿すべく勸めてくれた。余は英文で書くのは骨が折れると氣の弱いことを言ったら、私が飜譯してあげますと好意ある申出をしてくれた。では出來たら送りますと返事はして別れたのであったが、その内に創刊號を送ってくれた。論文は歐米は固り印度中國の著名の學者の筆になるものが滿載されエリセーエフ君のも發表されていた。余も大に刺激されて奮發してと思ったのであったが到頭その儘になってしまった。戰爭中は何もかも閉ざされて何も知らず、今回の寄贈によって同誌も無事續刊されているばかりか、號を逐って各方面の研究が擴大進捗しているのを知って驚嘆したものである。殊に極東方面に於ての研究に新鋭の學者が輩出して老大家を壓倒せんずるの勢あるを羨しく思うのは余ばかりではあるまい。こうなると余なんかは愧ずかしいが致し方もない。

　アメリカの東洋學研究は愈々進んで中國から蒙古西藏緬甸印度支那にまで全面に及んで來た。從來では蒙古西藏なんかの研究は殆んど無かったのであるが、今はこれらの新研究は本誌だけの事でないが英佛獨を凌ぐ程となった。エリセーエフ君は蒙古大藏經を獲たことを話していたが、今は諸語の藏經をも蒐集して新進の研究が出ることであろう。各國學者の諸研究を示してくれる本誌の將來は益々期待される。

　ハーバードは本誌の既刊全部を寄贈してくれたばかりでなく、其後の刊行も逐次送ってくれる事となっている。一九五一年の第一册も到着している。

それによればロシアの蒙古學者ポッペがワシントン大學から寄稿していた。ポッペ先生は獨乙軍捕虜となったと聞いていたが、戰後渡米したものと見える。よく論著を送ってくれた先生の無事に又學問に從事出來得るようになったのは嬉しい。

　本誌の細目を今こゝに紹介する必要もなかろう。たゞハーバードの好意を一言謝し、我が大學も後進ながら東洋學への一歩を踏み出すようになりたいと念願する。

（『關西大學學報』第 245 號、1952 年 1 月、2 頁）

七、アレクセーエフ宛書簡

以下に掲載する七通の書簡は石濱純太郎がロシアの中國學者ワシーリー・ミハイロヴィッチ・アレクセーエフ（Василй Михайлович Алексеев, 1881-1951）に宛てたもので、現在ロシア科學アカデミー文書館サンクト・ペテルブルグ支部に所藏されている。編號は Ф.820, оп.3, ед.хр.385。第四通は原文が漢文であるため、それをそのまま移錄した。他はすべて英文が用いられているが、本書には編者による日本語譯を收錄した。また第一通の參考として掲げたアレクセーエフの書簡は大阪大學附屬圖書館石濱文庫の所藏に係る。

アレクセーエフ宛書簡

一

1927 年 9 月 4 日
日本國大阪市住吉區千體町 14 番地

ワシーリー・ミハイロヴィッチ・アレクセーエフ敎授

　拜啓

　中國文獻に關する多くのご質問のお手紙は一ヶ月前に屆きました。その頃小生は毎年の夏休みの慣例として子供たちを連れて市中から離れた海岸に行っておりましたので、ご返事が遲くなりました。貴下にご質問があることについては、以前よりわが親友ニコライ・アレクサンドロヴィッチからよく聞かされておりました。しかし今こうしてそれらを直に拜見してみますと、貴下の澤山のご下問に對して充分にお答えすることは簡單な仕事ではありませんが、出來る限り試みてみたいと存じます。それらのご質問が如何に多くてもお答えするつもりですし、全く差し支えありません。ただ小生の貧弱な知識と經驗が貴下をして滿足せしめ得るかが氣掛かりです。

　1. 貴下は參考圖書についてお尋ねですが、比較的新しい出版物のなかでは、小生は以下を推賞いたします。

　邵懿辰『四庫全書簡明目錄標注』　これには篤學者である邵氏による多くの補注が附いています。

　『丁氏八千卷樓書目』　これは學者の間でよく知られたものですが、新版が出てさらに名を高めました。

　『三訂國學用書撰要』瑞安李笠撰、北京樸社出版　李氏は前途ある學者で、既に數種の著作があります。彼は孫詒讓の崇拜者の一人であり、孫

の故郷瑞安で籀廎學會を組織しています。

　2．貴下の中國語に關する大著は世界中で評價されるはずです。小生は貴下に推薦できるような書物を知りませんが、ただ一つ宮島大八の『官話急就篇』という極く小さな教科書があります。

　3．中國の學會と學術期刊は毎年のように現れては消えていきますので、どれが最上かと決定的に申し上げることは出來ません。以下の期刊名は多少とも貴下の參考になるかも知れません。

　『華國月刊』　有名な學者で革命家の章炳麟（太炎）の編輯する雜誌ですが、不定期です。

　『北京大學研究所國學門月刊』

　『圖書館學季刊』　中國文獻學に關する興味ある論文を載せています。

　『國學月刊』　主編は胡韞玉と陳乃乾。ともに自身の論文と編書で有名であり、重要な論文が載っています。

　『國學輯林』　創刊號が出ただけですが、主編は東南大學の『國學叢刊』の編輯であった顧實（易生）で、丁福保氏の有名な上海醫學書局から刊行されました。

　『國立歷史博物館叢刊』　清朝の貴重な史料を載せています。

　4、12．國故について書いたり擁護したりしている人々、および文學革命に反對する主張は、管見では『國故』しか擧げることが出來ません。この雜誌は北京大學の國故派と、小生の記憶が正しければ、『學衡』舊同人とが編輯しているものですが、これまで出版されたのは四期のみです。

　5．「東」對「西」の問題については正確な知識を持ち合わせません。

　6．文學史の立派なものは今後の仕事でしょう。謝無量のものはたぶん幾つか日本の書物を節譯したものでしょうが、これらは日本ではすでにさして評價されていないものです。

　7．文言についてはよい文法がなく、日本では古い『馬氏文通』が今なお重寶されています。

8、9、10、11、15、30、32. 司空圖、皎然、李白、陶淵明、『聊齋志異』、回文詩は、貴下が特に注目しておられる課題と思いますが、中國文學（Chinese *belles lettres*）に關する小生の貧弱な知識では貴下を滿足させることが叶いません。小生の友人で、ニコライ・アレクサンドロヴィッチも個人的によく知っている、若いけれども經驗豐富な、神田喜一郎と倉石武四郎が、漢學のこの分野及び他の分野について極めて廣い知識を持っています。もしよければ喜んでこの學者たちに紹介の勞を執ります。

13. 『集成曲譜』、『曲海總目提要』（豫約中）。

14. 神田氏の編になる王（國維）の目錄は『藝文』に見えますが、最新號に載っているのは上の部分だけです。『中華圖書館協會會報』第二卷第五期には「王靜安先生著作目錄」が載っているとのことです。

16. 孔子教に關しては、小生の友人、仙臺の大學の武内（義雄）教授を紹介させてください。同氏は現在仙臺で初期儒教について講義をしています。同氏の『老子』に關する研究もまた有名です。同氏の著作を貴下に送るように手紙を書くつもりです。中國の新しい著作は概して胡（適）教授のものより見劣りがします。京都の内藤（湖南）教授が『支那學』に寄せた、『書經』『易經』『爾雅』についての批判をお讀み下さい。

17. 中國の民間諸神についてはこれといって興味ある研究がありません。

18. 中國の科學について、特段重要なものを知りません。ただ王仁俊の『格致古微』という書物には古代中國の材料が集められていて便利なので、ご覽になれば好いと思います。

19. 對聯については何も知りません。

20. 馬昂の『貨布文字考』はお讀みでしょうか？ 同書には非常に獨特な意見が述べられています。小生は二部持っていますので、この本を讀みたがっているニコライ・アレクサンドロヴィッチに送りますから、彼から受け取って下さい。

21. 『耕香館畫勝』については存じません。

22. 黄以周『經訓比義』、焦循『論語通釋』。儒家の用語については、これらの書物が多少役に立つと思います。

23. ボクサー（義和團）についてはまだ何も興味あるものを讀んだことがありません。

24、25. 中國民族學に關して、小生は卽答しかねます。ニコライ・アレクサンドロヴィッチがよく知っています。

26、27. 中國の廟堂一般について、また司馬遷の廟堂祭祀について、小生は知りません。

28. 中國の歷史上の名前などについての槪說書は存じませんが、顧炎武の『日知錄』をご覽になれば、何か見付かるかも知れません。その外には『春秋名字解詁』及びその補編を擧げておきましょう。『皇淸經解』及び『續皇淸經解』に見えます。

29. 修身セオリーとは何でしょうか？

31. 小生は吳澄をあまり評價しません。ただ彼の硏究姿勢には獨特な批評精神があって、無視は出來ません。殘念ながら小生はまだ十分に彼のことを硏究していません。

33. 『三訂國學用書撰要』24-5 頁。

　　『抱朴子』葛洪、朱記榮校本、附校勘記一卷、佚文一卷、金汋二卷、朱氏槐廬刊。

　　勞格『讀書雜識』二、錢大昕跋抱朴子。

　　孫人和『抱朴子校補』（中國書店印）。

たぶん著者の時代をそう下らない頃に書かれたと思われる『抱朴子』の敦煌本斷簡はご存じでしょうか？

この書翰の最後に、オルデンブルグ・ミッションがロシアに持ち歸った敦煌遺書コレクションについてのお願いを附け加えさせて下さい。小生は同ミッションのソグド文寫本に關してローゼンベルグ氏が『亞細亞

雑纂』（*Mélanges Asiatique*）の新シリーズに寄せた論考を讀み、ロシアに敦煌寫本のコレクションがあり、貴下が同ミッションの中國寫本目録を編纂中であることを知りました。小生は同ミッションについて知る所がありませんので、もしオルデンブルグの最近のミッション（1914-1917?）に關する情報なり報告なりにつきご教示いただくとともに、貴下の目録を一部拝見できれば、小生の喜びこれに勝るものはありません。小生が主に研究しているのは敦煌寫本なのです。

敬具
石濱純太郎

〔編者注〕1927 年 6 月 20 付けでアレクセーエフが石濱に送って寄越した質問は以下の 33 項目であった。石濱のこの書簡はそれに對する回答である。彼此對照しないと十分な理解が得られないことを恐れ、以下参考として掲げることとした。

1. 有用かつ重要な中國關係の参考書のリスト。
2. 「中國語の研究と教授法入門」という大きな著作を計画していますが、中國語或いは日本語で讀める書物を推薦して下さい。
3. 中國の最重要な學會の最も價値ある刊行物は何でしょうか？
4. 舊中國を支持し鼓吹する人物で重要かつ興味有る人物は、林紓以外にいますでしょうか。林紓を批判する論説はどこで見られるでしょう？『新青年』（？）は現在では簡單には見られません。
5. 東と西を説明し對比評論した著作は、『東西文化與其哲學』以外にありますでしょうか？
6. 數ある中國文學史の中で、中國國内の學術界から見て最良のものはどれでしょうか？ 謝无量、曾（毅）或いはその他のもの？
7. 文（言）の最良の文法についてお尋ねします。
8. 唐司空圖撰『詩品二十四首』の權威ある注本をご覽になったことがありますか？ この著作の日本語譯或いは返り點付きの版本、また日本の學者による編著や研究はどうでしょう？
9. 陶淵明と李白に關する最も重要な著作、或いは刊本はどうでしょうか？
10. 掃葉山房出版の『璇璣碎錦春吟回文合刻』の著者衡陽李禺山はどういう人でしょう、また回文詩に關するまともな目録はありますか？
11. いま「茶に關する中國詩」及び「中國の無神論」という書物を書こうと準備しています。「中國茶趣詩説」といったような本はありますか？
12. 「文學革命」に反對する主要な論點はどこで見られるでしょう？ 孔子會（孔子教

會）からこれまで目立った活動はあったでしょうか？
13. 『宋元戲曲史』、『戲考』以外、中國戲曲に關する最良の著作は何でしょう？
14. 故王國維の完全な著作目錄はどこで見られますか？
15. 私は『聊齋志異』の飜譯を隨分していますが、同書の最善の版本について、また何か著者に關する研究、著者への褒貶、評價一般について、何かあればご教示いただくと幸いです。
16. 例えば「孔子教研究」といったような問題の本質を概觀する最良の著作は誰のものでしょう？ 胡適が『中國哲學史大綱』で行っている論述より優れたものはありますか？
17. 觀音、城隍、娘娘、財神など民間の神格について中國學者が研究したものはご覽になったことがありますか？
18. 東方文庫の中に過去10年間の中國學術を略述したものがありますが、同じ主題について、また中國の學術一般について、より浩瀚かつ重要な著作は何でしょうか？
19. 對聯の一般的な作法に關する著作はあるでしょうか？『楹聯新譜』は幾つか異なる版本を持っていますが、全部ひどいものです。
20. 中國の古錢學に關する信賴できる書物はありますか？『錢志新編』や『古泉匯』のようなものでなく。
21. 『耕香館畫勝』の普通に知られているものより良い版本が出ていますでしょうか？
22. 儒家の用語（仁、文、道、君子など）について良い參考書はありますか？
23. 『新中國』1920年に出た理解困難な記事以外、ボクサー（義和團）に關するものを見ないのですが。
24. 中國の樹木崇拜について、どこかに記述がありますか？
25. 金髪の男（ブロンド・マン）の演目については如何でしょう？
26. 中國の廟堂一般について、何か（中國語の）良い文獻はありますか？
27. 司馬遷の廟堂祭祀について、（地理學的、考古學的な著作以外）あまり直接的な情報を知らないのですが。
28. 中國の人名について、その命名法と意味合いに關する概説書。
29. 修身セオリーについて、何か前向きのマニュアルはありますか？
30. 昨年中國に居たとき『皎然詩集』の良い版本が全く手に入りませんでした。『全唐詩』に収録されているのは明らかですが、唐代のこの優れた詩人に關する良い註釋と他の研究書について教えていただきたいと思います。
31. 元代の吳澄という人物とその活動を評價されますか？
32. 『聊齋志異』の物語りの前に付いている「咏」の著者に就いて、それは誰とお考えですか？ もちろん「異史氏曰」が著者自身によって書かれたことは云うまでもないとして。
33. 葛洪『抱朴子』について、良い註釋付きの本はありますか？

二

1928 年 1 月 28 日
日本國大阪

ワシーリー・ミハイロヴィッチ・アレクセーエフ
　　拜啓
　お手紙は一週間ほど前に届きました。すでに頑固なご病氣から恢復されたとのことで、大慶に存じます。厄介な神經痛の影響が無いことをお祈り致します。
　小生の友人、神田、倉石、武内氏らに紹介をとのこと、どんな事柄でもどうぞご遠慮なくいつでも貴下のご都合の宜しい時に彼らに手紙を出してあげてください。彼らにはすでに貴下から通信のあることを連絡してあります。彼らは皆、貴下の如き學識あるロシアの漢學者との交遊を望んでおり、きっと歡迎されると思います。彼らは中國の古文及び白話文は言わずもがな、英語も解します。
　　神田喜一郎、名信暢、字士衎、號鬯盦。
　　　京都市室町今出川
　　武内義雄、字誼卿、號昧盦。
　　　仙臺市本柳町五十番地
　　倉石武四郎、字士桓、號臥雲。
　　　京都市黒谷上雲院方
　倉石氏は現在京都大學で中國文學の助教授をしていますが、一、二年間の在外研究の豫定で中國に行くことになっていますから、日本に歸國するまでは通信の便宜はないかも知れません。
　日本學者による中國文學史のなかで小生が推薦できるものは皆無です。鈴木（虎雄）教授が「支那學叢書」の一册として簡單な中國文學史を執筆

中と聞いていますので、出版されたら、お知らせします。鈴木虎雄教授、青木正兒教授そして倉石教授の學術的述作は信頼し得る勞作ですが、もちろん文學史のすべての領域を網羅しているわけではありません。以下、彼らの日本語による著作と論文の幾つかを列擧しましょう。

　　鈴木虎雄教授（京都）『支那詩論史』、『支那文學之研究』
　　青木正兒教授（仙臺）『支那文學論叢』
　　倉石武四郎「目連救母戲文に就て」これは既に中國の雜誌に飜譯されています（『小說月報』?）；「樂府の研究」『內藤博士還曆記念支那學論叢』所收

　古文が中國文學研究の唯一の對象であった過去の時代とは反對に、現在の日本では元曲や宋詞（宋詞の研究者について、若くて優秀な吉川幸次郎君のいることを言い忘れていました。彼は現在京都の某佛教大學の講師で、小生及び倉石氏の友人です）、傳奇、小說などが流行しています。これは『三言』や『三國志』などの安價なテキストや圖書館の古版本が數多く出版されるようになったことによるもので、東京の鹽谷（溫）教授及びその門下の辛島（驍）氏、長澤（規矩也）氏が『斯文』『文字同盟』に幾つか報告を書いています。『國學月刊』に載った董授經（名康）の編になる內閣文庫の目錄はご覽になったことと思います。

　先に *Acta Societatis Orient.Osaka in memoriam Wang Kuo-wei* を貴下にお送りしましたが、これは小生とネフスキー氏とが組織して始めたものです。わが學會では論集の第一號として現在、惜しくも亡くなられた王國維先生を記念する論文集を編集中です。英、佛、獨、中いずれの言語でも結構ですので、もし御大作を頂戴できれば、この上なく幸いに存じます。なにとぞ御承諾の上、三月末までに御原稿をお送りいただきますようお願い致します。

　『文選』と西夏文刻本の寫眞について書いていただきました。ああ、小生とニコライ・アレクサンドロヴィッチは西夏文獻をどれほど待ち焦が

れたことでしょう。ネフスキー氏は小生とともに西夏研究を始めましたが、今では西夏文献の解讀はさほど難しくないと考えています。すでに公刊された彼の西夏語學に關する論考をご覽ください。現在印刷中の論考も少なくありません。實に殘念なことに、我々には西夏文の材料はほんの僅かしかなく、大多數の西夏文獻はすべて貴國に所藏されたまま、たぶんまだ解讀されていません。もし西夏文の材料の複本を少しでもお送りいただけるなら、この言語の知識を増進させ、有名にして特異なあなた方の西夏文獻蒐集の解明に資することが出來るでしょう。事情が許すなら、小生とネフスキーとは「西夏文獻考」（Tangutica）を一つ一つ公刊したいと考えています。

敦煌文獻についても同様です。もしオルデンブルグ蒐集の中から『文選』あるいは何か他の寫眞をお送りいただけるなら、たいへん嬉しく思います。そして漢學上の何か新しい知見を得られれば、その文獻について書後を認め、オルデンブルグ記念論集に寄稿したいと存じます。これは最近ニコライ・アレクサンドロヴィッチからも頼まれております。またオルデンブルグ・ミッションの漢文文獻目録お編纂について何かお手傳いできるなら喜んで協力させていただきます。『文選』と西夏文の寫眞を是非ともお送りいただきますようにお願いします。非禮の程はお許しください。

『辭源』に關して、この辭書が学生たちの指針であるとのご意見に賛同します。極めて多くの「新名詞」が大抵わが國に由來するもので、それがわが國の学生たちを困らせてはいますが、小生はこの辭書を高く評價しています。この辭書について推賞すべき批評はまだ小生の管見に入りません。

拙文二篇、「金字蒙文藏經金光明經の斷簡に就いて」と「滿洲語譯大藏經考（一）」とは間もなく貴館宛にお送りします。ラウファー博士「蒙文文獻概說」（Skizze der mongolischen Literatur）の露文譯を一部頂戴でき

ませんでしょうか。小生は今、中國と日本とにおけるモンゴル研究を取り上げ、露語譯の「概說」の補遺を作成中です。それからヴラディミルツォフ院士とポッペ博士にご紹介いただきたいと思います。もし可能なら、ヴラディミルツォフの『モンゴル手冊』（Mongolian Handbook）、『モンゴル文パンチャタントラ』（Pančatantra）、コトヴィッチ教授の『カルムック文法』は是非讀みたいと思っております。

　もしコンラド教授にお會いの折は、是非よろしくお傳えください。そして三月末までに大阪東洋學會（S.O.O）の『王國維記念論文集』の論文を送ってくれるよう御傳言下さい。

　『文選』と西夏文の寫眞につき前もってお禮申し上げます。

敬具
石濱純太郎

〔注意〕

最近の出版物について以下にご紹介いたしましょう。

　羅振玉『增訂殷墟書契考釋』

　羅振玉編『觀堂遺著初編』小生はこの二書を待ち焦がれていますが、書店の送って寄越すのが餘りに遲いので腹立たしいかぎりです。

　『說郛』據明抄本校刊　ペリオ氏による『說郛』粗版本の書評はご存知と思いますが、この版本をご覽ください。そして神田氏の意見も聞いてみて下さい。

　『湘綺樓日記』王闓運　この日記には太平天國の頃の部分が含まれていません。殘念です。ご存知のように、王闓運は太平天國叛亂の目擊者であり、彼の日記には貴重な材料が含まれている筈だと中國の史家は考えています。

　本田成之『支那經學史論』　京都の龍谷佛教大學教授本田氏は獨創的な學者で、小生及び武内教授の友人です。

敬具

三

1928年4月14日
日本國大阪

ワシーリー・ミハイロヴィッチ様

　露語譯のラウファーと西夏文獻の寫眞6枚は貴下の手紙と共に届き、たいへん喜んでいます。ご厚意に心より感謝致します。

　ラウファーの譯本に附された補注によって、優れた新しいロシアのモンゴル學について數多くの情報が得ることが出來ました。小生はモンゴルについて多くの事柄を貴下の同僚學者から熱心に學ばねばなりません。西夏文獻の中から、小生は『大般若經』と『華嚴經』のテキストを見付けました。他の經典については、手許に參考書がないので、今のところはっきりとは分かりませんが、解讀はそう難しくないと思います。ニコライ・アレクサンドロヴィッチがまもなく小生宅に來て、我々の共同研究が始まります。しかし西夏研究の現狀においては、西夏文字の草書の解讀は困難です。草書の西夏文字は現在解明すべく我々の前に殘された課題です。いつか貴コレクション中に存在するとお聞きした西夏・西藏の二言語字彙の標本が、我々に得られないのが殘念です。共同研究が終了しましたら、得られた結果についてご報告致します。我々はいま大阪で「西夏文獻考」(Tangutica)を公刊すべく準備中です。これらの文獻の初歩的な報告を日本語で、或いは日本に於て英語で公刊することをお許し頂けないでしょうか？

　拙文及び武内教授の論考の御送付が遅くなったことをお許し下さい。後者を小生は早くに受け取っておりましたが、色々な事情に妨げられた次第です。まもなく届くと思います。また月刊の『泊園』もお送りしま

す。この雜誌に小生は漢學に關する通俗的な雜文を書いております。

謹請

文安　　　　　石濱純太郎頓首

四

　　　阿利克先生道席，頃奉
瑤函，連承
　　大著景宋呂注《莊子》，新刊書評議以及新刊諸書 ИРАН, II; Поппе, Дагур. наречие; Жамцарано, Гэсэр Бордо 賜下，盛意慇懃，銘刻五中。宋槧呂惠卿《莊子義》景照本眞是千歲之佚書復出，可珍可寶。呂注從來所著錄則有《晁氏讀書志》、馬氏《文獻通考》、《宋史藝文志》，而馬氏不過襲晁氏，又所引鈔則有褚氏《義海纂微》、焦氏《翼》，而焦氏亦專依褚氏，乃呂注之佚在元代歟。此本已絶于禹域，復留痕於西陲，蓋人間之唯一本矣。承
詢狩野君山博士《文選跋》俄譯本尙未見到，倘蒙
　　惠擲幸甚幸甚。弟前時讀博士跋文，博士未斷爲誰氏注，弟謂是公孫羅鈔本，定當無疑，有書後一篇，異日暇時當寫出一通而奉上。請
大敎
惠賜 Гэсэр Бордо, 拜讀之下，偶偶詳悉同叢書第一卷 Образцы народной словесности монгольских пpемен. Тексты, том I 已經刊了三册，弟架中所藏有第一第二兩分册，尙闕第三册 Том I, Выпуск 3, 1918?，抱歉殊深，若蒙
賜下第三册，則延津合劍、合浦完璧，我喜可知矣。
　　唯托
鴻庇
關注是祈　肅頌

文祉

　　　眷弟　純太郎頓首
　　　　十月九日夕

　　　月前所奉寄胰子一包已到達否又未詳
　　　品質善惡竝適
　　　尊意否竝請
　　　　示知以便次回送寄
　　聶歷山楚紫氣兩先生均此致意　再白

五

1930 年 10 月 30 日、大阪

B. アレクセーエフ教授

　拜啓

　シューツキーによる狩野博士「文選跋」の飜譯がまだ到着しないという漢文書簡を投函した直後に、落掌し喜んでおります。ご厚情に感謝します。

　ざっと拜見して、飜譯は狩野教授の初稿から譯されたものと氣付きました。しかし狩野博士は原文に手を入れ、新稿を『支那學』第五卷第一號に公刊されています。

　小生自身は貴下が提供された貴重な寫本を研究し、狩野「跋尾」に對し小注を書きました。その中で該寫本はおそらく公孫灑の『文選鈔』とすべきだという見解を表明しております。狩野博士は今後さらに小生に對して反論を行うつもりだと個人的に述べておられます。小生が漢文で認めた「書後」は遺憾ながらまだ公刊されません。

　　　　　　　　　　　　　　敬具
　　　　　　　　　　　　　石濱純太郎

六

1931年6月7日、大阪

ワシーリー・ミハイロヴィッチ様

　ソビエト聯邦科學アカデミーから小生にお送りいただいた故バルトリド院士の著作拔刷（34點）の到着をお知らせするのが遅くなったことをお許し下さい。一月ほど前に有り難く受領したのですが、小生の事情と怠惰のため、すぐにご連絡を差し上げられず、誠に申し譯ありません。アカデミーと貴下には感謝の念で一杯です。アカデミーと同僚諸氏に心からお禮申し上げます。

　貴下が小生の論考全部をアカデミーに送るよう勸めてくださったので、小生は喜んで直接アカデミーに送らせていただきました。小生の著作が東洋學の世界的中心に備えられることは小生の喜びとするところです。

　ご健勝をお祈り致します。またニコライ・アレクサンドロヴィッチとユリアン・コンスタンチノヴィッチに宜しくお傳え下さい。

敬具
J. 石濱

七

1934年11月7日
日本國大阪

院士ワシーリー・M・アレクセーエフ教授

　お手紙拜受致しました。我ら共通の友人であるニコライ・アレクサンドロヴィッチについて伺い大變嬉しく存じます。わが國に於ける彼の仕事に就き少しお話しさせてください。

彼は何よりも日本學者です。日本學者として、彼はその言語、文學、そして民俗を研究しました。話し言葉及び書き言葉の標準語を自由に操るほか、研究完遂に便するために日本語の各地方言のみならず、アイヌ語、朝鮮語、中國語、琉球語、臺灣語など日本周邊の諸言語の豐富な知識を有しています。彼の文法研究は日本ではまだ公刊されていないように思いますが、日本の同僚、學生、友人たちの間では、彼の日本語に關する見解に對する評價は高いものがあります。例えば『東洋學叢編』（*Philologia Orientalis*）第一册に載った笹谷（良造）氏の日本語語源に關する論文をご覽頂けばわかる通り、そこにはわが友ネフスキーの見解が數多く見出され、著者からの知らせによると、出版後、東京大學の橋本（進吉）教授のような權威者からも高く評價されたということです。いまは日本の文法學者たちは常に彼の寄稿を期待している點に言及するに止めたく思います。

　日本語の南方語派に屬する宮古（Myākū）方言に對する彼の研究は、この分野で爲された最初の科學的研究であり、チェンバレン（Chamberlain）教授が同じ語派の琉球方言に對して行った研究に比すべきものです。小生は以前にこの研究を博士論文として新村（出）教授に推薦したことがあり、同教授もそれに價するものとお考えでした。しかしネフスキーの歸國によって論文の完成には至りませんでした。京都大學では論文の提出を待っております。宮古研究について彼が日本に殘した唯一のものは雜誌『民族』に見えています。宮良（當壯）氏は日本語の南方語派を研究しているただ一人の研究者ですが、實際ネフスキーに負うところ極めて多く、それは彼の著作の處々に窺えます。

　アイヌ語に關する研究はバチェラー（Batchelor）師に劣るものではありません。その研究方法においてはむしろ開拓者たる師の上に出るものです。ネフスキーの蒐集した語料を凌駕するのはおそらく金田一（京助）教授によるものだけでしょう。金田一氏は彼の親しい友人の一人であり、

この言語の權威でもあります。アイヌ語學はネフスキーの語料と研究が公刊されることを熱望しています。

　臺灣の言語に關する彼の研究に對して、インドネシア語學者は注意すべきです。彼は臺灣まで足を伸ばし、原住民の中で言語學及び民族學的材料を蒐集しました。小生の記憶に間違いなければ、彼は二つ以上の部族を研究しました。彼の講演記錄が『靜安學社通報』第一册に見えています。彼が研究に用いた科學的方法は臺灣言語學界に大きな示唆を與えました。臺灣大學の小川（尙義）教授と大阪外國語學校の淺井（惠倫）教授とは、ともに彼に負うところ大です。ネフスキーの集めた材料と研究の公刊は、必ずや日本の臺灣語學を牽引するものとなるでしょう。

　彼の言語研究は常にその民族學的及び民俗學的知識に裏打ちされることで、優秀な成績を收めています。彼の民族學、民俗學の知識はその多くを日本民俗學及び民族學研究の權威たる柳田（國男）教授に負っています。彼は長く日本に滯在し各地を巡ったので、日本民族學の豐富な材料を自身で蒐集することが出來ました。柳田教授はいつも彼のことを話題にし、教授の雜誌に論文を寄稿するよう小生からも言ってほしいと仰っています。

　日本文學の多くの分野の中で、彼はとりわけ德川時代の文學に興味をもち、西鶴、三馬の小說、近松、默阿彌の芝居を熱心に研究しました。これらの研究はどれをとっても、日本の生活樣式の現實と古今の方言に關する深い知識が不可缺です。西洋の學者はややもすればもっと古い時代の日本文學を論ずる傾向にありますが、ネフスキーは西洋の日本學には缺落している、より新しい時代の文學を指向しています。

　ここで廣い意味での東洋學に關する彼の研究に眼を轉じましょう。西夏學については、ネフスキーが世界の西夏研究の頂點にあることをいうだけで十分です。彼は西夏文字の研究を小生とともに始めたのですが、まさに荀子にいう「靑は藍より出でて藍より靑し」という格言に當ては

まります。彼は西夏語音韻論の創始者であり、タングート研究を眞の言語科學へと導きました。我々二人の西夏語研究はまもなく幾つかの雜誌に發表されます。數篇の報告が日本語で書かれ、幾つかは中國語に譯されています。他の寫本についても、彼單獨或いは小生と共同で研究されていますが、『西夏文字抄覽』の改訂增補版、梵、漢、藏、蒙文本を參照した『守護大千護國經』（Mahāsahasrapramardanī）西夏文テキストの日本語譯はまだ公刊されていません。

　小生及び西夏文獻との關連から、新たに中央アジアから發見された文獻と言語という分野にも足を踏み入れました。彼は小生とともに大谷伯爵蒐集の于闐文知炬陀羅尼經のテキストを解讀し、『龍谷大學論叢』に公刊しました。彼はまたソグド語のテキストにも挑戰し、小生の元に幾つかの注解と試行的な語彙集を殘しました。

　ここで付け加えたいことは、彼が中央アジア新發見の言語學的寶庫注意を向けるようになってから、解讀對象の文獻を研究する上に有用な佛教の知識を獲得するようになったことです。彼はあの浩瀚な中國佛教文獻を參照し、その中に目指す文獻を見出すことが出來ました。この知識は中央アジア文獻を研究する學者には必ず必要とされるものです。僭越ながら申し上げると、スタイン博士、F.W. トマス教授、A.H. フランケ師、ジーク及びジークリンク教授等には有用な中國文獻を原典で利用することが叶いません（妄言多罪）。

　このようなネフスキーについて、彼が東洋學の廣汎にして淵博な知識を具えた學者であり、ソヴィエトの極東研究領域において必ずや何かしら必要な貢獻を爲すことは明らかだという點において、我々の共通の友人であるニコライ・アレクサンドロヴィッチを誇りに思う次第です。一方、我々日本の友人たちは彼を失ったいまも、常に彼との協働を期待しています。ネフスキー教授はロシアと日本においてのみならず、世界中でもっと評價されて然るべきです。長いお話しはこれで終わりです。小

生の英文が貴下の理解のさまたげになることを怖れます。

『泰東』雜誌（*Asia Major*）の拔刷をお送りいただき、ありがとうございました。

我々の友人、彼の奥樣（イソコ・ネフスカヤ）そして彼らの娘エリちゃんによろしくお傳え下さい。

敬具
J. 石濱

［追伸］先日シューツキーから日本語の手紙を貰いました。彼は日本語がすばらしく上手になりました。日本人の文章のようです。貴下の同僚中に有能な日本式漢學者がもう一人増えたことをお祝いします。

J.I.
1934 年 9 月 8 日

編集後記

　本書は石濱純太郎がいわゆる東洋學に關して執筆した零篇を拾い集めたものである。石濱はすでに 1943 年、講演筆記を主として、この方面の文章を一書にまとめ、『東洋學の話』として大阪の創元社から出版している。同書に収録されたものは、石濱自身が選んだものと思われるが、おそらく紙幅の關係もあったかして、収録されたものは「敦煌石室の遺書」など一部に止まっている。當然、同書出版以降に刊行されたものは含まれない。また書評や紹介はほとんどが國外の論著について書かれたもので、石濱の東洋學に對する該博な知識を窺う上での好材料と言えるが、これらも全く採られていない。本書ではそれらを鋭意収録することに努めた。さらにこれまで未公開の文獻として、ロシアの中國學者ワシーリー・アレクセーエフに宛てた書簡を収録できたことを幸いに思う。書簡原本はロシア科學院檔案館サンクト・ペテルブルグ支部に所藏されているもので、今回特に同館の許可を得て本書に収録することが出來た。同館及び關係各位に感謝したい。一方、アレクセーエフが石濱に宛てた書簡の方は、現在大阪大學附屬圖書館の石濱文庫に歸しているが、両者を併せた往復書簡としてすでに整理を終えているので、近くすべてを公刊したいと考えている。本書には、アレクセーエフ書簡のうち一通を参考のため収載した。

　ところで石濱の著作目録として、現在最も網羅的なものは『石濱先生古稀記念東洋學論叢』(1958 年 11 月) に附された「石濱純太郎先生著作目録」と思われる。編者は主にこの目録に基づいて關連文獻の捜集を行ったが、収録すべくして入手出來なかったものが一、二ある。「王靜安先生を偲ぶ」は『鳳學園論叢』創刊號 (昭和 22 年 12 月) に掲載されたとあるが、この雑誌はどこを探しても見つけることが出來なかった。王國維は石濱らの敬仰措く能わざる近代中國の大學者で、かつてその名を冠した學界を組織したほどだから、是非とも編入したいと思ったが、果たせなかったことを残念に思う。一方で、「著

作目録」では掲載誌が明示されていなかった「露國の文獻目録」及び「著作目録」に掲載されていない「續露國の文獻目録」は、幸いなことに探し當てることができた。

　石濱は晩年、龍谷大學の西域文化研究會が「西域文化の資料整理並びに研究」という課題で文部省科學省の研究費を申請したとき、推戴されて研究代表者を務め、『西域文化研究』の大册全六册を學界に送り出したことは、その晩年における最大の功績であった。石濱は各册が出版されるごとに「はしがき」を執筆したが、「著作目録」には第一册のはしがきが收録されるのみで、以後のものは見えていない。これも本書には全文を收録しておいた。

　書物全體の構成として、何らかの章立てを施す方が好いかと考え、「歐米に於ける支那研究に就て」という講演筆記と戰後に書かれた「アメリカの東洋學界につき」の二つを「一、歐米の東洋學」として卷首に据えた。それに次いで「二、新疆探險」の項を設けたが、ここには著者青年期のものから上記『西域文化研究』「はしがき」に到るまで、執筆時代も性質も異なる文章を無理に詰め込んだかたちだが、著者が生涯にわたって最も情熱を注いだ課題として、このような括り方も許されるであろうか。

　その後は「三、學者を語る」と題して、内外の學者たちの回想などを收めた。「四、書評と紹介」はそのままで、著者が長年にわたって執筆した書評の類を收録した。今となっては、さして大きな意味があるとも思えないが、中にはなお參考すべき見解がままあるように思われる。何よりも著者がどういった書物論文に興味を示したかが分かって面白い。「五、書誌及び文獻」は著者が一貫して重視してやまなかったビブリオグラフィーについての文章である。「六、雜錄」には以上に入りきらなかったものを收めた。

　さて以下は編集に際しての凡例めいた事柄である。執筆期間が長年にわたっているために、漢字字體や假名遣いなどに一定の調整が必要であった。漢字について繁體字を使用することは、本叢書すべてに通じた原則であるため、すべて繁體字に統一した。假名遣いは原文のままとしたため、一部戰後

に發表された文章では新假名遣いになっていて、不統一であるが、ご寛恕を請いたい。また一部、讀みやすさを考慮して送り假名を改めた部分がある。原文とやや大きな違いがあるのは外國の人名地名の片假名表記である。著者はチョオマ、アレクセイエフ、ベイレイのように書くのが常であるが、本書ではチョーマ、アレクセーエフ、ベイリーのように横棒で長音を表すようにした。現代人にはおそらくこちらのほうが讀みやすいと思う。そのためにもとの雑誌所掲のものとタイトルが若干異なるものも出來てしまったが、これもご留意いただくとともに、お許しを請いたい。またロシア語をキリール文字を用いて印刷するのに、以前にはまま困難があったに違いなく、やむなくラテン文字に翻字してある場合が多いが、これらは出來る限りキリール文字に改めておいた。現今ではそのほうがむしろ讀みやすいと思われるためである。

　本書は、石濱純太郎の東洋學に關する遺文を集めたものだが、石濱には傳統的な日本漢學に關する文章や、石濱の專門ともいうべき滿蒙語學、滿蒙文獻學の論考で、なお成編を俟つものが少なくない。今後、これらを試みる篤志家の出現することを期待したい。最後に、本書の公刊について同意された御令孫石濱俊造氏の御好意に對し、謹んで感謝したい。

高田時雄
2018年9月於上海

石濱純太郎 續・東洋學の話〈映日叢書 第四種〉	
2018年10月30日　初版発行	

著　者	石濱　純太郎
編　者	高田　時雄
発行者	片岡　敦
印　刷	亜細亜印刷株式会社
発行所	㈱臨川書店

〒606-8204
京都市左京区田中下柳町八番地
電話(075)721-7111
郵便振替 01070-2-800

落丁本・乱丁本はお取替えいたします。
定価はカバーに表示してあります。
本書の無断複製を禁じます。

ISBN978-4-653-04254-9 C1387